東京都の
公務員採用試験
（教養試験）

23特別区の
Ⅲ類（過去問題集）

2025

公務員試験研究会　編

協同出版

まえがき

公務員は，国や地方の行政諸機関に勤務し，営利を目的とせず，国民や住民などの幸せのため，政策・諸事務を円滑に実施・進行して，社会の土台作りを行うことを職務としています。昨今では，少子高齢化の進行や公務のDX化，国際競争力の低下などの社会情勢の変化に伴って，行政の果たす役割はますます多岐にわたり，重要さを増しています。行政改革が常に論議されているのは，どのような情勢においても安心した生活が送れるよう，公務員に対して国民や市民が，期待を寄せているからでしょう。

公務員になるためには，基本的には公務員採用試験に合格しなければなりません。公務員採用試験は，公務に携わる広い範囲の職種に就きたい人に対して課される選抜競争試験です。毎年多数の人が受験をして公務員を目指しているため，合格を勝ち取るのは容易ではありません。そんな公務員という狭き門を突破するためには，まずは自分の適性・素養を確かめると同時に，試験内容を十分に研究して対策を講じておく必要があります。

本書ではその必要性に応え，公務員採用試験に関する基本情報や受験自治体情報はもちろん，「教養試験」，「論作文試験」，「面接試験」について，最近の出題傾向を分析した上で，ポイント，問題と解説，対応方法などを掲載しています。これによって短期間に効率よく学習効果が現れ，自信をもって試験に臨むことができると確信しております。なお，本書に掲載の試験概要や自治体情報は，令和5(2023)年に実施された採用試験のものです。最新の試験概要に関しましては，各自治体HPなどをよくご確認ください。

公務員を目指す方々が本書を十分活用され，公務員採用試験の合格を勝ち取っていただくことが，私たちにとって最上の喜びです。

公務員試験研究会

東京都の公務員採用試験対策シリーズ

23特別区のⅢ類（過去問題集）

◆ 目 次 ◆

第1部

試験の概要

公務員試験とは

◆ 公務員とはどんな職業か

一口でいえば，公務員とは，国家機関や地方公共団体に勤務する職員である。

わが国の憲法では第15条で，「公務員を選定し，及びこれを罷免することは，国民固有の権利である」としたうえで，さらに「すべて公務員は，全体の奉仕者であつて，一部の奉仕者ではない」と定めている。

また，その職務および人事管理などについては「国家公務員法」および「地方公務員法」という公務員に関する総合法規により，詳細に規定されている。たとえば「この法律は，……職員がその職務の遂行に当り，最大の能率を発揮し得るように，民主的な方法で，選択され，且つ，指導さるべきことを定め，以て国民に対し，公務の民主的且つ能率的な運営を保障することを目的とする」（「国家公務員法」第1条）と述べられ，その職務や人事管理についてはっきりと規定されているのである。すなわち，公務は民主的な方法で選択され，また国民に対しては，民主的・能率的な公務の運営が義務づけられているといえよう。

現在の公務員の基本的性格を知るにあたって，戦前の公務員に触れておこう。戦前，すなわち明治憲法の時代には，公務員は「官吏」または「公吏」などと呼ばれ，「天皇の使用人，天皇の奉仕者」ということになっていた。したがって，官吏の立場は庶民の上に位置しており，封建時代の“お役人”とほとんど変わらない性格を帯びていた。つまり，民主主義に根ざしたものではなく，天皇を中心とした戦前の支配体制のなかで，その具体的な担い手になっていたといえるだろう。

戦後，制度が一新されて「官吏」は「公務員」と名を変え，その基本的性格もすっかり変化した。つまり，公務員の「公」の意味が「天皇」から「国民」に変わり，国民によって選定された全体の奉仕者という立場が明確にされたのである。

なお，公務員という職業は，その職務遂行にあたって国民に大きな影響をおよぼすものであるから，労働権・政治行為などの制限や，私企業からの隔離などの諸制限が加えられていることも知っておく必要がある。

◆ 公務員の種類と職務

(1) 公務員の種類

本書は，23特別区のⅢ類をめざす人のための参考書だが，ここでは公務員の種類の全体像をごく簡単に紹介しておこう。一般に公務員は国家公務員と地方公務員に大別でき，さらに一般職と特別職とに分けられる。

① 国家公務員と地方公務員

国家公務員とは，国家公務員法の適用を受け（＝一般職），国家機関である各省庁やその出先機関などに勤務し，国家から給与を受ける職員をさす。たとえば，各省庁の地方事務局などに勤務する者も，勤務地が地方であっても国家公務員である。

一方，地方公務員は，地方公務員法の適用を受け（＝一般職），各地方公共団体に勤務し，各地方公共団体から給与を受ける職員である。具体的には，都道府県や市町村の職員などを指している。

② 一般職と特別職

国家公務員と地方公務員は，それぞれ一般職と特別職に分けられる。人事院または各地方公共団体の人事委員会（またはそれに準ずるところ）を通じて採用されるのが一般職である。

特別職とは，国家公務員なら内閣総理大臣や国務大臣・国会職員などであり，地方公務員なら知事や収入役などである。それぞれ特別職は国家公務員法および地方公務員法に列記され，その特別職に属さないすべての職を一般職としている。

③ 上級職，中級職，初級職

採用試験の区分であると同時に，採用後の職務内容や給与等の区分でもある。採用試験はこの区分に合わせて実施される。地域によっては，その名称も異なる。

(2) 地方公務員の対象となる職務

地方公務員試験に合格して採用されると，各地方の職員として，事務および調査・研究または技術的業務などに従事することになる。

公務員採用にあたって公開平等に試験を実施し，成績の良い者から順に採用することを徹底していて，民間企業の採用によくみられる「指定校制」などの“制限”は原則としてない。もちろん，出身地・思想・信条などによる差別もない。これは公務員採用試験全般にわたって原則的に貫かれている大きな特徴といえよう。

◆「教養試験」の目的と内容

(1)「教養試験」の目的

教養試験は，国家公務員，地方公務員の，高校卒程度から大学卒程度までのあらゆる採用試験で，職種を問わず必ず行われている。教養試験は，単なる学科試験とは異なり，今後ますます多様化・複雑化していく公務員の業務を遂行していくのに必要な一般的知識と，これまでの学校生活や社会生活の中で自然に修得された知識，専門分野における知識などが幅広く身についているかどうか，そして，それらの知識をうまく消化し，社会生活に役立てる素質・知的能力をもっているかどうかを測定しようとするものである。

このことについては，公務員試験の受験案内には，「公務員として必要な一般的知識および知能」と記されている。このため，教養試験の分野は，大きく一般知識と一般知能の２つの分野に分けられる。

一般知識の分野は，政治，法律，経済，社会，国際関係，労働，時事問題などの社会科学と，日本史，世界史，地理，思想，文学・芸術などの人文科学，物理，化学，生物，地学，数学などの自然科学の３つの分野からなっている。

一般知識の分野の特徴は，出題科目数が非常に多いことや，出題範囲がとても広いことなどであるが，内容としては高校で学習する程度の問題が出題されているので，高校の教科書を丹念に読んでおくことが必要である。

一般知能の分野は，文章理解，数的推理，判断推理，資料解釈の４つの分野からなっている。

一般知能の分野の問題は，身につけた知識をうまく消化し，どれだけ使いこなせるかをみるために出題されているため，応用力や判断力などが試されている。そのため，知能検査に近い問題となっている。

したがって，一般知識の分野の問題は，問題を解くのに必要な基本的な知識が身についていなければ，どんなに頭をひねっても解くことはできないが，一般知能の分野の問題は，問題文を丁寧に読んでいき，じっくり考えるようにすれば，だれにでも解くことができるような問題になっている。

(2)「一般知識分野」の内容

一般知識分野は，さらに大きく3分野に分けて出題される。

社会科学分野	われわれの社会環境，生活環境に密着した分野で，政治，経済，社会，労働，国際，時事などに分かれる。学校で学んだこと，日々の新聞などから知ることができる内容等が中心で，特に専門的な知識というべきものはほぼ必要がない。
人文科学分野	歴史・地理・文化・思想・国語など，人間の文化的側面，内容的要素に関する知識を問うもので，専門的知識よりも幅広いバランスのとれた知識が必要である。
自然科学分野	数学・物理・化学・生物・地学などを通じて，科学的で合理的な側面を調べるための試験で，出題傾向的には，前二者よりもさらに基本的な問題が多い。

以上が「一般知識分野」のあらましである。これらすべてについて偏りのない実力を要求されるのだから大変だが，見方を変えれば，一般人としての常識を問われているのであり，これまでの生活で身につけてきた知識を再確認しておけば，決して理解・解答ができないということはない問題ばかりである。

(3)「一般知能分野」の内容

一般知能分野は，さらに大きく4分野に分けて出題される。

文章理解	言語や文章についての理解力を調べることを目的にしている。現代文や古文，漢文，また英語などから出題され，それぞれの読解力や構成力，鑑賞力などが試される。
判断推理	論理的判断力，共通性の推理力，抽象的判断力，平面・空間把握力などを調べるもので，多くの出題形式があるが，実際には例年ほぼ一定の形式で出題される。
数的推理	統計図表や研究資料を正確に把握，解読・整理する能力をみる問題である。
資料解釈	グラフや統計表を正しく読みとる能力があるかどうかを調べる問題で，かなり複雑な表などが出題されるが，設問の内容そのものはそれほど複雑ではない。

一般知能試験は，落ち着いてよく考えれば，だいたいは解ける問題である点が，知識の有無によって左右される一般知識試験と異なる。

教養試験は，原則として5肢択一式，つまり5つの選択肢のなかから正解を1つ選ぶというスタイルをとっている。難しい問題もやさしい問題も合わせて，1問正解はすべて1点という採点である。5肢択一式出題形式は，採点時に主観的要素が全く入らず，能率的に正確な採点ができ，多数の受験者を扱うことができるために採用されている。

◆「適性試験」「人物試験」の目的と内容

(1)「適性試験」の目的と内容

適性試験は一般知能試験と類似しているが，一般知能試験がその名のとおり，公務員として，あるいは社会人としてふさわしい知能の持ち主であるかどうかをみるのに対し，適性試験では実際の職務を遂行する能力・適性があるかどうかをみるものである。

出題される問題の内容そのものはきわめて簡単なものだが，問題の数が多い。これまでの例では，時間が15分，問題数が120問。3つのパターンが10題ずつ交互にあらわれるスパイラル方式である。したがって，短時間に，できるだけ多くの問題を正確に解答していくことが要求される。

内容的には，分類・照合・計算・置換・空間把握などがあり，単独ではなくこれらの検査が組み合わさった形式の問題が出ることも多い。

(2)「人物試験」の目的と内容

いわゆる面接試験である。個別面接，集団面接などを通じて受験生の人柄，つまり集団の一員として行動できるか，職務に意欲をもっているか，自分の考えを要領よくまとめて簡潔に表現できるか，などを評価・判定しようとするものである。

質問の内容は，受験生それぞれによって異なってくるが，おおよそ次のようなものである。

① 公務員を志望する動機や理由などについて ② 家族や家庭のこと，幼いときの思い出などについて ③ クラブ活動など学校生活や友人などについて ④ 自分の長所や短所，趣味や特技などについて ⑤ 時事問題や最近の風俗などについての感想や意見

あくまでも人物試験であるから，応答の内容そのものより，態度や話し方，表現能力などに評価の重点が置かれている。

◆「論作文試験」の目的と内容

(1)「論作文試験」の目的

「文は人なり」という言葉があるが，その人の人柄や知識・教養，考えなどを知るには，その人の文章を見るのが最良の方法だといわれている。その意味で論作文試験は，第1に「文章による人物試験」だということができよう。

また公務員は，採用後に，さまざまな文章に接したり作成したりする機会が多い。したがって，文章の構成力や表現力，基本的な用字・用語の知識は欠かせないものだ。しかし，教養試験や適性試験は，国家・地方公務員とも，おおむね択一式で行われ解答はコンピュータ処理されるので，これらの試験では受験生のその能力・知識を見ることができない。そこで論作文試験が課せられるわけで，これが第2の目的といえよう。

(2)「論作文試験」の内容

公務員採用試験における論作文試験では，一般的に課題が与えられる。つまり論作文のテーマである。これを決められた字数と時間内にまとめる。国家・地方公務員の別によって多少の違いがあるが，おおよそ1,000～1,200字，60～90分というのが普通だ。

公務員採用試験の場合，テーマは身近なものから出される。これまでの例では，次のようなものだ。

① 自分自身について	「自分を語る」「自分自身の PR」「私の生きがい」「私にとって大切なもの」
② 学校生活・友人について	「学校生活をかえりみて」「高校時代で楽しかったこと」「私の親友」「私の恩師」
③ 自分の趣味など	「写真の魅力」「本の魅力」「私と音楽」「私と絵画」「私の好きな歌」
④ 時事問題や社会風俗	「自然の保護について」「交通問題を考える」「現代の若者」
⑤ 随想，その他	「夢」「夏の１日」「秋の１日」「私の好きな季節」「若さについて」「私と旅」

以上は一例で，地方公務員の場合など，実に多様なテーマが出されている。ただ，最近の一般的な傾向として，どういう切り口でもできるようなテーマ，たとえば「山」「海」などという出題のしかたが多くなっているようだ。この題で，紀行文を書いても，人生論を展開しても，遭難事故を時事問題風に扱ってもよいというわけである。一見，やさしいようだが，実際には逆で，それだけテーマのこなし方が難しくなっているともいえよう。

次に，試験情報と自治体情報を見てみよう。

23特別区の試験情報

令和５年度

特別区（東京23区）職員 Ⅲ類　採用試験案内

TOKYO 23区

◆この採用試験は、特別区、特別区人事・厚生事務組合、特別区競馬組合及び東京二十三区清掃一部事務組合（以下「特別区等」という。）が採用する職員の採用候補者を決定するために実施するものです。

令和５年６月22日
特別区人事委員会

1　主な日程

申込受付期間	6月22日（木）午前10時　から　7月13日（木）午後5時まで（受信有効）
	注意事項 申込みはインターネットで行ってください。また、申込締切直前はアクセスが集中することが予想されるため、時間に余裕をもって申し込んでください。 第2次試験（口述試験）で参考資料として使用する「面接カード」も申込時に入力をしていただきます。 ※使用可能機器等の注意事項については、申込画面の案内をご確認ください。
第１次試験	◆試験日 9月10日（日）午前9時30分集合　～　午後2時45分終了予定
	◆合格発表日 10月20日（金）午前10時
第２次試験	◆試験日 11月2日（木）、6日（月）のうち指定する1日
最終合格発表	◆合格発表日 11月17日（金）午前10時

※新型コロナウイルス感染症の拡大状況等によっては、試験日程等が変更になる可能性があります。試験当日の対応を含む最新情報は、特別区人事委員会ホームページ（以下「ホームページ」という。）等をご確認ください。

2　試験区分及び採用予定数等

試験区分	採用予定数	主な職務内容	主な勤務予定先（例示）
事　務	156名程度	一般行政事務等	本庁各課、出張所、保健所、福祉事務所

3　受験資格及び注意事項

次の⑴～⑶を読んだうえ、受験資格をよく確認してから申し込んでください。

⑴　日本国籍を有し、次の要件に該当する人が受験できます。

ア　活字印刷文又は点字による出題に対応できる人

イ　**平成14年4月2日から平成18年4月1日まで**に生まれた人

⑵　地方公務員法等で競争試験を受けること等ができないとされる人（5ページ参照）は、受験できません。

⑶　現に特別区等の職員である人は、受験できません。別に定める能力認定実施要綱に従って、所属の人事担当課を通じて申し込んでください。ただし、現に特別区等の職員で、教育公務員、特別職非常勤職員、臨時的任用職員、会計年度任用職員又は「地方公共団体の一般職の任期付職員の採用に関する法律」若しくは「地方公務員の育児休業等に関する法律」の規定に基づき採用されている任期付職員は受験できます。

※　申込内容等の記載事項に虚偽がある場合は、採用候補者名簿から削除されることがあります（3ページ「6」参照）。

4　特別区等の採用予定

表の説明
採用予定は、令和5年6月1日現在のもので、変更することがあります。
・若干名･･･令和6年度の採用予定数が、1～4名程度であることを示します。
・無　印･･･令和6年度に採用を予定していないことを示します(今後採用の必要が生じた場合は採用を行うこともあります。)。
・人厚組合 特別区人事・厚生事務組合／ 競馬組合 特別区競馬組合／ 清掃組合 東京二十三区清掃一部事務組合

事　務 採用予定数 156名程度	千代田区	中央区	港 区	新宿区	文京区	台東区	墨田区	江東区	品川区	目黒区	大田区	世田谷区	渋谷区
	若干名	5	8	11	5	5	若干名	6	5	5	10	18	
	中野区	杉並区	豊島区	北 区	荒川区	板橋区	練馬区	足立区	葛飾区	江戸川区	人厚組合	競馬組合	清掃組合
	若干名	5	若干名	5	若干名	8	5	9	17	16			若干名

5　試験の内容及び合格発表

第 1 次 試 験	
日時	**9月10日（日）** 午前9時30分集合　～　午後2時45分終了予定
会場	**原則として都内** ◆8月9日（水）午前10時以降に交付する受験票で試験会場を通知します。 ◆指定された試験会場の変更はできません。 ◆**試験会場及び会場の最寄駅付近で、有料で合否の連絡を請け負う業者が勧誘を行っていることがありますが、当人事委員会とは一切関係ありません**（試験当日に当人事委員会が現金を請求することはありません。）。
方法	(1)**教養試験**（2時間）･･･一般教養についての五肢択一式（50題中45題解答） ①知能分野（28題必須解答） 文章理解（英文を含む。）、判断推理、数的処理、資料解釈及び空間把握 ②知識分野（22題中17題選択解答） 社　会･･･現代社会、日本史、世界史、地理、倫理及び政治・経済 理　科･･･物理、化学、生物及び地学 その他･･･国語及び芸術 (2)**作文**（1時間20分）･･･課題式（1題必須解答） 字数は600字以上1,000字程度 ◆この試験の出題の程度は、高校卒業程度のものです。 ◆教養試験の成績が一定点に達しない場合、作文は採点の対象となりません。 ◆試験問題は、持ち帰ってください。 ◆試験問題及び五肢択一式問題の正答は、第1次試験終了後に公表します。予定日時は次のとおりです。 ①ホームページ 9月19日（火）午前10時以降 ②各区役所及び特別区自治情報・交流センター（東京区政会館4階） 9月20日（水）以降 ◆過去の試験問題及び五肢択一式問題の正答は、各区役所及び特別区自治情報・交流センター（東京区政会館4階）で閲覧できます。 また、ホームページ上では過去3年分を掲載しています（ただし、著作権等により掲載していない問題もあります。）。
合格発表	**10月20日（金）午前10時** ◆合格発表方法（窓口等への掲示は行いません。） ・ホームページ（合格者の受験番号を掲載） ・郵送（第1次試験の受験者全員に、合否の結果を通知） 10月24日（火）までに届かない場合は、10月25日（水）以降に特別区人事委員会事務局任用課に照会してください。 ◆不合格の場合は、希望者に対し、総合得点及び順位を通知します。

第　2　次　試　験	
日時	11月2日（木）、6日（月）のうち指定する1日 ※指定された日時の変更はできません。
会場	原則として都内 ◆試験日、集合時間及び試験会場は、第1次試験結果通知と併せてお知らせします。
方法	口述試験 主として人物についての個別面接
最　終　合　格　発　表	
日時・方法	11月17日（金）午前10時 ◆第1次試験、第2次試験及び受験資格等審査の結果を総合的に判定し、最終合格者を決定します。 ◆合格発表方法（窓口等への掲示は行いません。） ・ホームページ（合格者の受験番号を掲載） ・郵送（第2次試験の受験者全員に、合否の結果を通知） ◆希望者に対し、第1次試験と第2次試験の総合得点及び順位を通知します。

※個人別成績に関する情報提供の申出については、第1次試験の教養試験の際、解答用紙に希望の有無をマークしていただきます。

※試験当日は、交通機関の運行に遅延・中止（見合わせ）等が発生することもありますので、試験会場までの経路を複数確認しておくとともに、時間に余裕をもって試験会場に到着できるようにしてください。

※身体上の理由等により自動車等による試験会場への来場が必要な場合は、申し込む際に必ず特別区人事委員会事務局任用課へ連絡してください。

6　採用の方法及び時期

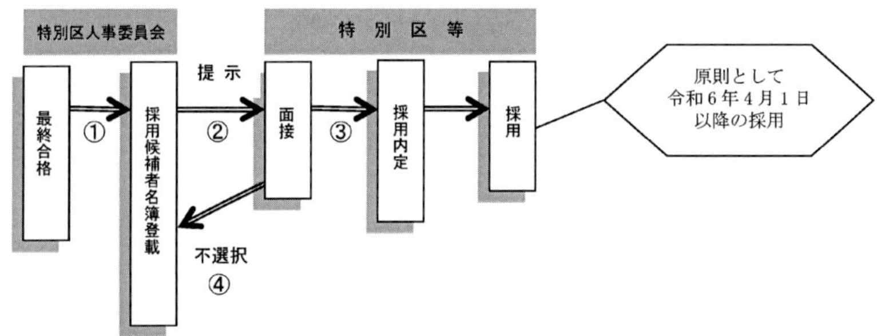

①最終合格者は、採用候補者名簿に高点順に登載されます。

②特別区人事委員会は、原則として採用候補者の希望区を考慮し、特別区等へ高点順に提示します。
なお、希望者の集中等の状況によっては、希望どおりに提示できない場合があります。

③提示を受けた特別区等は、面接を行い、その結果に基づいて採用候補者に内定を出します。

④提示された特別区等で不選択になった場合は、欠員状況に応じて、再び他の特別区等へ提示します。
ただし、欠員状況によっては提示されず、その結果採用されない場合もあります。
なお、名簿の有効期間は原則1年間です。

●申込内容等の記載事項に虚偽がある場合は、採用候補者名簿から削除されることがあります。

7　受験手続

(1) 申込方法

申込みはインターネットで行ってください。また、申込締切直前はアクセスが集中することが予想されるため、時間に余裕をもって申し込んでください。

第2次試験（口述試験）で参考資料として使用する「面接カード」も申込時に入力をしていただきます。

申込受付期間	6月22日（木）午前10時から7月13日（木）午後5時まで【受信有効】
申込ＵＲＬ	https://www.union.tokyo23city.lg.jp/jinji/jinjiiinkaitop/

◆上記ＵＲＬ（ホームページ）へアクセスし、画面の指示に従ってすべての必要事項を正しく入力し、受付期間中に送信してください。

◆**申込みの際に設定されたＩＤ及び設定したパスワードは受験票のダウンロードに必要となりますので、必ず控えをとって保管してください。パスワード等の照会は、理由を問わず応じられません。**

◆受験票を印刷する必要があります（下記(2)参照）。

◆申込登録の際に入力した内容（面接カードを除く）は提示の際に特別区等へ提供します。

◆申込内容の修正や入力内容についての問合せには応じられないため、入力内容に誤りがないか確認し、申込登録完了画面は必ず印刷及び保存してください。

◆システム障害対応のために申込受付期間中にシステムを停止する場合や、使用している機器や通信回線上の障害等が発生した場合のトラブルについては、一切責任を負いません。

◆インターネットでの申込みができない場合は、特別区人事委員会事務局任用課へ連絡してください。

※注意事項

◆重複申込みは、受信の早いもののみ有効とします。

◆第1次試験において、**点字による受験を希望する場合**は、**申込画面の所定欄に必ずチェックするとともに、申し込む際に必ず特別区人事委員会事務局任用課へ連絡してください。**

申込画面の所定欄にチェックがない場合及び任用課への連絡がない場合は、点字による受験は認めません。

◆**車いす又は補装具の使用等、試験の際に身体的配慮が必要な場合は、試験会場準備のため、申し込む際に必ず特別区人事委員会事務局任用課へ連絡してください。**

(2) 受験票の交付

受験票の送信日	8月9日（水）　午前10時以降

◆上記日時に受験票発行通知メールを送信します。メール受信後に、受験票をダウンロード・印刷してください。

◆受験票に必要事項を記入し、写真1枚（最近3ヵ月以内に撮影したもの（ﾀﾃ 4cm×ﾖｺ 3cm)、上半身、脱帽、正面向き、背景無地）を必ず貼付のうえ、試験当日に会場へ持参してください。

◆**8月9日（水）中に受験票発行通知メールが届かない場合は、8月10日（木）午前10時以降にホームページからダウンロード可能となりますので、受験票をダウンロード・印刷してください。**

※プリンターをお持ちでない場合は、印刷機器がある施設（学校等）や、コンビニエンスストア等のプリントサービスを利用し、印刷してください。

試験の申込みをした人は必ず受験してください

特別区職員採用試験は、皆さんの申込みによって試験の準備が進められます。これらは、区民の方に納めていただく税金を使って行われるものです。貴重な税金を有効に活用するためにも、**試験の申込みをした人は必ず受験してください。**

8　勤務条件

(1)　初任給等

初　任　給	約 182,500 円

◆この初任給は令和５年４月１日現在の給料月額に地域手当を加えたものです。職務経験等がある人は、一定の基準により加算される場合があります。

◆この初任給のほか、条例等の定めるところにより、扶養手当、住居手当、通勤手当、期末・勤勉手当等が支給されます。

※採用前に給与改定等があった場合には、その定めるところによります。

(2)　勤務時間

職員の勤務時間は１週間あたり 38 時間 45 分で、原則として土曜・日曜・祝日が休みです。

(3)　休暇等

年次有給休暇は原則として１年間に 20 日です。そのほかに慶弔休暇、妊娠出産休暇、育児休業、夏季休暇等も設けられており、職員が安心して働き続けられるための制度が整っています。

(4)　公平な昇任制度

職員は、能力主義に基づき公平に昇任します。学歴等によらず、「やる気があれば道が開ける」、チャレンジする職員に開かれた昇任制度が用意されています。

9　その他

地方公務員法第 16 条で競争試験を受けることができないとされる人

次の各号のいずれかに該当する者は、条例で定める場合を除くほか、職員となり、又は競争試験若しくは選考を受けることができない。

一　禁錮以上の刑に処せられ、その執行を終わるまで又はその執行を受けることがなくなるまでの者

二　当該地方公共団体において懲戒免職の処分を受け、当該処分の日から二年を経過しない者

三　人事委員会又は公平委員会の委員の職にあつて、第六十条から第六十三条までに規定する罪を犯し、刑に処せられた者

四　日本国憲法施行の日以後において、日本国憲法又はその下に成立した政府を暴力で破壊することを主張する政党その他の団体を結成し、又はこれに加入した者

個人情報の取扱いについて

個人情報については、個人情報の保護に関する法律による適正管理を行っています。当人事委員会では、提出された関係書類やそれに基づき作成した資料等を厳重に管理するとともに、特別区等の採用関係機関以外の第三者には提供いたしません。また、規定の保存年限経過後には、速やかに適切な方法で廃棄しています。

注意事項

◆カンニング等の不正行為が発覚した場合、受験は無効とします。

●令和２年度～令和４年度　Ⅲ類採用試験　実施状況

試験区分	年度	採用予定数	受験者数	最終合格者数	合格倍率
事　務	令和2	138 名程度	3,892 名	398 名	9.8 倍
	令和3	125	2,904	392	7.4
	令和4	136	2,561	435	5.9

参考 特別区等一覧表

区名等	本庁所在地	職員数（名）	URL
千代田区	千代田区九段南1−2−1	1,199	https://www.city.chiyoda.lg.jp/
中央区	中央区築地1−1−1	1,639	https://www.city.chuo.lg.jp/
港区	港区芝公園1−5−25	2,235	https://www.city.minato.tokyo.jp/
新宿区	新宿区歌舞伎町1−4−1	2,825	https://www.city.shinjuku.lg.jp/
文京区	文京区春日1−16−21	2,002	https://www.city.bunkyo.lg.jp/
台東区	台東区東上野4−5−6	1,925	https://www.city.taito.lg.jp/
墨田区	墨田区吾妻橋1−23−20	1,873	https://www.city.sumida.lg.jp/
江東区	江東区東陽4−11−28	2,638	https://www.city.koto.lg.jp/
品川区	品川区広町2−1−36	2,714	https://www.city.shinagawa.tokyo.jp/
目黒区	目黒区上目黒2−19−15	2,061	https://www.city.meguro.tokyo.jp/
大田区	大田区蒲田5−13−14	4,235	https://www.city.ota.tokyo.jp/
世田谷区	世田谷区世田谷4−21−27	5,499	https://www.city.setagaya.lg.jp/
渋谷区	渋谷区宇田川町1−1	2,037	https://www.city.shibuya.tokyo.jp/
中野区	中野区中野4−8−1	2,085	https://www.city.tokyo-nakano.lg.jp/
杉並区	杉並区阿佐谷南1−15−1	3,504	https://www.city.suginami.tokyo.jp/
豊島区	豊島区南池袋2−45−1	1,999	https://www.city.toshima.lg.jp/
北区	北区王子本町1−15−22	2,766	https://www.city.kita.tokyo.jp/
荒川区	荒川区荒川2−2−3	1,807	https://www.city.arakawa.tokyo.jp/
板橋区	板橋区板橋2−66−1	3,708	https://www.city.itabashi.tokyo.jp/
練馬区	練馬区豊玉北6−12−1	4,396	https://www.city.nerima.tokyo.jp/
足立区	足立区中央本町1−17−1	3,480	https://www.city.adachi.tokyo.jp/
葛飾区	葛飾区立石5−13−1	3,008	https://www.city.katsushika.lg.jp/
江戸川区	江戸川区中央1−4−1	3,707	https://www.city.edogawa.tokyo.jp/top.html
特別区人事・厚生事務組合	千代田区飯田橋3−5−1	267	https://www.union.tokyo23city.lg.jp/index.html
特別区競馬組合	品川区勝島2−1−2	84	https://www.tokyocitykeiba.com/
東京二十三区清掃一部事務組合	千代田区飯田橋3−5−1	1,166	https://www.union.tokyo23-seisou.lg.jp/

＊ 職員数は、令和5年1月1日現在のものです。
＊ 東京二十三区清掃一部事務組合の主な勤務先は、本庁及び23区内の各清掃工場等です。
＊ 就業場所は、原則敷地内禁煙です。

問合せ先 **特別区人事委員会事務局任用課採用係**
〒102−0072 千代田区飯田橋3−5−1
【電　　話】03−5210−9787(直通) ※受付時間：平日 8:30〜17:15
【ホームページ】**https://www.union.tokyo23city.lg.jp/jinji/jinjiinkaitop/**
(上記ホームページから採用試験の申込みができます。
また、よくある質問と回答も掲載しています。)
【Twitter】**@23city_saiyou**

23特別区の自治体情報

第１章　特別区の決算状況と課題

○　令和３年度普通会計決算の各種財政指標の状況を見ると、実質収支比率は適正範囲とされる 3～5%を上回り、財政構造の弾力性を示す経常収支比率は78.6%と改善した。また、資金繰りの程度を示す実質公債費比率は、改善傾向となっている。

＜財政指標の推移＞　（単位：%）

区　分	26年度	27年度	28年度	29年度	30年度	元年度	2年	3年度
実質収支比率	5.7	5.7	5.0	6.1	5.2	5.4	7.0	8.6
経常収支比率	80.7	77.8	79.3	79.8	79.1	79.2	81.9	78.6
実質公債費比率	-1.8	-2.3	-2.8	-3.2	-3.4	-3.5	-3.4	-3.3

注）各比率は、全特別区の加重平均である。

1．区税収入の推移

区税収入は、納税義務者数の増加等により、11 年連続で増となった。
しかし、ウクライナ情勢等に伴う世界的な物流の混乱や、物価高騰の影響など、様々な懸念材料を抱えており、景気の影響を受けやすい特別区の税収動向は予断を許さない状況にある。

○　区税収入は、特別区税の約 9 割を占める特別区民税が、納税義務者数の増加等により、前年度から約 54 億円、0.5%の増で、区税収入全体で約 105 億円、0.9%の増となった。

○　区税は歳入の基幹収入であるが、景気の影響を受けやすい。物価高騰の影響などにより、今後の景気情勢が不透明であることから、税収の動向は予断を許さない状況にある。

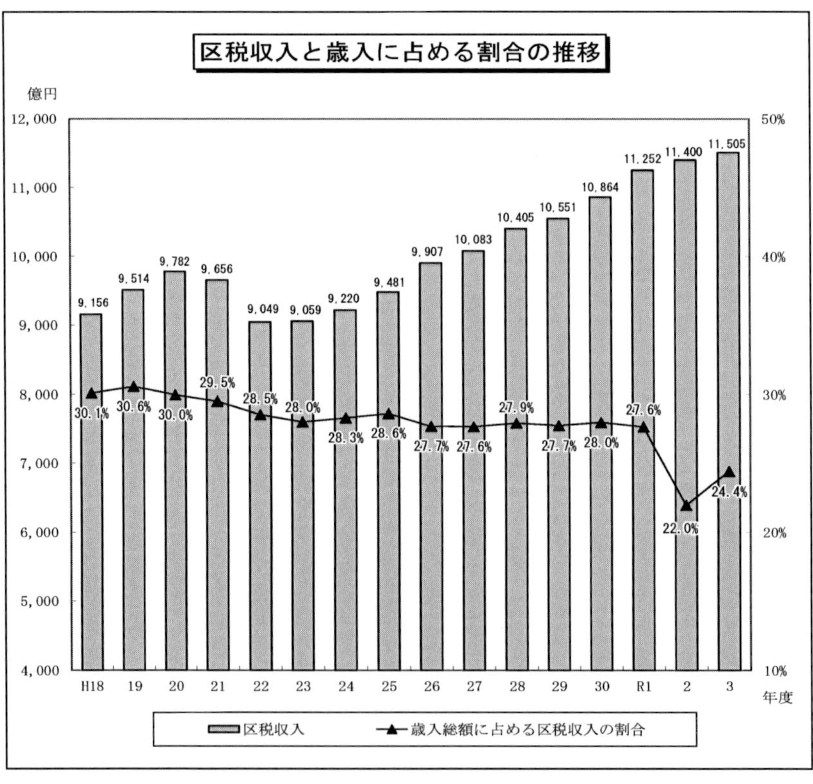

（注）　令和 2 年度及び 3 年度は、新型コロナウイルス感染症対策に係る国庫支出金等の特定財源が大きく増となったため、区税収入の割合が下がっている。

2．歳入総額の推移

> **歳入総額は、特別給付金関連の臨時的な要因の終了等により、11年ぶりに前年度を下回った。**
>
> **歳入の柱である区税収入は11年連続の増、特別区財政調整交付金は、企業収益の堅調な推移を背景にした市町村民税法人分の増加などにより、令和元年度の水準に回復した。しかし、特別区は景気変動の波を受けやすい歳入構造となっており、将来を見据えた持続可能な財政運営が求められる。**

○　区税収入は、特別区民税が0.5％の増、区税収入全体でも0.9％の増となった。

○　国・都支出金は、臨時的要因を含む令和2年度と比較すると29.3％の減となったが、例年よりも高い水準が続いている。

○　特別区の歳入構造は景気変動の波を受けやすいことから、将来を見据えた持続可能な財政運営が求められる。

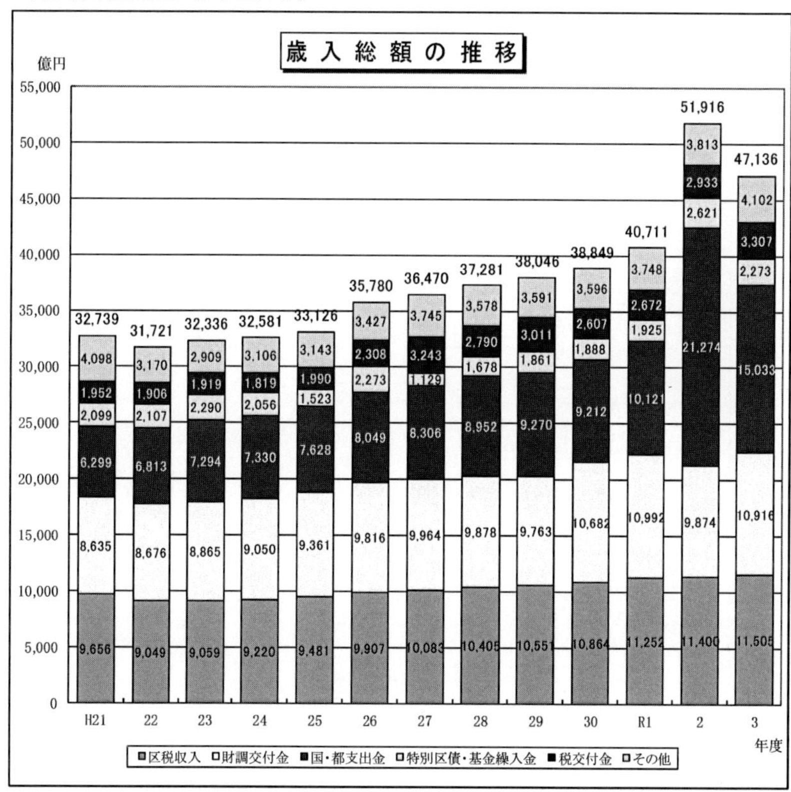

年度	H21	22	23	24	25	26	27	28	29	30	R1	2	3
区税収入	9,656	9,049	9,059	9,220	9,481	9,907	10,083	10,405	10,551	10,864	11,252	11,400	11,505
財調交付金	8,635	8,676	8,865	9,050	9,361	9,816	9,964	9,878	9,763	10,682	10,992	9,874	10,916
国・都支出金	6,299	6,813	7,294	7,330	7,628	8,049	8,306	8,952	9,270	9,212	10,121	21,274	15,033
特別区債・基金繰入金	2,099	2,107	2,290	2,056	1,523	2,273	1,129	1,678	1,861	1,888	1,925	2,621	2,273
税交付金	1,952	1,906	1,919	1,819	1,990	2,308	3,243	2,790	3,011	2,607	2,672	2,933	3,307
その他	4,098	3,170	2,909	3,106	3,143	3,427	3,745	3,578	3,591	3,596	3,748	3,813	4,102
合計	32,739	31,721	32,336	32,581	33,126	35,780	36,470	37,281	38,046	38,849	40,711	51,916	47,136

（注）「その他」には、使用料・手数料、分担金・負担金、寄附金、財産収入、繰越金、諸収入が含まれる。

3．性質別歳出の推移

歳出総額は、補助費等の減少により前年を下回った。しかし、これは特別定額給付金給付事業の終了等によるものであり、物価高騰対策等、今後も歳出を押し上げる要因が山積している。

○　扶助費は、新型コロナウイルス感染症対策に係る給付事業等により、15.5%の増となった。

○　人件費は、退職金の減少等により、0.9%の減となった。

○　補助費等は、特別定額給付金給付事業の終了等により、77.4%の減となった。

○　今後も少子高齢化対策費や医療・介護関係経費の増加、首都直下地震への備え、公共施設の更新等に加え、新型コロナウイルス感染症対策経費や物価高騰対策等、歳出を押し上げる要因が山積している。

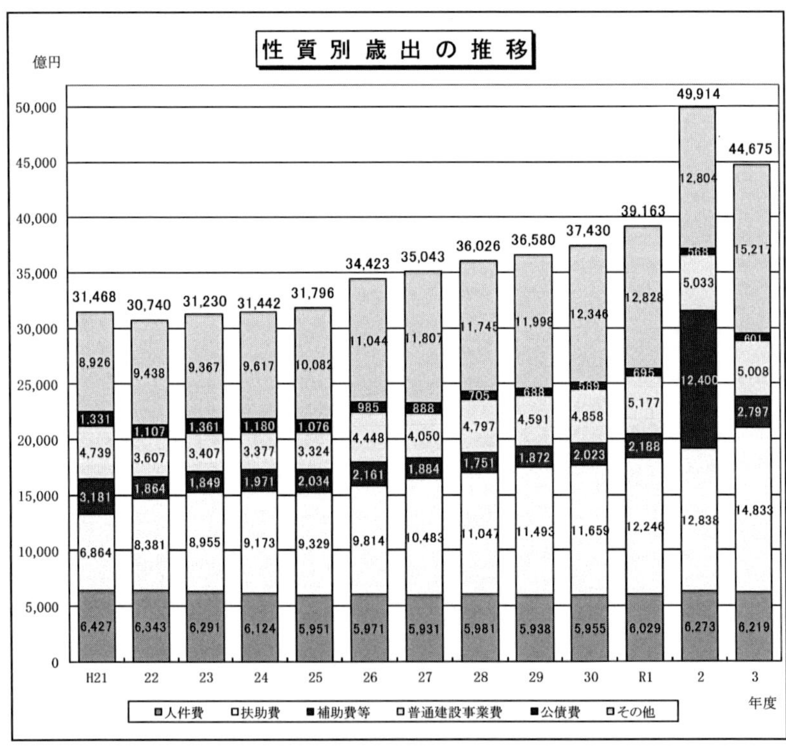

(注)　補助費等は、令和２年度に限り実施された特別定額給付金事業により急激に増減している。

4．実質的な義務的経費に要する一般財源負担額の推移

扶助費が増加しており、実質的な義務的経費に要する一般財源負担は、ここ4年は増加傾向にある。

○　義務的経費とされる人件費、公債費、扶助費に医療・介護保険への公費負担を加えた実質的な義務的経費について、一般財源による負担の状況を見ると、ここ4年増加傾向で、1.4兆円に迫る規模になっており、全体として高い水準が続いている。

○　これは、新型コロナウイルス感染症対策に係る給付事業等により、扶助費が増加したことによるものである。

○　社会保障関係経費については、今後も増加が見込まれることから、特別区の財政運営を更に圧迫することが予測される。

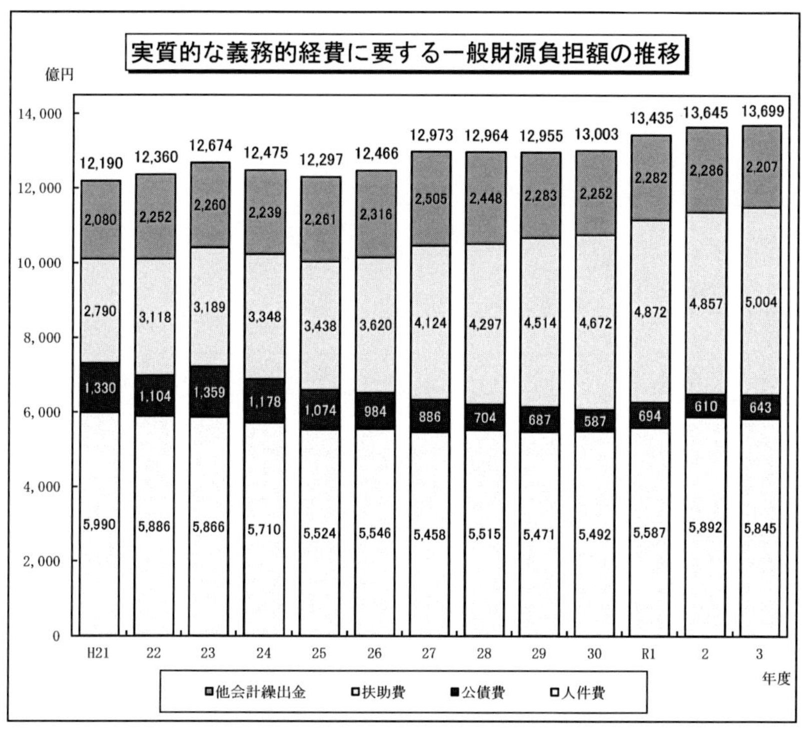

（注）他会計繰出金・・・国民健康保険事業会計、老人保健医療事業会計（平成22年度で会計廃止）、後期高齢者医療事業会計、介護保険事業会計（保険事業勘定）への繰出金

5．実質収支比率、経常収支比率の推移

実質収支比率は 1.6 ポイント増の 8.6%となり、適正範囲とされる 3%～5%を上回った。また、経常収支比率は 3.3 ポイント減の 78.6%となった。

○　財政の健全性を測る指標を見ると、実質収支比率は概ね適正範囲とされる 3%～5%を上回った。経常収支比率は、区税や特別区財政調整交付金の増に伴う経常一般財源等の増加により、2年ぶりに 70%台に改善した。

○　経常収支比率については、概ね適正な水準とされている範囲内にあるものの、地方交付税が交付されない特別区の財政は、景気変動による税収の動向に大きく左右される。特別区民税・特別区財政調整交付金を基幹収入としていることから、景気後退期には、経常収支比率が全国都市と比べて急激に悪化する傾向もあり、予断を許さない状況にある。

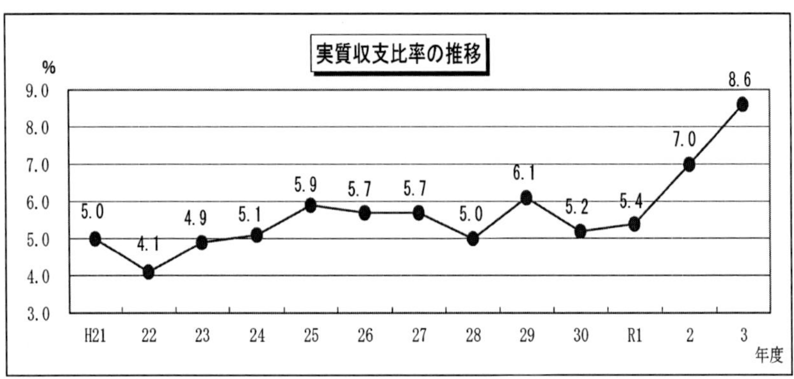

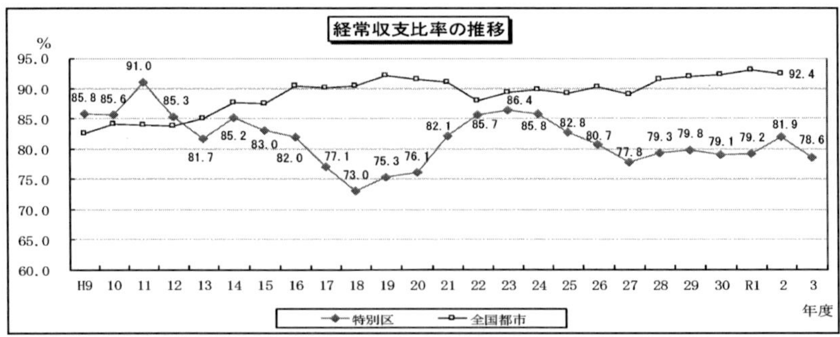

(注)「全国都市」とは、政令指定都市、中核市、特例市（平成 27 年度以降は施行時特例市）及び特別区を除く市をいう。
(参考) 経常収支比率＝経常経費充当一般財源等／経常一般財源等×100
経常収支比率は、比率が高いほど財政構造の硬直化が進んでいることを表す。

6. 法人税収の影響

多くの企業が集積する特別区は、法人税収の変動の影響を受けやすい財政構造である。経常収支比率は2年ぶりに70%台に回復したが、市町村民税法人分の一部国税化の影響による減収に加え、新型コロナウイルス感染症や物価高騰の影響等により、今後の景気情勢が不透明であることから、予断を許さない状況にある。

○　特別区財政調整交付金の原資である市町村民税法人分等と経常収支比率の関係を見ると、概ね当該税収が増えると経常収支比率が下がり（改善）、反対に当該税収が減ると比率が上がっている（悪化）ことが分かる。

○　経常収支比率は、平成 21 年度に、景気低迷の影響等で市町村民税法人分が大きく落ち込み、急激に悪化した。令和 3 年度は企業収益の堅調な推移を背景にした市町村民税法人分の増加により、経常収支比率は前年度比で減となっている。

○　特別区の財政は、市町村民税法人分の一部国税化の影響に加え、新型コロナウイルス感染症や物価高騰の影響等により、今後の景気情勢が不透明であることから、予断を許さない状況にある。

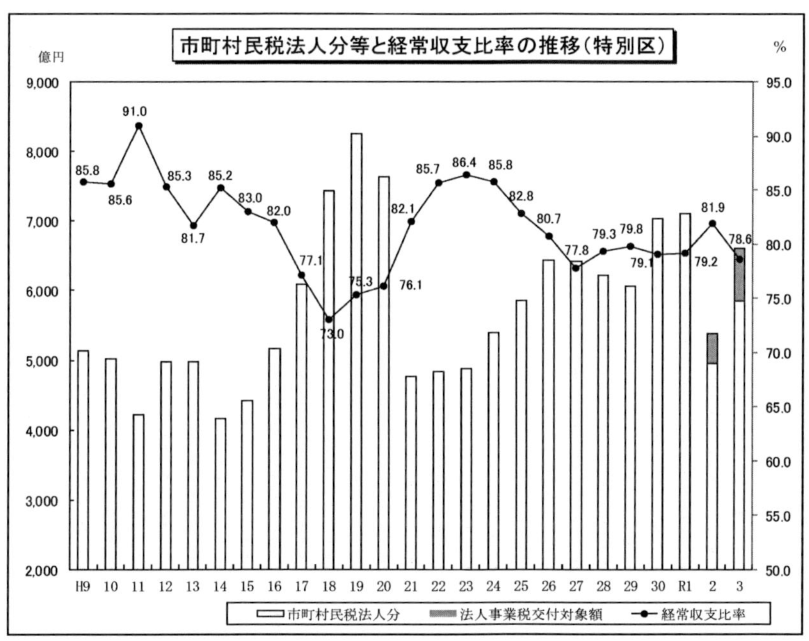

（注）法人事業税交付対象額は、令和2年度より特別区財政調整交付金の原資に加わった。
（参考）経常収支比率＝経常経費充当一般財源等／経常一般財源等×100
経常収支比率は、比率が高いほど財政構造の硬直化が進んでいることを表す。

第２章　財政健全化の取組み状況

○　特別区は、限られた財源の中で膨大な行政需要に対応するため、職員数の削減等、積極的に行財政改革に取り組んでいる。

1．職員数の削減

特別区は、全国市町村を上回るペースで職員数の削減を進めてきている。

○　特別区の職員数は、平成 12 年度の清掃事業移管（7,826 人）に伴い、一旦増加したものの、平成 15 年度には清掃事業移管前の規模を下回った。近年は、東京 2020 オリンピック・パラリンピック競技大会の開催準備、待機児童対策、児童相談所開設準備等の行政需要に対応するため、微増となっているが、削減率は全国市町村を上回っている。

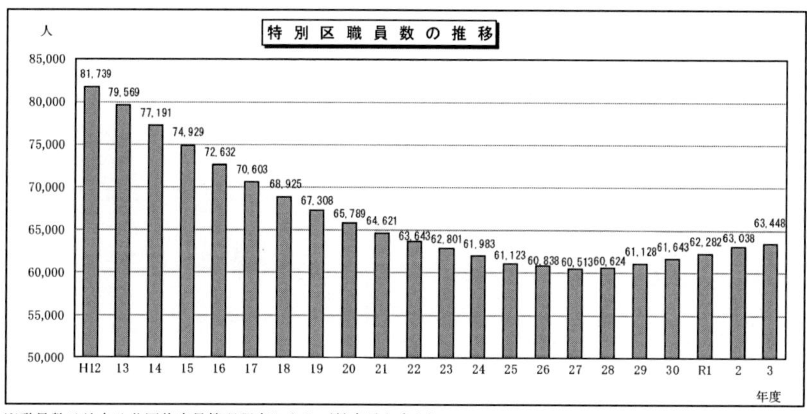

※職員数は地方公共団体定員管理調査による（教育長を含む）。

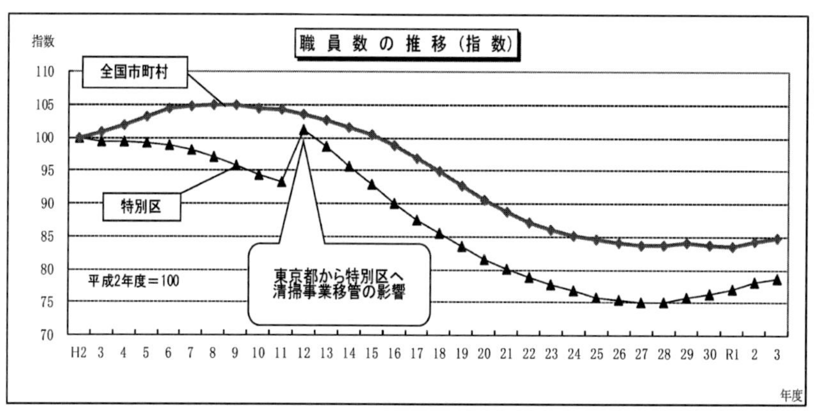

※全国市町村は地方公共団体定員管理調査による全国市町村職員数の総数。
但し、平成29年度に道府県から政令指定都市に移譲された県費負担教職員数は除いている。

2．職員数の削減による効果

特別区は、職員数の削減により捻出した財源を、住民サービスの維持・向上に活用している。

○　特別区は、職員数の削減によって得られた行政改革の効果を喫緊の課題である少子高齢化対策に振り向けるとともに、住民サービスの維持・向上に取り組んでいる。

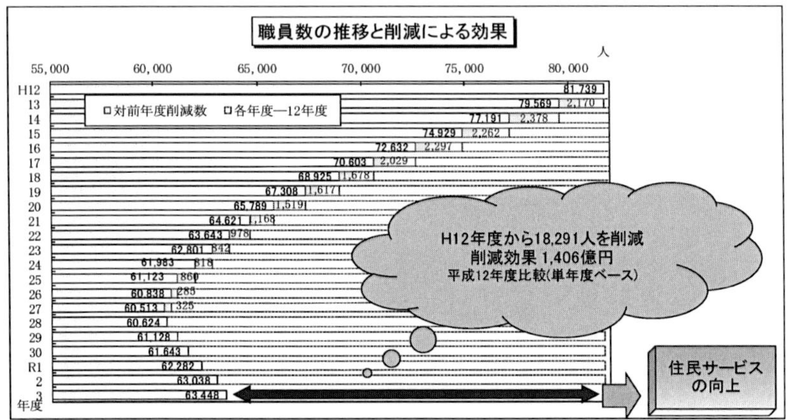

※削減効果は、平成 12 年度からの職員削減数の合計 18,291 人に、令和 3 年度都区財政調整における標準給与額（標準給：7,686,397 円）を乗じて算出

○　特別区は、事務能率の向上を図り職員数の削減を進める一方、大都市需要として特に区民ニーズの高い、保育園等の子育て支援や高齢社会対応等の福祉分野においては、需要に対応するための人員を確保している。

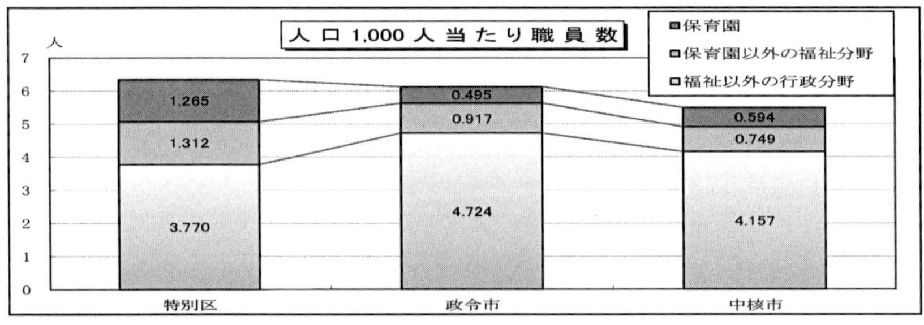

※職員数は、普通会計職員数から消防部門職員数を除いたもの。
※職員数（令和 3 年 4 月 1 日時点）、人口（令和 3 年 1 月 1 日時点）
※政令市の福祉以外の行政分野は、平成 29 年度に道府県から政令指定都市に移譲された県費負担教職員数は除いている。

3. 区税徴収率

区税徴収率は、各区の収納強化策が奏功し、11 年連続で上昇した。また、累積滞納額は減少を続けている。

○ 各区では、差し押さえの強化や徴収嘱託員の活用、コンビニエンスストア収納、クレジットカードによる収納、インターネット公売等、区税の収納強化に努めている。

○ そのため、区税の徴収率は 11 年連続で上昇した。また、累積滞納額は減少傾向にある。

○ しかし、新型コロナウイルス感染症の影響や物価高騰等により、今後の景気情勢が不透明であり、区税徴収は厳しい局面となる可能性もあることから、より一層の徴収努力が必要となっている。

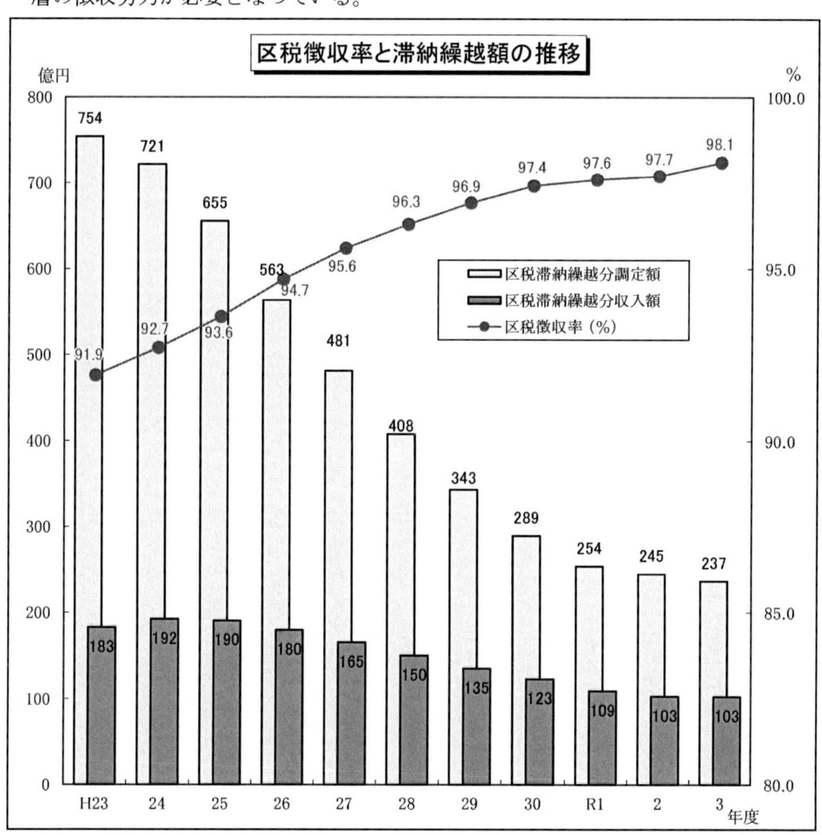

第３章　特別区の財政負担状況

○　特別区は、引き続き扶助費が増加するとともに、大量の公共施設の更新需要等、今後財政負担の増大が想定されることから、より一層の効率化と財源確保が求められる。

1．扶助費と他会計繰出金の増加

扶助費の総額は、年々増加しており、財政圧迫の要因となっている。また、実質的な義務的経費である医療・介護保険制度への繰出金も特別区財政圧迫の要因の一つとなっている。

○　社会保障制度の一環として支出される扶助費は、待機児童解消に向けた取組みや、新型コロナウイルス感染症対策に係る給付事業を中心に、引き続き高水準で推移している。

○　他会計繰出金は、高齢化に伴う要介護者数の増加等により、介護保険事業会計への繰出金が増加する一方、被保険者数の減少や法定外繰入金の縮減の取組みにより国民健康保険事業会計への繰出金が減少したことで、概ね減少傾向にあるが、今後の高齢化等の社会情勢に鑑みると引き続き高止まりの状況になることが見込まれる。

○　急激な高齢化の進行も相まって、扶助費や医療・介護関係経費の増加が特別区財政をさらに圧迫していくことが懸念される。

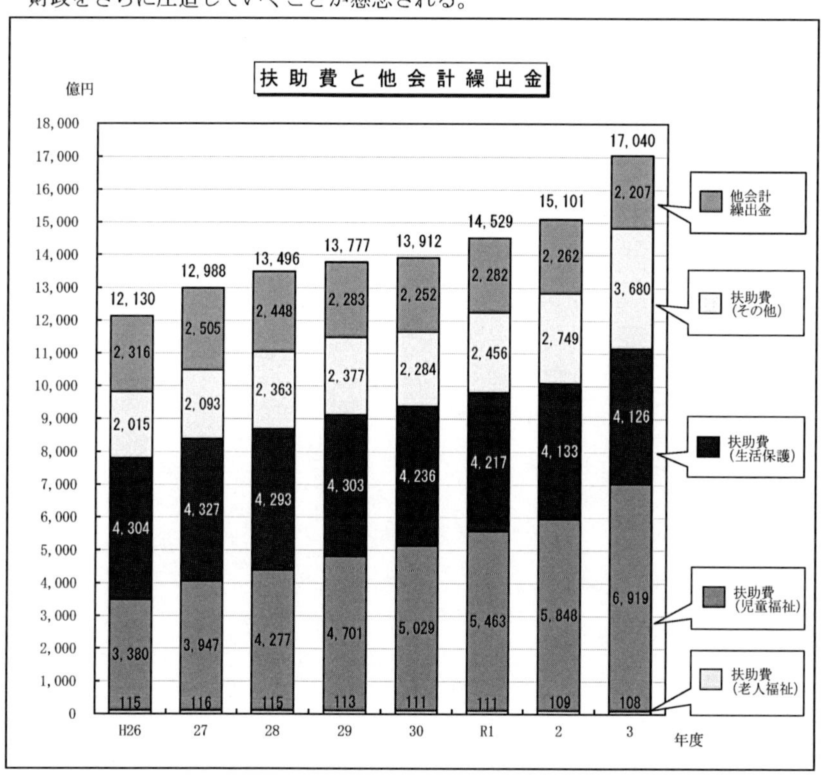

（注）他会計繰出金・・・国民健康保険事業会計、後期高齢者医療事業会計、介護保険事業会計、介護保険事業会計（保健事業勘定）への繰出金

２．更新時期を迎える公共施設と改築経費

特別区が保有する公共施設の多くが更新時期を迎えており、その改築・改修等に伴う経費の増加が特別区財政を圧迫する恐れがある。

○　令和４年３月現在、特別区の保有する公共施設の総床面積は、義務教育関係施設（小・中学校）で 8,007,560 ㎡（3,579 施設）、本庁舎、福祉関係施設、図書館等の公共施設で 12,162,462 ㎡（12,373 施設）となっている。

○　2041 年までの 20 年間に築 50 年を迎える施設は、小・中学校で 5,820,302 ㎡・2,761 施設（施設数全体の約 77%）、本庁舎等は 6,673,350 ㎡・6,881 施設（施設数全体の約 56%）であり、その改築に要する経費は、合わせて約 6.7 兆円と見込まれる。

○　特別区の財政運営は、この膨大な改築需要に備えるため、後年度を見通した、より一層の効率化と財源確保が必要となる。

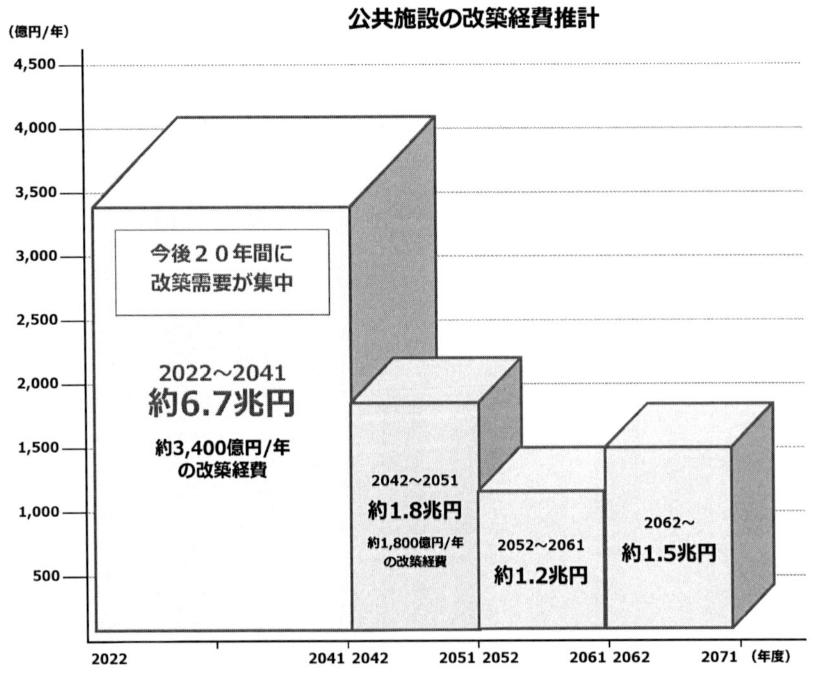

※１　改築経費は、「特別区保有施設等に関する調査（令和４年度実施）」の調査時点における施設延床面積に、特別区の決算単価を乗じて算出。（国・都支出金等は控除していない。）

※２　耐用年数は一律 50 年とし、2021 年度以前に築 50 年を迎えた施設の改築経費は、2022～2041 年度の改築経費に含めている。

※３　小・中学校の施設数は、校舎・屋内運動場・プールをそれぞれ１施設としてカウントしている。

3．災害リスクに備える財政需要

特別区は、日本全体を支える首都機能を守ると共に、住む人・働く人・訪れる人の安全・安心を確保するため、首都直下地震への対応等、防災・減災対策が急務となっており、それらに対応するための膨大な財政需要が見込まれている。

○　大規模災害時に建物倒壊や焼失等大きな被害を引き起こす、著しく危険な木造住宅棟は、特別区が全国の１割を占めており、早期の解消が必要である。
○　災害時の緊急輸送路としての都市計画道路を整備することは、首都機能や企業活動の早期復興・再開にも繋がるが、特別区の都市計画道路の完成率は 66%であり、全てを整備するためには、5 兆円を超える費用が見込まれる。

密集市街地　地区数

特別区 17地区

密集市街地　面積

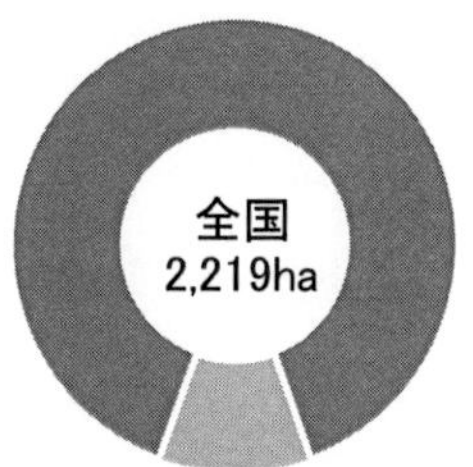

特別区 247ha

※国土交通省「地震時等に著しく危険な密集市街地について」を基に作成。

都市計画道路の整備状況

	区部	東京都
計画延長	1,768km	3,205km
完成延長	1,168km	2,067km
完成率	66.0%	64.5%
整備標準単価	90億円/km	―

※国土交通省「令和３年都市計画現況調査」を基に作成。
※区部の整備標準単価は、特別区長会事務局試算。

第４章　特別区を取り巻く現状

○　特別区は、人口や企業の極度の集中等に起因する様々な行政課題を抱えており、これらの課題の解決に向けて取り組んでいる。

1．人口推移の状況

他の大都市に比べて人口が大きく増加し、特別区には、より一層人口が集中している状況にある。

○　令和 2 年の国勢調査では、特別区の人口は 973 万人で、前回の調査時よりも 46 万人も増加している。

○　主な大都市と比較しても特別区の人口の増加率は高く、特別区により一層人口が集中している状況にある。

○　なお、住民基本台帳人口移動報告（2021 年結果）によると、特別区は平成 9 年以降 25 年連続で転入超過となっている。

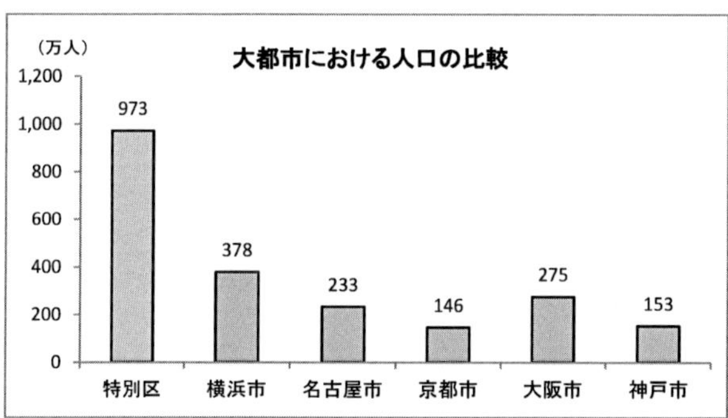

※令和 2 年国勢調査

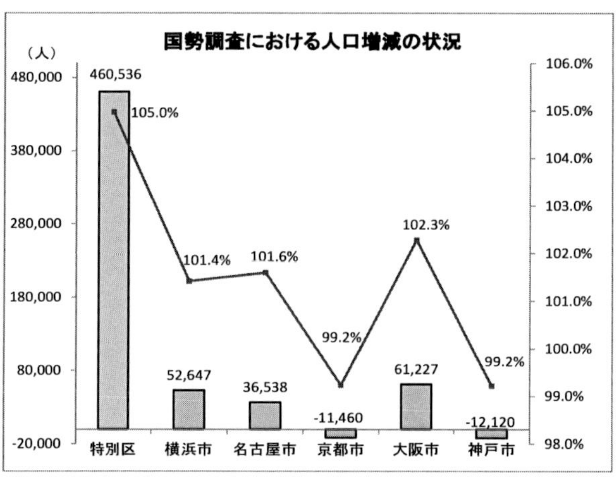

※令和 2 年国勢調査における平成 27 年国勢調査時からの人口の増減及び増減率

２．企業集中及び流入人口の状況

特別区の区域には極めて多くの企業が集中している。そのため、都内だけでなく、周辺の県からも多くの人々が通勤や通学で流入し、昼間人口は 1,200 万人を超えている。

○　特別区の区域には、全国の事業所の約 1 割に当たる 66 万を超える事業所があり、従業者数も 830 万人を超える等、極めて多くの企業が集中している。

○　そのため、特別区の区域には、都内だけでなく周辺の県からも含めて 300 万人を超える人々が通勤・通学で流入し、昼間人口は 1,200 万人を超えている（※令和 2 年国勢調査より）。

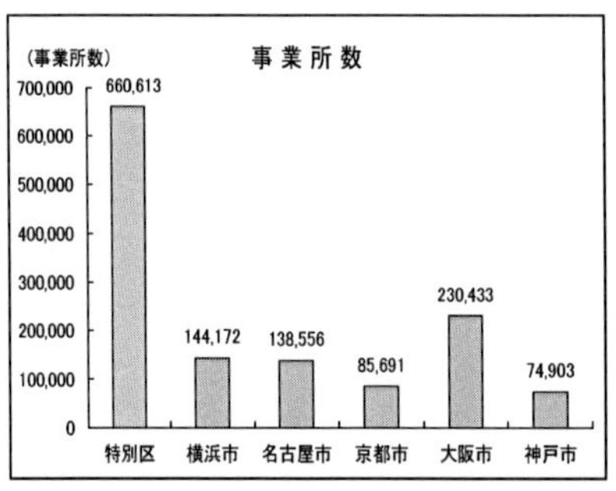

※令和 3 年経済センサス-活動調査(速報集計)

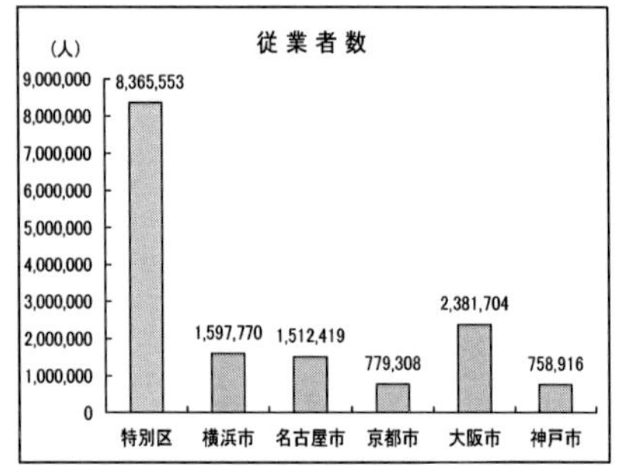

※令和 3 年経済センサス-活動調査(速報集計)

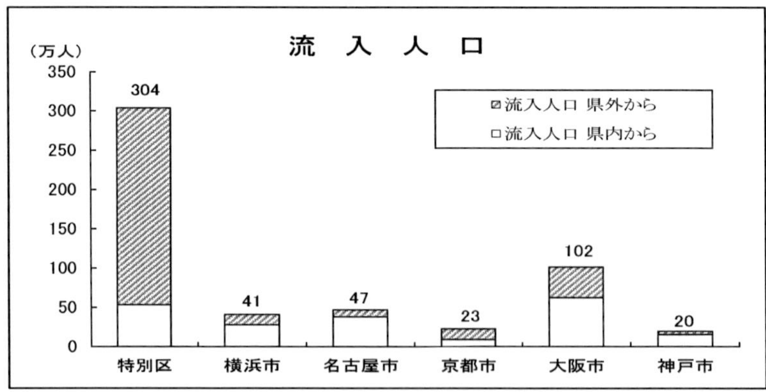

※令和 2 年国勢調査：常住地又は従業地・通学地による人口

3．地価や消費者物価の状況

特別区は人口と企業の集中等により、地価や物価が高く、行政経費を引き上げる要因となっている。

○　人口や企業の極度の集中は、地価や物価を引き上げている。
○　地価・物価の高騰は特別区の行政経費を引き上げ、公共施設用地の確保も容易ではない。

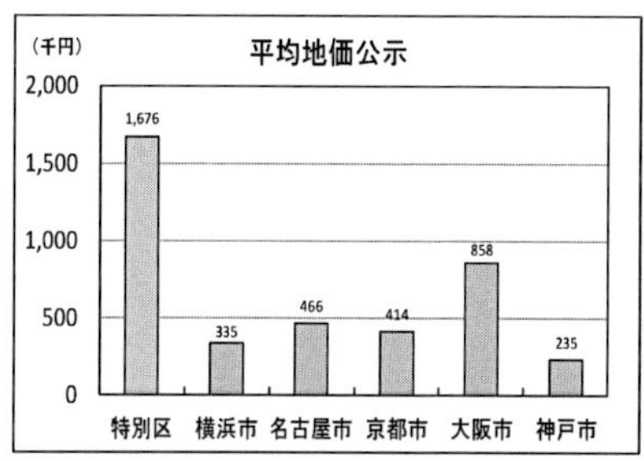

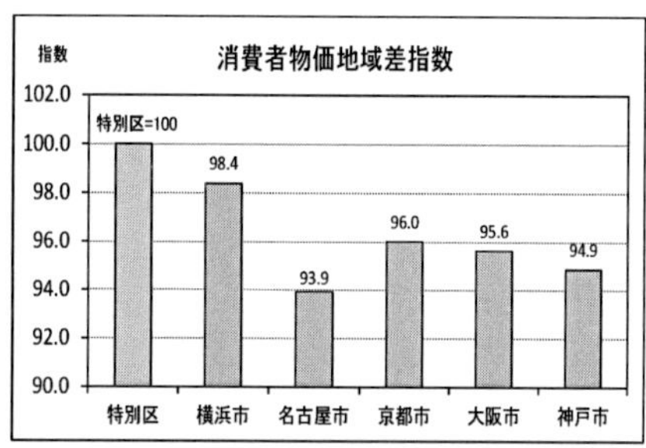

※令和３年地価公示

※令和３年平均消費者物価地域差指数

4．生活保護の状況

生活保護の受給世帯数は高止まりの状況となっていることから、歳出に占める生活保護費の割合は高い状況にある。

○　特別区における生活保護費の令和２年度決算額は約4,450億円で、歳出総額（約3兆7,166億円）の約12.0%を占める。
○　平成21年度からの11年間で、生活保護世帯数が約４万世帯増加している。

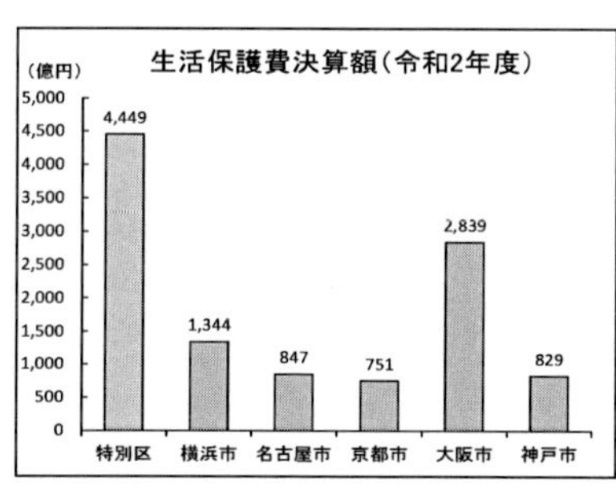

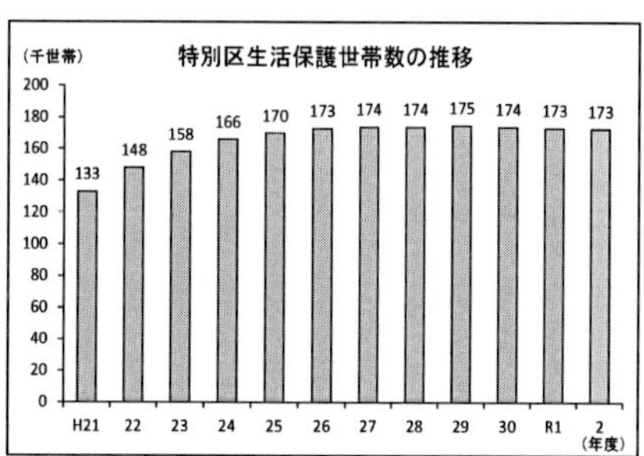

※令和２年度地方財政状況調査

※東京都「福祉・衛生 統計年報」

5．介護保険要介護認定者の状況

特別区における要介護認定者は 40 万人を超え、今後も要介護認定者数の増加も見込まれていることから特別区の財政への影響が懸念される。

○　特別区における要介護認定者数は 40 万人を超え、他の大都市地域と比べて突出している。

○　今後、さらに高齢化が進み、要介護認定者数の増加も見込まれていることから、介護関係経費の増加による特別区の財政への影響が懸念される。

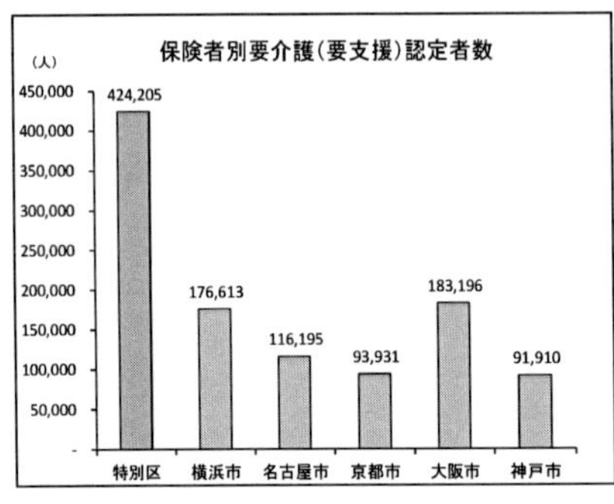

※厚生労働省：介護保険事業状況報告（令和２年度年報）

特別区高齢者人口の推移

(万人)

年度	H21	22	23	24	25	26	27	28	29	30	R1	2
万人	172	174	176	184	190	195	199	201	203	204	205	205

※住民基本台帳による東京都の世帯と人口（区部）

6．待機児童の状況

特別区の令和 4 年 4 月現在の待機児童数は、32 人となり大幅に減少しているが、多様な子育てニーズに対応するため、今後も引き続き支援策の充実を図る必要がある。

○　令和 4 年 4 月 1 日現在の特別区の待機児童数は、保育所増設などの取組みの結果、ピーク期の平成 29 年度比で 5,600 人以上減少している。

○　こうした取組み等を背景に児童福祉費は毎年増加しており、今後も当面年少人口が減少に転じる見込みはなく、多様な子育てニーズに対応した支援策の充実を図る必要がある。

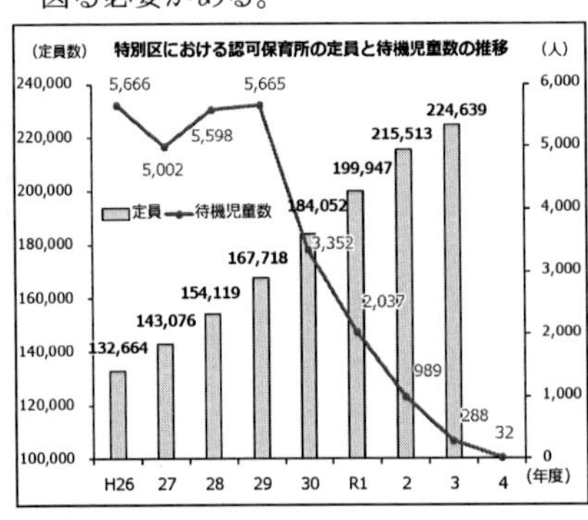

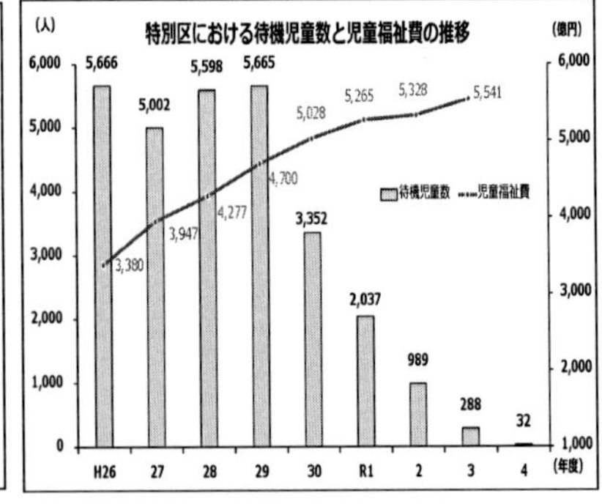

※東京都「都内の保育サービスの状況について」、「福祉・衛生 統計年報」

※令和 4 年度定員数は未公表（令和 4 年 11 月現在）

※東京都「特別区決算状況（普通会計決算）」

「特別区財政の現状と課題（令和３年度決算）」より抜粋

第2部

教養試験実施問題

- 令和5年度
- 令和4年度
- 令和3年度
- 令和2年度
- 令和元年度

令和５年度 教養試験 実施問題

1 次の文の主旨として，最も妥当なのはどれか。

「夢を花開かせる」という言葉があります。

これは願いや思いを実現させ，成功することを，植物が花を咲かせるのにたとえた表現です。しかし，この表現が多く使われる割に，私たちは植物たちがツボミを花開かせるためにしている努力を意外と知りません。

みなさんは何だと思われるでしょうか。

ツボミが花開くとき，そこには大きな誤解があります。

私たちは「ツボミは大きく育てば，ひとりでに花が咲く」と思っています。

しかし，ツボミは大きく育ったからといって，ひとりでに花開くことはありません。ツボミが花開くには，そのための「刺激」が必要なのです。

「植物は，何の刺激をしなくても花開いているじゃないか」と思われるかもしれません。しかし，植物たちは日々，自然の中でたくさんの刺激を受けています。

たとえば植物たちにとっては，自然の中で，朝，気温が上昇することや，明るくなること，夕方には暗くなることが大きな刺激です。植物たちは，これらの刺激を感じて，ツボミを花開かせているのです。

（田中修「植物のかしこい生き方」による）

1　成功することを例えた表現に，夢を花開かせるという言葉がある。
2　私たちは，植物がツボミを花開かせるためにしている努力を知らない。
3　ツボミが大きく育ったからといって，ひとりでに花開くことはない。
4　ツボミが花開くには，そのための刺激が必要である。
5　植物は日々，自然の中でたくさんの刺激を受けている。

2 次の文の主旨として，最も妥当なのはどれか。

対話の基本は，相手と向き合うこと。きちんと相手を見て話す，そして相手の話を聞く。

これが生まれつきできる人はまずいない。聞く力は，対話のために身につけなければならない，そして意識的に使わなければならないスキルである。

ＴＶや世間話，音楽鑑賞などのように受け身で聞く場合や，不意に誰かに話しかけられてしかたなく耳を貸すような場合もあるが，職場や学校などでは，前もってしかるべき準備をして，大事なポイントをきちんと聞き分けなければならないことのほうが圧倒的に多い。授業や講演会はもちろん，個人的な相談，上司や同僚との仕事の打ち合わせ，業務上の戦略会議などである。

しかし多くの場合，準備の時間は「どんなことを話すか」を考えることに使われ，聞くためのしかるべき心構えをするためにはあまり使われない。話すことはきちんと準備しないとまずいが，聞くことはごく自然に，普通にできることだと考えて，準備を怠ってしまいがちである。

自分は口べたで話すのは苦手だが，人の話を聞くのは上手で，周囲からも「聞き上手」だとほめられる，と自慢する人が世の中には多い。こういう人たちに限って，「人の話を聞くほうがずっとラク……」だと心の中で思っている。

これは全くの見当違いである。そんな考えの人が聞き上手だということはありえない。

聞き流すだけなら確かに楽かもしれないが，人の話を真剣に聞こうとしたら，話すことの何倍もの集中力とエネルギーが必要だ。第一，自分が一生懸命話すことを軽い気持ちで聞かれたら頭にくるだろう。人の話を真剣に聞こうとすれば，とても疲れるものなのだ。

対話では，聞き手の努力も求められるし，責任も重い。

（中西雅之「対話力」による）

1　対話の基本は，相手と向き合うことであるが，これが生まれつきできる人はまずいない。

2　多くの場合，準備の時間はどんなことを話すかを考えることに使われ，聞くためのしかるべき心構えをするためにはあまり使われない。

3　人の話を聞く方が楽だと考える人が，聞き上手だということはありえない。

4　人の話を真剣に聞こうとすれば，とても疲れるものである。

5　対話では，聞き手の努力も求められる上，責任も重い。

3　次の短文Ａ～Ｆの配列順序として，最も妥当なのはどれか。

A　私は週三回ぐらい運動をしています。

B　割合早歩きです。

C　食事はウィークデーの夕食はだいたい会食が入ってしまうため，土日の晩ご飯は抜いて，野菜ジュースと果物で済ましています。

D　そのおかげで体重がだいぶ落ちました。

E　お昼時にジムへ行って，ウォーキングマシーンで三十六分間，四キロを歩きます。

F　それから簡単に昼飯を食べてシャワーを浴びて会社に戻ります。

（北尾吉孝「何のために働くのか」による）

1　A－B－E－C－F－D
2　A－B－E－D－F－C
3　A－D－B－E－F－C
4　A－E－B－F－C－D
5　A－E－F－C－B－D

4　次の短文A～Fの配列順序として，最も妥当なのはどれか。

A　論文は説得するものです。

B　実証とはだれしもが知っている事実，だれもが認めることがらを積み重ねて「こうだ」ということです。

C　目を開くのが論文です。

D　その事実を一つの主張のまわりにまとめ，つなぎあわせてみると，なるほどそれはこういうことだったのかと目を開かされる思いがするでしょう。

E　これはこうだからこうだと実証的に攻めなければなりません。

F　みんなばらばらの事実をばらばらに知っている。

（馬場博治「作文に強くなる」による）

1　A－C－E－B－D－F
2　A－E－B－C－D－F
3　A－E－B－F－D－C
4　A－F－C－B－D－E
5　A－F－D－B－E－C

5　次の文の空所A～Cに該当する語の組合せとして，最も妥当なのはどれか。

「絵に描いた餅」という表現がある。そんなことは所詮，絵に描いた餅だ，というように，見かけはともかく何ら［　A　］価値を持たないという意味で，この言葉は使われる。確かに，どんなに上手に描かれた絵であっても，それは腹の足しにならない。それは確かにそのとおりである。しかし，今ここに，たとえば，東山魁夷画伯の描かれた餅の絵でもあればどうだろうか。それは本当の餅の値段なんぞとは比較にならぬ高価なものとなるであろう。絵に描いた餅の方が，現物よりはるかに価値をもつのである。

これも考えてみると当り前のことである。しかし，どうしてこんな当然のことを言いたてるのか，と言えば，日本人はどうも絵に描いた餅を［　B　］評価する傾向が強すぎるように思われるからである。これを学問の世界で言えば，日本の学者は新しい理論を見出したり，理論体系をつくったりするのが下手なことに，それがよく表わされている。細かい事実の発明や発見，というよりは［　C　］という点になると，日本人は才能を発揮するが，理論体系をつくることは駄目なのである。ある程度の水準の学者は多くいるが，ノーベル賞級の学者となると，欧米諸国と比べて格段に少なくなるのである。

（河合隼雄「こころの処方箋」による）

	A	B	C
1	現実的	過小	改良
2	将来的	過小	改良
3	現実的	過小	革新
4	将来的	過大	革新
5	現実的	過大	革新

6　次の文の空所Ａ～Ｃに該当する語の組合せとして，最も妥当なのはどれか。

私は美術批評家です。美術評論家とも言います。しかし美術批評家とはなにをする人でしょうか？

絵を描きもしない。言ってるだけ。そんなイメージがあるかもしれません。一般に評論家というのは，しばしば［　A　］として使われますよね。あいつは評論家だから，と言ったら，あいつは口ばっかり達者で，とか，だいたいそんなところです。よい意味で使われることはまずありません。

そういう先入観を嫌って，自分のことを評論家ではなく批評家と特定する人もいます。「ヒヒョウカ」と言うと，「ヒョウロンカ」と違って，音的にもはるかに切っ先鋭いですね。論ではなく，評という違いもあります。論というのは長尺な印象ですが，評というのがジャッジに近い。よいか，悪いか。もっと［　B　］です。

その点では，野球やサッカーといった競技での審判に近いかもしれません。アウトか，セーフか，反則か，そうでないか。こういう判断は，時と場合によっては，勝敗を決定的に左右します。とても緊張感があります。責任もつきまといます。甲子園の決勝で行き詰まる接戦，九回裏，点差はわずか一点，追い迫るチームはツーアウトで走者は二塁，三塁。バッターの打った飛球は右中間へ。三塁から一人ホームイン，二塁にいた走者も本塁へ突入。よい返球が返ってきてキャッチャーと走者が交錯。土煙が上がる。さて判定は？　みな主審に注目します。

「セーフ！」。サヨナラ勝ちです。がっくりと肩を落とす守備チーム。ついさっきまでは勝っていたのです。［　C　］にみな手を上げて駆け上がるようにベンチから飛び出してくる勝者たち。そう，勝負を決めているのはプレイヤーではないのです。審判の「評」なのです。

（樵木野衣「感性は感動しない」による）

	A	B	C
1	悪口	客観的	躍動的
2	悪口	瞬発的	対照的
3	皮肉	感覚的	対照的
4	皮肉	瞬発的	躍動的
5	敬称	客観的	対照的

7　次の英文中に述べられていることと一致するものとして，最も妥当なのはどれか。

Paul Jobs had not gone to university, but he loved machines, especially cars. In fact, he saved up the money to send Steve to college by buying broken-down* cars and repairing them. He gave Steve some space on his workbench* in the garage so they could work on things together.

Paul taught young Steve the importance of making things properly. A real craftsman* was careful about every part of the things he made, Paul said. That included the parts no one saw, like the back of a fence or a cupboard. That's why Steve later cared so much about the design inside Apple products.

Steve also learned about good design from the house where his family lived. An architect called Joseph Eichler had built it. Eichler wanted to make well-designed homes for ordinary Americans. Living in the Eichler house inspired Steve to create simple, nicely designed products for ordinary people when he was at Apple.

（Tom Christian「英語で読むスティーブ・ジョブズ」による）

＊　broken-down………壊れた　　＊　workbench………作業台
＊　craftsman………職人

1　ポール・ジョブズは，大学には行っていなかったが，機械，特に車が好きだった。
2　スティーブ・ジョブズは，壊れた車を買って修理しながら貯めたお金で大学に行った。
3　スティーブは，真の職人は，自分のつくる物の部品一つ一つを注意深く取り扱うものだと言った。
4　ポールは，家族と住んでいた家から，良い設計とはどういうものかを教えた。
5　アップルにいた時のスティーブは，特別な人に，シンプルかつ洗練されたデザインの製品を提供しようと思った。

8　次の英文の空所ア，イに該当する語の組合せとして，最も妥当なのはどれか。

There are a number of private companies which deliver packages anywhere in Japan, and usually overnight. For instance, frozen or refrigerated* goods purchased in Tokyo one day are delivered the next day in a refrigerated truck. This service is not so common in other countries, but is [　ア　] in Japan. I often, like many Japanese people, will give food as gifts, choosing local delicacies* to send to friends in other parts of Japan. Since freshness is all-important* with this type of item, the parcel companies do everything in their power to [　イ　] that the items are delivered quickly and in the same condition they were sent.

（Todd Jay Leonard：野村亮介「My Nippon」による）

＊　refrigerate………冷蔵する　　＊　delicacy………珍味
＊　all-important………最も重要な

	ア	イ
1	special	compel
2	special	insure
3	standard	abandon
4	standard	insure
5	typical	abandon

9 次の英文の空所ア，イに該当する語の組合せとして，最も妥当なのはどれか。

Dearest Daddy-Long-Legs,

Isn't it fun to work—or don't you ever do it? It's especially fun when your kind of work is the thing you'd rather do more than anything else in the world. I've been writing as fast as my pen would go every day this summer, and my only [ア] with life is that the days aren't long enough to write all the beautiful and valuable and entertaining* thoughts I'm thinking.

I've finished the second draft of my book and am going to begin the third to-morrow* morning at half-past seven. It's the sweetest book you ever saw—it is, truly. I think of nothing else. I can [イ] wait in the morning to dress and eat before beginning; then I write and write and write till suddenly I'm so tired that I'm limp* all over. Then I go out with Colin (the new sheep dog) and romp* through the fields and get a fresh supply of ideas for the next day. It's the most beautiful book you ever saw—Oh, pardon—I said that before.

You don't think me conceited*, do you, Daddy dear?

(Alice Jean Webster：磯川治一・中村吉太郎・黒田昌司「足ながおじさん」による)

＊ entertaining………愉快な　＊ morrow………翌日
＊ limp………元気のない　＊ romp………はね回る
＊ conceited………うぬぼれの強い

	ア	イ
1	approval	barely
2	approval	surely
3	internal	easily
4	quarrel	barely
5	quarrel	easily

10 A～Fの6人が，総当たり戦でバドミントンのシングルスの試合を行っている。あと3試合行えば全試合を終了するが，この時点での6人の勝敗について，次のア～オのことが分かっているとき，確実にいえるのはどれか。ただし，引き分けた試合はなかったものとする。

ア　Aは，全試合を終了し，勝った試合の数が負けた試合の数より１つ多い。
イ　Bは，少なくとも3敗していて，そのうちの1つはDとの対戦である。
ウ　CとFは，現在まで全勝であり，Fは少なくとも4勝している。
エ　Dは，1勝4敗である。
オ　Eは，Aに負けたが，Bに勝った。

1　Aは，Bに負けた。
2　Bは，0勝5敗である。
3　Cは，2勝0敗である。
4　Eは，Dに負けた。
5　Fは，Cと対戦した。

11　ある暗号で「ＡＸＴ」が「⬠い，○ほ，△へ」，「ＮＧＯ」が「□い，⬠と，△い」で表されるとき，同じ暗号の法則「△ほ，⬠に，□ほ」と表されるのはどれか。

1「ＣＴＳ」
2「ＩＢＲ」
3「ＩＷＪ」
4「ＫＭＪ」
5「ＳＤＪ」

12　A～Eの5人が，自分たちの身長について，次のような発言をした。A～Eのうち，1人だけがうそをついているとすると，うそをついていないと確実にいえるのは誰か。

A「Bは，Eより背が高い」
B「Cは，Dより背が高い」
C「Aは，Bより背が高い」
D「Cは，Eより背が高い」
E「Dは，Aより背が高い」

1　A
2　B
3　C
4　D
5　E

13 A～Fの6人が，A，B，C，D，E，Fの順で一直線上に並んでいる。今，次のア～オのことが分かっているとき，確実にいえるのはどれか。ただし，A～Fは，東，西，南又は北のいずれかの方角を向いているものとする。

ア　Aから見て，Aの正面及び右側には誰もいない。
イ　Bは，Fと同じ方角を向いており，Bから見て，Bの右側にCがいる。
ウ　Cは，東を向いており，Cから見て，Cの左側にDがいる。
エ　Dから見て，Dの右側にEがいる。
オ　Eから見て，Eの正面にFがいる。

1　西を向いているのは3人である。
2　南を向いているのは2人である。
3　北を向いているのは2人である。
4　CとDは，同じ方角を向いている。
5　Fは，東を向いている。

14 1～13のそれぞれ異なる数字が書かれた13枚のカードをA～Cの3人に配った。今，次のア～ウのことが分かっているとき，確実にいえるのはどれか。

ア　Aのカードは4枚で，うち3枚が連続する数字で，合計すると29になる。
イ　Bのカードは5枚で，うち1枚が12で，合計すると38になる。
ウ　Cのカードは4枚で，うち1枚が11で，合計すると24になる。

1　Aのカードには5があり，Bのカードには2がある。
2　Aのカードには8があり，Bのカードには13がある。
3　Aのカードには9があり，Cのカードには6がある。
4　Bのカードには6があり，Cのカードには7がある。
5　Cのカードには，1と10がある。

15 A～Eの5人は，あるデパートで，家具，洋服，時計，テレビ，ゲームのうち，それぞれ異なるものを1点ずつ買った。今，次のア～キのことが分かっているとき，確実にいえるのはどれか。

ア　デパートは，1階から5階まである。
イ　5人は，異なる階で買い物をした。
ウ　Aは，4階で買い物をした。

エ　Bは，Cが買い物をした階の1つ下の階で時計を買った。
オ　Dは，洋服を買った。
カ　テレビが売られているのは，3階である。
キ　ゲームが売られているのは，家具が売られている階より3つ上の階である。

1　時計が売られているのは，1階である。
2　Cは，テレビを買った。
3　家具が売られているのは，2階である。
4　Eは，ゲームを買った。
5　ゲームが売られているのは，5階である。

16 **次の図のように，円Oの円周上の点Cから円Oの中心を通る直線を引き，この直線と，円Oの円周上の点Aを通る接線TT′との交点をBとする。今，TAC＝72°であるとき，∠ABCの大きさはどれか。**

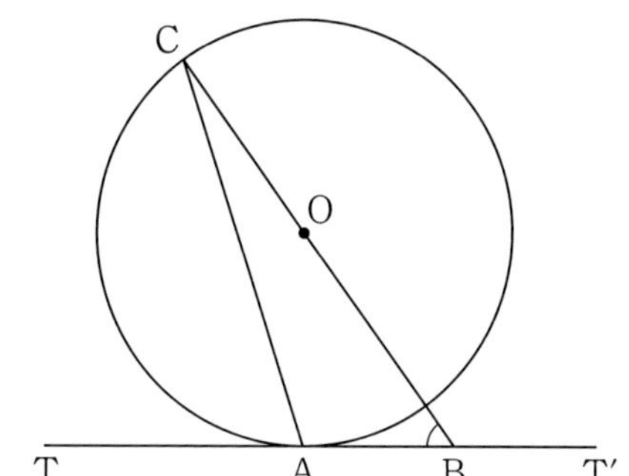

1　36°
2　45°
3　54°
4　60°
5　72°

17 **3，12，48，192，……で表される数列の初項から第8項までの和に，17，24，31，38，……で表される数列の第40項を足した値はどれか。**

1　16,673
2　16,680
3　49,439
4　65,825
5　65,832

18 1周2,100mのランニングコースがある。A，B 2人が同じスタート地点から，Aは時計回りに分速160m，Bは反時計回りに分速120mで，同時にスタートしたとき，2人が4回目にすれ違った地点のスタート地点からの距離はどれか。ただし，スタート地点からの距離は時計回りで測るものとする。

1 300m
2 600m
3 900m
4 1,200m
5 1,500m

19 ある箱の中に，赤色の球が5個，白色の球が3個，黄色の球が4個入っている。今，この箱の中から同時に3個の球を取り出すとき，全て異なる色の球を取り出す確率は，全て同じ色の球を取り出す確率の何倍か。

1 $\frac{1}{4}$倍
2 $\frac{4}{5}$倍
3 $\frac{3}{2}$倍
4 4倍
5 6倍

20 ある人が車で3日間旅行をした。それぞれの日程の走行距離について，次のア～ウのことが分かっているとき，旅行の全走行距離はどれか。

ア 1日目の走行距離は，全走行距離の$\frac{1}{3}$より8km短かった。
イ 2日目は，全走行距離から前日の走行距離を引いた距離の半分より50km長く走行した。
ウ 3日目の走行距離は，全走行距離の$\frac{1}{4}$より2km短かった。

1 528km
2 564km
3 600km
4 636km
5 672km

21 次の表から確実にいえるのはどれか。

主要原産国別のボトルワインの国別輸入数量の推移

（単位　kL）

国　　名	2016年	2017	2018	2019	2020
チ　　リ	50,535	55,519	51,416	47,213	49,101
フランス	45,711	45,523	42,203	47,118	45,254
イタリア	32,093	33,590	30,237	35,497	28,364
スペイン	19,403	19,761	17,521	20,363	18,679
アメリカ	6,572	6,876	7,175	7,845	6,394

1　2017年におけるチリからのボトルワインの輸入数量に対するアメリカからのボトルワインの輸入数量の比率は，前年におけるそれを上回っている。

2　2019年において，イタリアからのボトルワインの輸入数量の対前年増加率は，スペインからのボトルワインの輸入数量のそれより大きい。

3　2020年のフランスからのボトルワインの輸入数量を100としたときの2019年のそれの指数は，105を上回っている。

4　表中の各年とも，5か国からのボトルワインの輸入数量の合計に占めるイタリアからのボトルワインの輸入数量の割合は，20％を上回っている。

5　表中の各年とも，スペインからのボトルワインの輸入数量は，アメリカからのボトルワインの輸入数量の2.5倍を上回っている。

22 次の表から確実にいえるのはどれか。

農林水産物の輸入額の対前年増加率の推移

（単位　％）

区　　分	2017年	2018	2019	2020	2021
農 産 物	10.3	3.1	△0.4	△5.8	13.3
林 産 物	4.4	7.1	△5.7	2.9	25.3
水 産 物	11.1	0.9	△2.8	△15.8	9.9

（注）△は，マイナスを示す。

1　2018年の「林産物」の輸入額を100としたときの2021年のそれの指数は，120を下回っている。

2　「林産物」の輸入額の2017年に対する2021年の増加率は，「農産物」の輸入額のそれの3倍より大きい。

3　表中の各年のうち，「農産物」の輸入額が最も多いのは，2018年である。

4　2021年の「水産物」の輸入額は，2018年のそれの90%を超えている。

5　2019年において，「水産物」の輸入額の対前年減少額は，「林産物」の輸入額のそれを上回っている。

23 次の図から確実にいえるのはどれか。

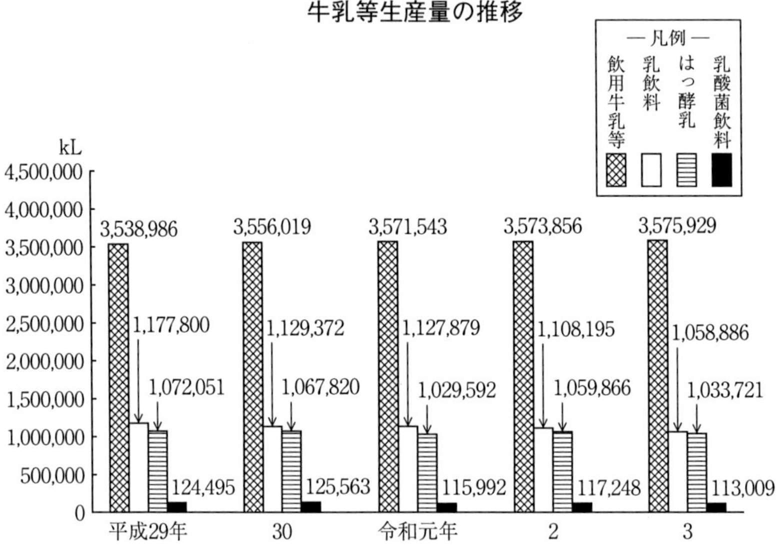

1　図中の各年とも，「飲用牛乳等」の生産量は，「乳飲料」の生産量の3.3倍を下回っている。

2　平成30年から令和3年までの各年における「乳飲料」の生産量の対前年減少量の平均は，30,000kLを上回っている。

3　平成29年の「はっ酵乳」の生産量を100としたときの令和3年のそれの指数は95を下回っている。

4　図中の各牛乳等生産量のうち，令和3年における生産量の対前年減少率が最も大きいのは，「乳飲料」である。

5　令和2年において，「はっ酵乳」の生産量の対前年増加量は，「乳酸菌飲料」の生産量のそれの33倍より大きい。

24 次の図から確実にいえるのはどれか。

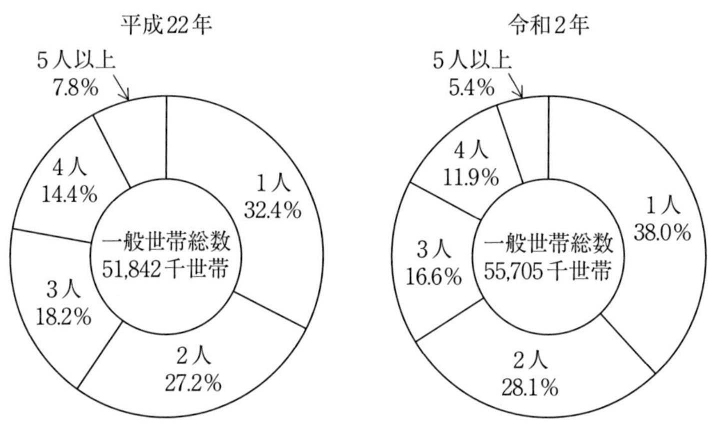

1　平成22年の「1人」の一般世帯数を100としたときの令和2年のそれの指数は，130を上回っている。
2　令和2年の「2人」の一般世帯数は，平成22年のそれの1.2倍を上回っている。
3　令和2年において，「3人」の一般世帯数は，「4人」のそれを5,000千世帯以上上回っている。
4　「5人以上」の一般世帯数の平成22年に対する令和2年の減少率は，「4人」の一般世帯数のそれの3倍より大きい。
5　「5人以上」の一般世帯数の平成22年に対する令和2年の減少数は，「3人」の一般世帯数のそれの4倍を上回っている。

25 正六面体，正十二面体の辺の数をそれぞれA，Bとし，正八面体の頂点の数をCとするとき，A～Cの和はどれか。なお，各立体の面の形は，正六面体が正方形，正八面体が正三角形，正十二面体が正五角形である。

1　40
2　44
3　48
4　50
5　54

26 五色の同じ大きさの正方形の折り紙が１枚ずつある。次の図のように，この５枚の折り紙を部分的に重なるようにして敷き並べ，大きな正方形を作った。今，折り紙の見えている部分の面積は，赤が120cm²，青が80cm²，茶が100cm²であるとき，緑の折り紙の見えている部分の面積はどれか。

1 20cm²
2 25cm²
3 30cm²
4 35cm²
5 40cm²

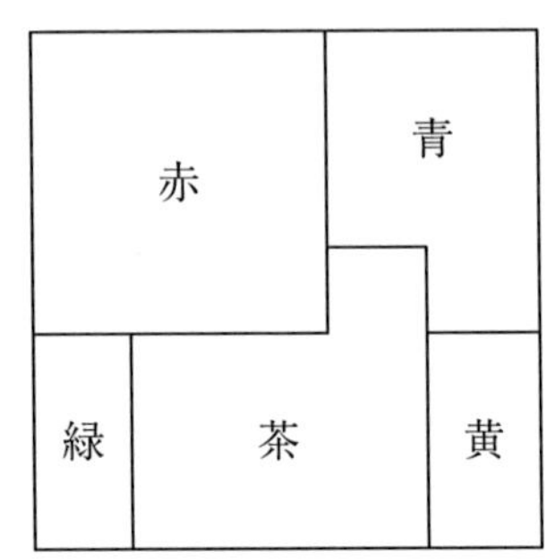

27 １辺の長さが6cmの立方体がある。次の図のように，この立方体を点A，C，Hを通る平面と，点B，D，Gを通る平面で切断した。今，残った切断面が斜線部分で示されるとき，この断面の７辺の長さの和はどれか。

1 $21 + 3\sqrt{2}$ cm
2 $12 + 15\sqrt{2}$ cm
3 $3 + 24\sqrt{2}$ cm
4 $27\sqrt{2}$ cm
5 $30\sqrt{2}$ cm

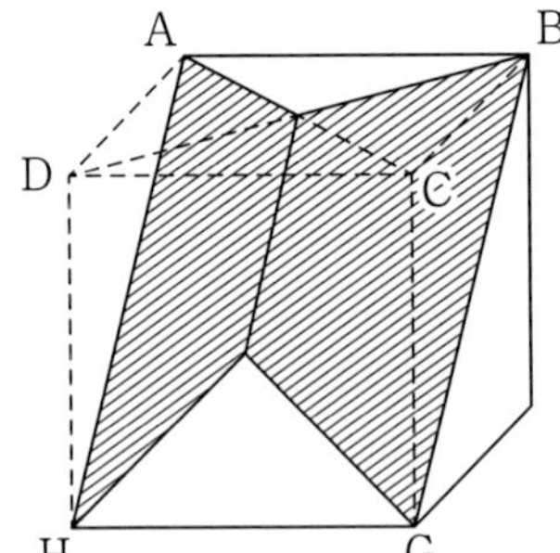

28 次の図は，平行四辺形が直線上を滑ることなく右に１回転するときに，その平行四辺形上の点Ｐが描く軌跡であるが，この軌跡を描くものはどれか。

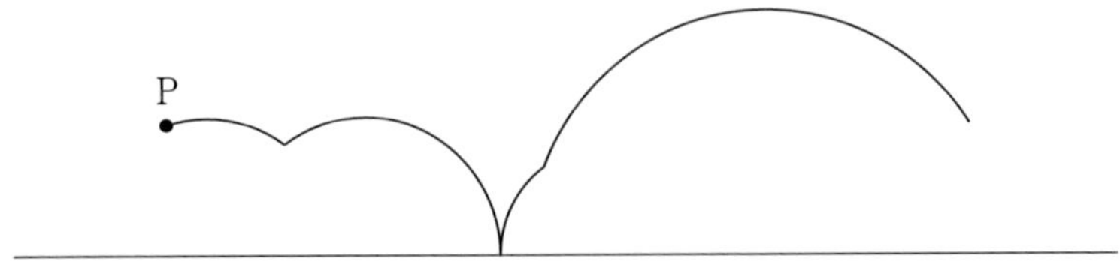

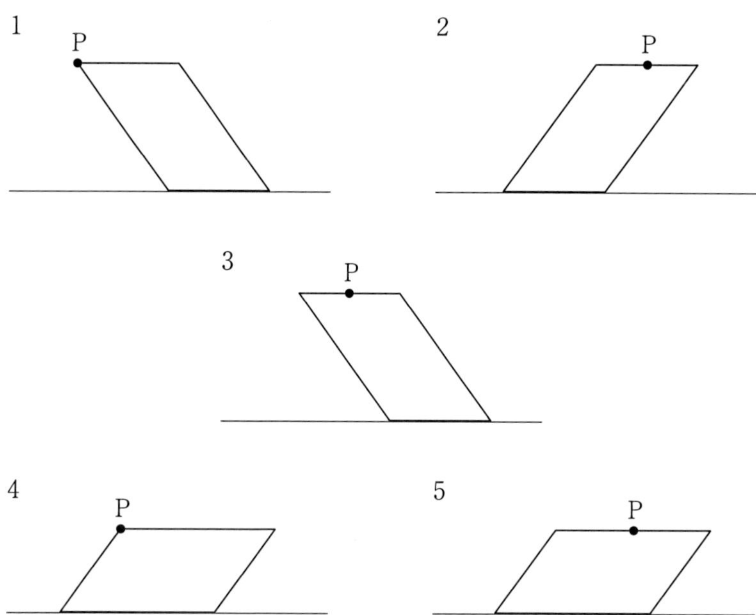

※　問題番号［29］－［50］のうち17問を選択解答。

29　日本国憲法に関する記述として，妥当なのはどれか。

1　日本国憲法は，国民主権の原理に基づき，君主により制定された欽定（きんてい）憲法である。

2　日本国憲法は，通常の法律改正よりも厳格な改正手続が定められている軟性憲法である。

3　日本国憲法は，GHQの提示したマッカーサー草案を拒否した日本政府により設置された憲法問題調査委員会が作成し，成立した。

4　日本国憲法は，大日本帝国憲法と異なり，法律の認める範囲内で基本的人権を保障するという，法律の留保を基本原理としている。

5　日本国憲法には，大日本帝国憲法に規定のない，地方自治の本旨の尊重が規定されている。

30 我が国の司法に関する記述として，妥当なのはどれか。

1　裁判所は，最高裁判所と，高等裁判所，地方裁判所，家庭裁判所，簡易裁判所及び行政裁判所による下級裁判所で構成されている。

2　知的財産高等裁判所は，高等裁判所の特別支部として全国8か所に設置され，特許権や著作権など知的財産権に関する事件を専門に扱っている。

3　違憲法令審査権とは，一切の法律，命令，規則又は処分が憲法に反していないか判断する権限であり，下級裁判所には与えられていない。

4　最高裁判所の裁判官は，任命後に初めて行われる衆議院議員総選挙又は参議院議員通常選挙の際に，国民審査に付される。

5　検察官が不起訴処分をした事件について，検察審査会が起訴相当と2回議決したときには，裁判所が指定した弁護士により強制的に起訴される。

31 我が国の選挙制度に関する記述として，妥当なのはどれか。

1　衆議院議員選挙は，小選挙区と拘束名簿式による比例代表制を合わせた小選挙区比例代表並立制であり，選挙権年齢は18歳以上である。

2　参議院議員選挙は，比例代表制は行われず，原則として都道府県を単位とする選挙区選出制のみであり，被選挙権の資格年齢は30歳以上である。

3　比例代表制は多数派の政党に有利で，少数派の政党は議席を獲得しにくく，二大政党制による安定した政治となりやすい。

4　小選挙区制は，死票が少なく，少数派の政党も議席を獲得できるが，多党制となりやすく，政治の不安定を生む可能性もある。

5　選挙区間の議員定数と有権者数の比率に不均衡が生じる「一票の格差」について，最高裁判所の違憲判決が下されたことはない。

32 国民所得又は景気変動に関する記述として，妥当なのはどれか。

1　国民総所得から固定資本減耗を差し引いたものを国民純生産といい，国民純生産から間接税を差し引き，補助金を加えたものを国民所得という。

2　国民所得は，生産，分配，支出の3つの面から捉えることができ，分配国民所得及び支出国民所得の合計が生産国民所得と等しくなる。

3　国富とは，工場，道路，土地，地下資源などの実物資産及び金融資産の合計であり，対外純資産は含まない。

4　ジュグラーの波とは，技術革新を原因とする景気循環で，約50年を周期とする長期波動である。

5　コンドラチェフの波とは，設備投資の変動を原因とする景気循環で，約10年を周期とする中期波動である。

33 **青年期に関する記述として，妥当なのはどれか。**

1　ルソーは，著書「エミール」の中で，心身が大きく変化する青年期を，ヤマアラシのジレンマと呼んだ。

2　ホリングワースは，青年期の，それまで依存していた親などからの精神的な自立を，モラトリアムと表現した。

3　レヴィンは，子どもでも大人でもない時期にある青年を，マージナルマンと呼んだ。

4　マズローは，青年期の発達課題として，職業選択をすることや社会的責任のある行動をとることなど10項目を挙げた。

5　フロイトは，青年期の発達課題として，アイデンティティの確立を挙げた。

34 **飛鳥文化に関する記述として，妥当なのはどれか。**

1　飛鳥文化は，それまでの古墳文化を基礎に，新たに伝えられた中国の南北朝文化を導入した仏教文化である。

2　厩戸皇子が建立した法隆寺や，蘇我入鹿が建立した飛鳥寺などの寺院が，古墳にかわる権威の象徴となった。

3　高句麗の僧である曇徴は，法華経，維摩経，勝鬘経の3経典の注釈書である三経義疏を著した。

4　彫刻では，鞍作鳥の作品である四天王寺の釈迦三尊像や，広隆寺の百済観音像がある。

5　百済の僧である観勒によって，絵の具，紙，墨の製法が伝えられ，法隆寺の天寿国繍帳や中宮寺の玉虫厨子などの工芸や絵画が発展した。

35 **我が国における近代産業の発展に関する記述として，妥当なのはどれか。**

1　幕末以来，最大の輸出品で外貨獲得の中心であった綿糸は，大阪紡績会社など大規模な機械紡績会社が次々と設立され，輸出が増大した。

2　綿織物業では，臥雲辰致が発明した国産力織機が中小工場に普及し，生産が増大した。

3　生糸を作る製糸業では，座繰製糸が普及し，従来の器械製糸の生産量を上回るようになった。

4　1889年に民営の東海道線が全通し，民営鉄道の営業距離が官営鉄道を上回ったが，鉄道国有法が制定され，主要な民営鉄道が国有となった。

5　農村では，農地を集積した大地主が，小作人に農地を貸し付ける寄生地主となり，その収益を企業に投資するなどした。

36 **宗教改革に関する記述として，妥当なのはどれか。**

1　ドイツの神学者ルターは，カール5世がサン・ピエトロ大聖堂の改築のために，贖宥(しょくゆう)状を販売したことを批判する95か条の論題を発表した。

2　ドイツでは，ルター派の諸侯や都市がレオ10世と対立し，シュマルカルデン同盟を結成して戦ったが，アウクスブルクの宗教和議が成立した。

3　スイスでは，カルヴァンが長老制を廃止して司教制を導入し，魂の救済は神によりあらかじめ定められているという予定説を唱えた。

4　イギリスでは，ヘンリ8世が国王至上法を制定し，イギリス国教会を創設したが，その後，エリザベス1世は統一法を制定し，国教会を廃止した。

5　フランスでは，ユグノー戦争が起こったが，アンリ4世がナントの勅令を発して，ユグノーに信仰の自由を認め，内乱をおさめた。

37 **宋に関する記述として，妥当なのはどれか。**

1　960年に趙匡胤により建国された南宋は，12世紀初めに金に都である開封を占領され，逃れた高宗が，臨安を都として北宋を建てた。

2　科挙が官僚登用の中心として整備され，軍人に代わって，形勢戸と呼ばれる貴族が官僚となり政治を担った。

3　国家財政がひっ迫し，11世紀後半に，皇帝神宗により宰相に起用された王安石が，新法と呼ばれる改革を実行した。

4　商業規制が緩み，都市の外に行と呼ばれる定期市があらわれ，鎮などの同業組合もつくられた。

5　論語，孟子などの四書を重視する訓詁学が大成され，その後，儒学の正統とされた。

38 **ケッペンの気候区分に関する記述として，妥当なのはどれか。**

1　ケッペンは，植生に着目して世界の気候帯を6つに区分し，このうち，標高が高い地域の気候を，高山気候区とした。

2　熱帯には，熱帯雨林気候区，熱帯モンスーン気候区，サバナ気候区及びステップ気候区があり，いずれも赤道周辺に分布する。

3　温帯のうち地中海性気候区では，暖流の北大西洋海流上を偏西風が吹き，夏は涼しく，冬は暖かいため，気温の年較差が小さい。

4　冷帯のうち冷帯冬季少雨気候区はユーラシア大陸北東部に分布し，冬はシベリア高気圧により，降水量が少なく，寒さが厳しい。

5　寒帯のうち，氷雪気候区は北極海沿岸に，ツンドラ気候区はグリーンランド内陸に分布し，いずれも最暖月の平均気温は0℃未満である。

39　近代の哲学者に関する記述として，妥当なのはどれか。

1　ベーコンは，経験論の立場から，学問の目的は科学的な知識を手に入れ，自然を改良して人間の生活を豊かにしていくことであると説き，「知は力なり」と主張した。

2　ヒュームは，懐疑論の立場から，自然をありのままに観察することを妨げる偏見を，種族のイドラ，洞窟のイドラ，市場のイドラ及び劇場のイドラの4つに分類した。

3　デカルトは，物心二元論の立場から，世界は精神的な思考を本性とする物体と，空間的な広がりを本質とする自我の，2つの独立した実体で成り立つものであるとした。

4　ライプニッツは，汎神論の立場から，全ての自然が神のあらわれであり，理性によって万物を必然的なものとして，「永遠の相のもとに」認識すべきだと主張した。

5　スピノザは，唯心論の立場から，世界は分割不可能な精神的実体であるモナドから成り立っており，神によって全体として調和するように定められていると主張した。

40　質量30kgの物体を，一定の速さで20m持ち上げるのに10秒かかったとき，仕事率として，妥当なのはどれか。ただし，重力加速度の大きさを9.8m/s^{2}とする。

1　9.8 W

2　58.8 W

3　98 W

4　588 W

5　980 W

41 次の文は，送電線での電力損失に関する記述であるが，文中の空所A，Bに該当する数値の組合せとして，妥当なのはどれか。

発電所から家庭まで，抵抗が2Ωの送電線によって電力1000Wを送るとき，電圧が200Vの場合の送電線での電力損失は，［　A　］Wとなる。また，電力を一定のまま，電圧を5倍にした場合の送電線での電力損失は，電圧が200Vの場合の［　B　］倍になる。

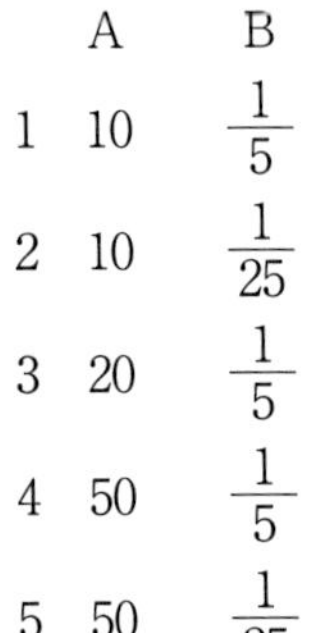

	A	B
1	10	$\frac{1}{5}$
2	10	$\frac{1}{25}$
3	20	$\frac{1}{5}$
4	50	$\frac{1}{5}$
5	50	$\frac{1}{25}$

42 濃度のわからない塩酸10mLをちょうど中和するのに，0.20mol/Lの水酸化カルシウム水溶液が15mL必要であったとき，塩酸のモル濃度として，妥当なのはどれか。

1　0.15mol/L
2　0.20mol/L
3　0.30mol/L
4　0.45mol/L
5　0.60mol/L

43 次の文は，物質の構成に関する記述であるが，文中の空所ア〜ウに該当する語の組合せとして，妥当なのはどれか。

［　ア　］のように，2種類以上の元素からできている純物質を［　イ　］という。

ダイヤモンドと黒鉛のように，同じ元素からなる単体で性質の異なる物質を，互いに［　ウ　］という。

	ア	イ	ウ
1	アンモニア	化合物	同位体
2	アンモニア	混合物	同素体
3	食塩水	混合物	同素体
4	二酸化炭素	化合物	同素体
5	二酸化炭素	混合物	同位体

44 遺伝情報とタンパク質の合成に関するＡ～Ｄの記述のうち，妥当なものを選んだ組合せはどれか。

A　タンパク質は多数のアミノ酸が鎖状につながってできており，アミノ酸の数や配列の違いにより，様々な種類のタンパク質ができる。

B　RNAの塩基配列を相補的に写し取りながら，DNAがつくられる過程を転写という。

C　mRNAの塩基配列をもとに，指定されたアミノ酸が次々に結合し，タンパク質が合成される過程を翻訳という。

D　遺伝情報がRNAからDNAを経てタンパク質へ一方向に流れるという考え方をセントラルドグマという。

1　A　B
2　A　C
3　A　D
4　B　C
5　B　D

45 ヒトの肝臓に関する記述として，妥当なのはどれか。

1　肝臓には，約50万個のネフロンが集まっており，1つのネフロンは約50万個の肝細胞から成る。

2　肝臓は，血しょう中のアルブミンを分解し，放出することで，血糖濃度を調節する。

3　肝臓でつくられる胆汁は，一旦胆のうに蓄えられ，食物が十二指腸に達すると，十二指腸に放出される。

4　肝臓は，タンパク質やアミノ酸が分解されて生じた有害な尿素を毒性の低いアンモニアに変える。

5　肝臓は，老廃物を排出するとともに，水分量や体液の塩類濃度を一定に保つはたらきをしている。

46 **火山に関するA～Dの記述のうち，妥当なものを選んだ組合せはどれか。**

A　マグマには，水蒸気，二酸化炭素，二酸化硫黄などのガス成分が溶け込んでいる。

B　粘性の低い安山岩質マグマは穏やかな噴火をし，粘性の高い玄武岩質マグマは爆発的な噴火を起こす。

C　火山噴出物には，溶岩，火山砕屑（さいせつ）物，火山ガスなどがあり，火山砕屑物には，火山岩塊，火山礫（れき），火山灰などがある。

D　盾状火山は，溶岩と火山砕屑物が交互に積み重なってできた円錐（えんすい）形の火山で，富士山や昭和新山などがある。

1　A　B
2　A　C
3　A　D
4　B　C
5　B　D

47 **次のA～Eのうち，四字熟語の読み方が正しいものを選んだ組合せとして，妥当なのはどれか。**

A　暗中模索　――　「あんちゅうぼさく」
B　一日千秋　――　「いちじつせんしゅう」
C　雲散霧消　――　「うさんむしょう」
D　栄枯盛衰　――　「えいこせいすい」
E　岡目八目　――　「おかめやつめ」

1　A　C
2　A　D
3　B　D
4　B　E
5　C　E

48 **次のことわざ又は慣用句の組合せA～Dのうち，双方の空所に入る漢字が同じものを選んだ組合せとして，妥当なのはどれか。**

A □胆相照らす ── □を潰す
B □天白日 ── □濁併せ呑(の)む
C □馬の友 ── 破□の勢い
D □羅万象 ── □出鬼没

1 A B
2 A C
3 A D
4 B C
5 B D

49 **次の文は，「枕草子」の一節であるが，文中の下線部A～Eの解釈として，妥当なのはどれか。**

淑景舎(しげいさ)など渡りたまひて，御物語のついでに，「A<u>まろがもとに，いとをかしげなる笙(しやう)の笛こそあれ</u>。故殿の得させたまへりし。」とのたまふを，僧都(そうづ)の君，「それは隆円(りゆうゑん)に賜へ。おのがもとにめでたき琴(きん)はべり。それに代へさせたまへ。」と申したまふを，B<u>聞きも入れたまはで，こと事をのたまふ</u>に，C<u>いらへさせ奉らむと，あまたたび聞こえたまふ</u>に，なほ物ものたまはねば，宮の御前の，「D<u>いなかへじとおぼいたるものを</u>。」とのたまはせたる，御けしきのいみじうをかしきことぞ限りなき。

E<u>この御笛の名を，僧都の君もえ知りたまはざりければ</u>，ただうらめしとぞおぼいためる。これは，職(しき)の御曹司(ざうし)におはしまいしほどの事なめり。上の御前に，「いなかへじ」といふ御笛のさぶらふなり。

1 下線部Aは，「あなたの所に，とてもすばらしい笙の笛がある」という意味である。
2 下線部Bは，「お聞き入れなさらず，他の事をおっしゃる」という意味である。
3 下線部Cは，「いらいらされた様子で，何度も申し上げなさる」という意味である。

4　下線部Dは，「いや，取り換えようと思っていらっしゃるのに」という意味である。
5　下線部Eは，「このお笛の名を，僧都の君も御存じだったので」という意味である。

50　近世箏(そう)曲の基礎を築いた音楽家として，妥当なのはどれか。

1　八橋検校
2　宮城道雄
3　黒沢琴古
4　山田耕筰
5　中尾都山

解答・解説

1　4

解説　主旨把握問題である。主旨とは文章の中心になる事柄であり，部分的に本文と合致していても主旨とは言えないことに注意。ここでは「ツボミ」「刺激」を中心に主旨を組み立てるとよい。

2　5

解説　主旨把握問題である。論理的文章には，冒頭で結論を述べる頭括型，最後に結論を述べる尾括型，結論を最初と最後で繰り返す双括型がある。本文は尾括型であり，文章の結論に特に注視して読むようにしたい。

3　4

解説　文整序問題である。運動→食事→体重が落ちた，という3ステップを中心にまとめるとよい。

4　3

解説　文整序問題である。E「実証的」→B「実証」，F「事実」→D「その事実」などのキーワードに注目する。

5 1

解説 空欄補充問題である。Aは絵に描いた餅には実際の価値がないという点から「現実的」を選ぶ。Bは絵に描いた餅は「価値を持たない」とされているので「過小」を選ぶ。Cは「改良」は不備な点や悪い点を改めること，「革新」は現状を変えること。日本人は新しい理論体系をつくるのは苦手とあるので，「革新」よりは「改良」が得意と考えられる。

6 2

解説 空欄補充問題である。Aは「評論家」はよい意味で使われることはないとあるので「悪口」が適切。Bは「長尺」の対義語なので「瞬発的」が適切。Cは「がっくりと肩を落とす」と「駆け上がるようにベンチから飛び出してくる」は「対照的」と考えられる。

7 1

解説 内容一致問題である。初文より，1は一致する。選択肢2～4はそれぞれ主語が異なる。2は「ポール・ジョブズがスティーブ・ジョブズを大学に行かせた」が正しい。3は，スティーブではなく，ポールが言ったセリフである。4は「スティーブは，家族と住んでいた家から，良い設計とはどういうものかを学んだ」が正しい。5は，「特別な人に」ではなく，for ordinary people「一般庶民に」が正しい。

8 4

解説 空欄補充問題である。空所アを含む文意は「この（購入した冷凍品や冷蔵品が，翌日冷蔵トラックで配達される）サービスは他の国ではあまり一般的ではないが，日本では標準的である」。他の選択肢に含む単語の意味は，specialは「特別な」，typicalは「典型的な」。空所イを含む文意は「この種の品物は鮮度が最も重要なので，運送会社は品物が早く，送られたのと同じ状態で届けられるよう全力を尽くしている」。他の選択肢に含む単語の意味は，compelは「強いる」，abandonは「見捨てる」。

9 4

解説 空欄補充問題である。空所アを含む文意は「この夏，私は毎日ペンが進む限り書き続けている。私の人生に対する唯一の不満は，私が考えている美しくて貴重で愉快な楽しい考えをすべて書くには，一日が十分長くないということだ」。他の選択肢に含む単語の意味は，approvalは「賛成，認可」，internalは「内部の」。空所イを含む文意は「私は朝，書き始めるまでに服を着て食事をするのを待つのがやっとである（かろうじて待つことができる）。それから書いて，書いて，書きまくる」。他の選択肢に含む単語の意味は，surelyは「確かに」，easily「容易に」。

10 3

解説 分かっていることア～オより，図1のことが分かる。さらに，図1の未試合数が5試合であること，実際はあと3試合残っていること，Fは少なくとも4勝していることをあわせて考えると，実施済みのあと5－3＝2〔試合〕は，Fが少なくとも4勝したうちのあと2試合であることが分かる。このFのあと2勝

図1

	対戦相手						○	×
	A	B	C	D	E	F		
A		○	×	○	○	×	3	2
B	×			×	×			≧3
C	○			○				
D	×	○	×		×	×	1	4
E	×	○		○				
F	○			○			≧4	

図2

	対戦相手						○	×
	A	B	C	D	E	F		
A		○	×	○	○	×	3	2
B	×			×	×	×		≧3
C	○			○		×		
D	×	○	×		×	×	1	4
E	×	○		○				
F	○	○	○	○			≧4	

図3

	対戦相手						○	×
	A	B	C	D	E	F		
A		○	×	○	○	×	3	2
B	×			×	×	×		≧3
C	○			○				
D	×	○	×		×	×	1	4
E	×	○		○		×		
F	○	○		○	○		≧4	

図4

	対戦相手						○	×
	A	B	C	D	E	F		
A		○	×	○	○	×	3	2
B	×			×	×			≧3
C	○			○		×		
D	×	○	×		×	×	1	4
E	×	○		○		×		
F	○		○	○	○		≧4	

で場合分けすると，最終的に図2～4の場合が考えられる。以上より，この時点での6人の勝敗について，「Cは，2勝0敗である」ことが確実にいえる。

11 5

解説 本問の暗号の法則は，表に示すように，アルファベットを，文字を囲む図形とその図形「ほ，に，ほ」の中の文字の組合せに対応させている。

文字を囲む図形	5角形							4角形						
図形の中の文字	い	ろ	は	に	ほ	へ	と	と	へ	ほ	に	は	ろ	い
アルファベット	A	B	C	D	E	F	G	H	I	J	K	L	M	N

文字を囲む図形	3角形							円				
図形の中の文字	い	ろ	は	に	ほ	へ	と	と	へ	ほ	に	は
アルファベット	O	P	Q	R	S	T	U	V	W	X	Y	Z

これより，同じ暗号の法則でと表されるのは「SDJ」である。

12 4

解説 Aがうそをついていると仮定すると，B，C，D，Eはうそをついていないとなるので，E≧B，C＞D，A＞B，C＞E，D＞A，つまりC＞D＞A＞BかつC＞E≧B。これを満たす組み合わせは存在する。

Bがうそをついていると仮定すると，A，C，D，Eはうそをついていないとなるので，B＞E，D≧C，A＞B，C＞E，D＞A，つまりD＞A＞B＞EかつD≧C＞E。これを満たす組み合わせは存在する。

Cがうそをついていると仮定すると，A，B，D，Eはうそをついていないとなるので，B＞E，C＞D，B≧A，C＞E，D＞A，つまりC＞D＞AかつB＞EかつB≧AかつC＞E。これを満たす組み合わせは存在する。

Dがうそをついていると仮定すると，A，B，C，Eはうそをついていないとなるので，B＞E，C＞D，A＞B，E≧C，D＞A，つまりC＞D＞A＞B＞EかつE≧C。これを満たす組み合わせは存在しない。

Eがうそをついていると仮定すると，A，B，C，Dはうそをついていないとなるので，B＞E，C＞D，A＞B，C＞E，A≧D，つまりA＞B＞EかつC＞DかつC＞EかつA≧D。これを満たす組み合わせは存在する。

以上より，うそをついていないと確実にいえるのはDである。

13 1

解説 分かっていることア～オより，右図のことがいえる。ここで，矢印は向いている方向を表す。これより，確実にいえるのは，西を向いているのはB，D，Fの3人である。

北

←F
E↑
←D
西　C→　東
←B
A↓

南

14 2

解説 11と12が書かれたカードを除いて考えることで，分かっていることアから，Aの4枚のカードは(5，7，8，9）か(2，8，9，10）の2通りであることが分かる。そのそれぞれの場合に対して，分かっていることウから，Cの4枚のカードが2通りずつ決まり，全部で右図の4通りが決まる。これより，「Aのカードには8があり，Bのカードには13がある。」ことが確実にいえる。

														合計
A					5		7	8	9					29
B			3	4		6						12	13	38
C	1	2								10	11			24

														合計
A					5		7	8	9					29
B	1	2								10		12	13	38
C			3	4		6					11			24

														合計
A		2						8	9	10				29
B			3	4		6						12	13	38
C	1				5		7				11			24

														合計
A		2						8	9	10				29
B	1				5		7					12	13	38
C			3	4		6					11			24

15 2

解説 分かっていることア～オより，表1のことまで分かる。さらに，分かっていることカより，3階で買い物をしていないAは，テレビを買っていないことが分かる。また，分かっていることキより，Aは4階でゲームを買ったことと，家具は1階で売られていることが分かる。そして，1階で買い物をしていないCは，3階でテレビを買い，Eは1階で家具を買ったことが分かる。最終的に，表2のように決まり，「Cは，テレビを買った」ことが確実にいえる。

表1

	家具	洋服	時計	テレビ	ゲーム	1階	2階	3階	4階	5階
A		×	×			×	×	×	○	×
B	×	×	○	×	×			×	×	×
C		×	×			×			×	×
D	×	○	×	×	×				×	
E		×	×						×	

表2

	家具	洋服	時計	テレビ	ゲーム	1階	2階	3階	4階	5階
A	×	×	×	×	○	×	×	×	○	×
B	×	×	○	×	×	×	○	×	×	×
C	×	×	×	○	×	×	×	○	×	×
D	×	○	×	×	×	×	×	×	×	○
E	○	×	×	×	×	○	×	×	×	×

16 **3**

解説 線分BCと円Oとの交点のうち，点Cと異なる方を点Dとすると，接弦定理より，$\angle \mathrm{ADC} = \angle \mathrm{TAC} = 72°$
直径に対する円周角は90°だから，$\angle \mathrm{CAD} = 90°$より，△ACDにおいて，$\angle \mathrm{ACD} = 180° - \angle \mathrm{CAD} - \angle \mathrm{ADC} = 180° - 90° - 72° = 18°$
ここで，△ABCの内角と外角の関係から，$\angle \mathrm{ABC} = \angle \mathrm{TAC} - \angle \mathrm{ACD} = 72° - 18° = 54°$

17 **4**

解説 3，12，48，192，…で表される数列を$\{a_n\}$とすると，数列$\{a_n\}$は初項3，公比4の等比数列である。また，17，24，31，38，…で表される数列を$\{b_n\}$とすると，数列$\{b_n\}$は初項17，公差7の等差数列であり，その一般項は$b_n = 17 + 7(n - 1) = 7n + 10$と表される。
以上より，求める値は，$\sum_{k=1}^{8} a_n + b_{40} = \dfrac{3(4^8 - 1)}{4 - 1} + (7 \cdot 40 + 10) = 65{,}825$
である。

18 2

解説 A，B 2人の走った距離の和が2,100mになるごとに2人はすれ違うから，2人が4回目にすれ違ったのが同時にスタートしてからx分後だとすると，$160 \times x + 120 \times x = 2100 \times 4$が成り立つ。これを解いて，$x = 30$
これより，2人が4回目にすれ違った地点のスタート地点からの距離は，$160 \times 30 = 4800$〔m〕 これは，2100〔m〕×2〔周〕+600〔m〕より，スタート地点から時計回りに測って600mである。

19 4

解説 全て異なる色の球を取り出す確率$\frac{{}_5C_1 \times {}_3C_1 \times {}_4C_1}{{}_{12}C_3}$は，全て同じ色の球を取り出す確率$\frac{{}_5C_3}{{}_{12}C_3} + \frac{{}_3C_3}{{}_{12}C_3} + \frac{{}_4C_3}{{}_{12}C_3} = \frac{{}_5C_3 + {}_3C_3 + {}_4C_3}{{}_{12}C_3}$の$\frac{{}_5C_1 \times {}_3C_1 \times {}_4C_1}{{}_{12}C_3} \div \frac{{}_5C_3 + {}_3C_3 + {}_4C_3}{{}_{12}C_3} = \frac{{}_5C_1 \times {}_3C_1 \times {}_4C_1}{{}_5C_3 + {}_3C_3 + {}_4C_3} = \frac{5 \times 3 \times 4}{10 + 1 + 4} = 4$〔倍〕である。

20 1

解説 旅行の全走行距離を$x$kmとする。
分かっていることアより，(1日目の走行距離)$= \frac{1}{3}x - 8$〔km〕
分かっていることイより，(2日目の走行距離)$= \left\{x - \left(\frac{1}{3}x - 8\right)\right\} \times \frac{1}{2} + 50$
$= \frac{1}{3}x + 54$〔km〕
分かっていることウより，(3日目の走行距離)$= \frac{1}{4}x - 2$〔km〕
よって，(1日目の走行距離)+(2日目の走行距離)+(3日目の走行距離)=全走行距離より，$\left(\frac{1}{3}x - 8\right) + \left(\frac{1}{3}x + 54\right) + \left(\frac{1}{4}x - 2\right) = x$ これを解いて，
$x = 528$
よって，旅行の全走行距離は528kmである。

21 2

解説 1：誤り。2017年におけるチリからのボトルワインの輸入数量に対するアメリカからのボトルワインの輸入数量の比率$\frac{6,876}{55,519} = 0.12\cdots$は，前年に

おけるその比率$\frac{6,572}{50,535}=0.13\cdots$を下回っている。　2：正しい。2019年において，イタリアからのボトルワインの輸入数量の対前年増加率$\frac{35,497-30,237}{30,237}\times100=17.\cdots$〔%〕は，スペインからのボトルワインの輸入数量の対前年増加率$\frac{20,363-17,521}{17,521}\times100=16.\cdots$〔%〕より大きい。　3：誤り。2020年のフランスからのボトルワインの輸入数量を100としたときの2019年のそれの指数$100\times\frac{47,118}{45,254}=104.\cdots$は，105を下回っている。　4：誤り。2020年の5か国からのボトルワインの輸入数量の合計に占めるイタリアからのボトルワインの輸入数量の割合$\frac{28,364}{49,101+45,254+28,364+18,679+6,394}\times100=19.\cdots$〔%〕は，20%を下回っている。　5：誤り。2018年において，スペインからのボトルワインの輸入数量は，アメリカからのボトルワインの輸入数量の$\frac{17,521}{7,175}=2.4\cdots$〔倍〕で，2.5倍を下回っている。

22　**2**

解説　1：誤り。2018年の「林産物」の輸入額を100としたときの2021年のそれの指数は，$100\times\left(1-\frac{5.7}{100}\right)\times\left(1+\frac{2.9}{100}\right)\times\left(1+\frac{25.3}{100}\right)=121.\cdots$で，120を上回っている。　2：正しい。2017年の「農産物」と「林産物」の輸入額をそれぞれ100としたときの2021年のそれぞれの指数は，農産物は$100\times\left(1+\frac{3.1}{100}\right)\times\left(1-\frac{0.4}{100}\right)\times\left(1-\frac{5.8}{100}\right)\times\left(1+\frac{13.3}{100}\right)\fallingdotseq109.6$，林産物は$100\times\left(1+\frac{7.1}{100}\right)\times\left(1-\frac{5.7}{100}\right)\times\left(1+\frac{2.9}{100}\right)\times\left(1+\frac{25.3}{100}\right)\fallingdotseq130.2$で，「林産物」の輸入額の2017年に対する2021年の増加率は，「農産物」の輸入額のそれの$\frac{130.2-100}{109.6-100}=3.1\cdots$〔倍〕で，3倍より大きい。　3：誤り。「農産物」に関して，2017年の輸入額を100としたときの2018年の輸入額の指数は，$100\times\left(1+\frac{3.1}{100}\right)=103.1$，2021年の輸入額の指数は，選択肢2の結果より109.6で，2021年の方が多い。　4：誤り。2021年の「水産物」の輸入額は，2018年の輸入額を100としたとき，$100\times\left(1-\frac{2.8}{100}\right)\times\left(1-\frac{15.8}{100}\right)\times\left(1+\frac{9.9}{100}\right)=89.9\cdots$で，2018年の輸入額の90%を超えていない。　5：誤り。2018年にお

ける「林産物」と「水産物」のそれぞれの輸入額が分からないので，2019年において，「水産物」の輸入額の対前年減少額が，「林産物」の輸入額のそれを上回っているとは確実にはいえない。

23 4

解説 1：誤り。令和3年において，「飲用牛乳等」の生産量は，「乳飲料」の生産量の$\frac{3,575,929}{1,058,886}=3.37\cdots$〔倍〕で，3.3倍を上回っている。 2：誤り。平成30年から令和3年までの各年における「乳飲料」の生産量の対前年減少量の平均$\frac{(1,177,800-1,129,372)+(1,129,372-1,127,879)+(1,127,879-1,108,195)+(1,108,195-1,058,886)}{4}=\frac{1,177,800-1,058,886}{4}=29,728.5$〔kL〕は，30,000kLを下回っている。 3：誤り。平成29年の「はっ酵乳」の生産量を100としたときの令和3年のそれの指数は$100\times\frac{1,033,721}{1,072,051}=96.\cdots$で，95を上回っている。 4：正しい。令和3年における各牛乳等生産量の対前年減少率は，「乳飲料」が$\frac{1,108,195-1,058,886}{1,108,195}\times100=4.\cdots$〔%〕，「はっ酵乳」が$\frac{1,059,866-1,033,721}{1,059,866}\times100=2.\cdots$〔%〕，「乳酸菌飲料」が$\frac{117,248-113,009}{117,248}\times100=3.\cdots$〔%〕で，最も大きいのは「乳飲料」である。 5：誤り。令和2年において，「はっ酵乳」の生産量の対前年増加量$1,059,866-1,029,592=30,274$〔kL〕は，「乳酸菌飲料」の生産量の対前年増加量$117,248-115,992=1,256$〔kL〕の$\frac{30,274}{1,256}$倍で，明らかに33倍より小さい。

24 5

解説 1：誤り。平成22年の「1人」の一般世帯数を100としたときの令和2年のそれの指数は$100\times\frac{55,705\times38.0}{51,842\times32.4}=126.\cdots$で，130を下回っている。 2：誤り。令和2年の「2人」の一般世帯数は，平成22年のそれの$\frac{55,705\times28.1}{51,842\times27.2}=1.1\cdots$〔倍〕で，1.2倍を下回っている。 3：誤り。令和2年において，「3人」の一般世帯数は，「4人」のそれを$55,705\times\frac{16.6-11.9}{100}\fallingdotseq2,600$〔千世帯〕

上回っている。　4：誤り。「5人以上」の一般世帯数の平成22年に対する令和2年の減少率は，「4人」の一般世帯数のそれの$\dfrac{51{,}842 \times 7.8 - 55{,}705 \times 5.4}{51{,}842 \times 7.8} \div \dfrac{51{,}842 \times 14.4 - 55{,}705 \times 11.9}{51{,}842 \times 14.4} = 2.2\cdots$〔倍〕で，3倍より小さい。　5：正しい。「5人以上」の一般世帯数の平成22年に対する令和2年の減少数は，「3人」の一般世帯数のそれの$\dfrac{51{,}842 \times 7.8 - 55{,}705 \times 5.4}{51{,}842 \times 18.2 - 55{,}705 \times 16.6} = 5.\cdots$〔倍〕で，4倍を上回っている。

25　3

解説 正六面体に関して，6つの面がすべて離れていると考えると，辺の数は$4 \times 6 = 24$〔本〕ある。これらの面がくっついて正六面体となるとき，2本の辺が重なって1本の辺になるから，正六面体の辺の数は$A = 24 \div 2 = 12$〔本〕ある。同様に考えて，正十二面体の辺の数は$B = (5 \times 12) \div 2 = 30$〔本〕である。

正八面体に関して，8つの面がすべて離れていると考えると，頂点の数は$3 \times 8 = 24$〔個〕ある。これらの面がくっついて正八面体となるとき，1個の頂点に4つの面が集る，つまり，4個の頂点が集って1個の頂点になるから，正八面体の頂点の数は$C = 24 \div 4 = 6$〔個〕である。以上より，$A + B + C = 12 + 30 + 6 = 48$である。

26　3

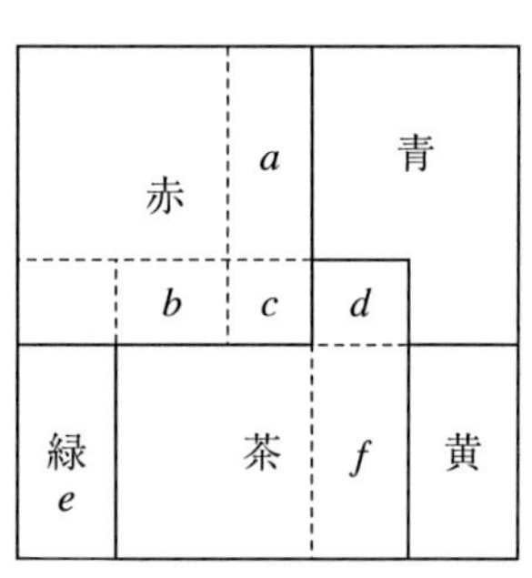

解説 右図のようにa～fを定める。求めるのはeの面積である。折り紙はすべて同じ大きさの正方形であることから，$e = f$…①

青の折り紙の見えている部分の面積が80cm²であることから，$a + c + d = 120 - 80 = 40$…②

茶の折り紙の見えている部分の面積が100cm²であることから，$b + c = 120 - 100 = 20$…③

5枚の折り紙を敷き並べて作った図形も正方形であることから，$a + c = b + c + d \Leftrightarrow a = b + d$…④

④を②に代入より，$b + c + 2d = 40$…⑤

③を⑤に代入より，$20 + 2d = 40 \Leftrightarrow d = 10$

以上より，①を考慮すると，

$$e=f=d\times\frac{f}{d}=d\times\frac{(\text{茶の折り紙の面積})-\{(b+c)+d\}}{\{(b+c)+d\}}=10\times\frac{120-(20+10)}{(20+10)}$$

$=30$ なので，緑の折り紙の見えている部分の面積は 30cm^2 である。

27 4

解説 図形の対称性より，四角形AEFH ≡ 四角形BEFGである。よって，$BG=BC\times\sqrt{2}=6\sqrt{2}$，$FG=EB=\frac{BD}{2}=\frac{BG}{2}=\frac{6\sqrt{2}}{2}=3\sqrt{2}$

また，2点E，Fはそれぞれ線分DB，DGの中点だから，中点連結定理より，

$EF=\frac{BG}{2}=\frac{6\sqrt{2}}{2}=3\sqrt{2}$

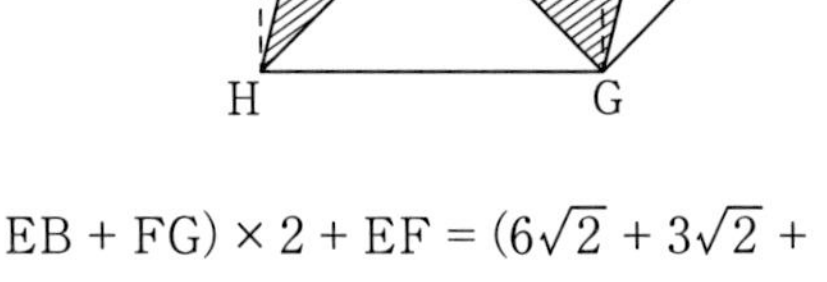

以上より，求める7辺の和は，$(BG+EB+FG)\times2+EF=(6\sqrt{2}+3\sqrt{2}+3\sqrt{2})\times2+3\sqrt{2}=27\sqrt{2}$〔cm〕である。

28 5

解説 下図は，点Pが描く軌跡の図に，回転の中心（A～E）と，回転の半径（AP＝AQ，BQ＝BC，DC＝DR，ER＝ES）を示したものである。

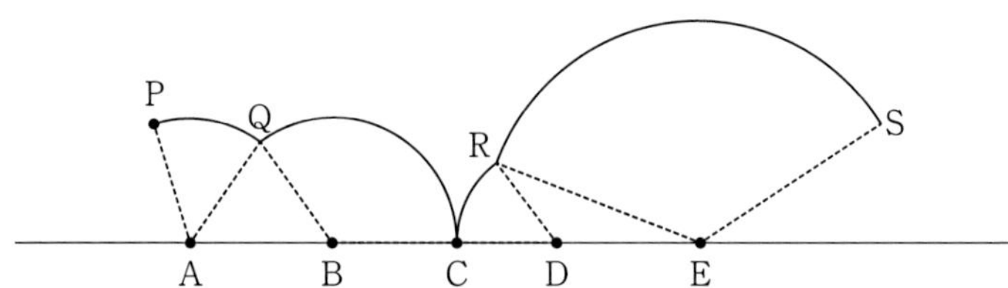

まず回転角に注目すると，鋭角（∠PAQ）→鈍角（∠QBC）→鋭角（∠CDR）→鈍角（∠RES）の順となる。これより，選択肢1と3は該当しない。次に，点Pが描く弧の数（弧PQ，弧QC，弧CR，弧RSの4本）に注目すると，選択肢4の点Pは平行四辺形の頂点上にあるため，点Pが描く弧の数は3本となり，該当しない。最後に，回転の半径に注目すると，AP ≒ BQ ≒ DC ＜ ERの関係にあるので，選択肢2は該当しない。よって，上図の軌跡を描くものは選択肢5となる。

29 5

解説 日本国憲法に関する出題。　1：欽定憲法は大日本帝国憲法。日本国憲法は民定憲法。　2：「軟性憲法」ではなく「硬性憲法」である。　3：「憲法問題調査委員会」が作成した草案をGHQが拒否し，マッカーサー草案が作られた。　4：「法律の留保」は大日本帝国憲法である。人権を法律によって制限できるものである。　5：正しい。

30 5

解説 司法に関する出題。　1：「行政裁判所」は大日本帝国憲法のときには設置されていたが，現在は設置されていない。　2：高等裁判所は全国に8か所あるが，知的財産高等裁判所は東京1か所だけである。　3：違憲法令審査権は下級裁判所にも与えられている。　4：衆議院議員総選挙の際に行われる。参議院選挙の際には行われない。　5：正しい。

31 1

解説 選挙制度に関する問題。各制度の長所・短所を確認しておくとよい。
1：正しい。　2：参議院議員選挙でも比例代表選挙は行われる。　3：比例代表制は死票が少なくなるので，多数の政党が分立する可能性が高くなる。民意が反映されやすい反面，多党制となり政治の不安定を生む可能性もある。
4：小選挙区制は死票が多くなり民意が反映されにくくなる。少数の大政党で政治が行われることになる。　5：「違憲判決が下されたことはない」という部分が誤りである。

32 1

解説 国民所得・景気変動に関する問題。特に景気変動（キチンの波・ジュグラーの波・クズネッツの波・コンドラチェフの波）はしっかりと確認しておくこと。　1：正しい。　2：「生産＝分配＝支出」である。　3：「対外純資産は含まない」が誤りである。　4：「コンドラチェフの波」についての説明である。　5：「ジュグラーの波」についての説明である。

33 3

解説 青年期に関する哲学者・思想家の考えについての問題。 1：ルソーは「第二の誕生」と呼んだ。 2：「モラトリアム」ではなく「心理的離乳」である。モラトリアムを提唱したのはエリクソンである。 3：正しい。 4：10項目はハヴィガースト。マズローは人間の欲求を5段階とする，「欲求階層説」を提唱した。 5：「アイデンティティの確立」について述べたのは「エリクソン」である。

34 1

解説 飛鳥文化に関する問題。教科書や参考書の太字レベルや，資料集において写真掲載されているものをまず確認しておきたい。 1：正しい。2：飛鳥寺は蘇我馬子が建立した。 3：三経義疏は厩戸皇子（聖徳太子）が著した。 4：鞍作鳥の作品で有名なのは，法隆寺金堂の釈迦三尊像や飛鳥大仏である。 5：曇徴によって伝えられた。

35 5

解説 幕末から明治期における近代産業の発展に関する出題。 1：「最大の輸出品で外貨獲得の中心」だったのは「綿糸」ではなく「生糸」であった。2：織機は「布を織る」機械である。発明したのは「ガラ紡」という紡績機であった。紡績機は「糸を紡ぐ」機械である。 3：「座繰製糸」と「器械製糸」が反対である。 4：「民営」が誤りである。 5：正しい。

36 5

解説 宗教改革に関する出題。 1：「カール5世」ではなく「レオ10世」である。 2：「レオ10世」ではなく「カール5世」である。 3：カルヴァンは長老制を導入した。長老制と司祭制が反対である。 4：「国教会を廃止した」が誤りである。 5：正しい。

37 3

解説 宋に関する記述である。世界史は高校で学習する分野も出題される。他科目との兼ね合いもあるが，参考書等の太字部分だけでも確認しておくとよい。 1：「南宋」と「北宋」が反対である。 2：「形勢戸」は地方地主，農村の支配層である。　3：正しい。　4：「行」は商人の同業組合，「鎮」は商業都市である。　5：「訓詁学」は「五経」を理解するために難解な語句に注釈をつけていく学問である。五経とは『易経』『書経』『詩経』『礼記』『春秋』のことである。

38　4

解説　ケッペンの気候区分に関する出題。　1：「高山気候」はケッペンの気候区分にはない。後に追加された考えである。　2：「ステップ気候」は乾燥帯に含まれる。　3：「夏は涼しく」は誤り。高温ではあるが湿度が低いため過ごしやすい。　4：正しい。　5：「グリーンランド」は氷雪気候に含まれる。また，ツンドラ気候は0℃以上10℃未満である。

39　1

解説　近代哲学者に関する出題。　1：正しい。　2：4つのイドラを提唱したのは「ベーコン」である。ヒュームは経験論の哲学者として有名である。3：物は延長を本質，心は非延長的な思考を本質としている。　4：「永遠の相のもとに」と主張したのはスピノザである。　5：「モナド論」を主張したのはライプニッツである。

40　4

解説　$\frac{30 \times 9.8 \times 20}{10} = 588$〔W〕となる。

41　5

解説　送電線に電流を流すのにかかる電力が損失分となる。200Vの場合に送電線に流れる電流は，$\frac{1000}{200} = 5$〔A〕なのでその際にかかる電力は$5 \times 5 \times 2 = 50$〔W〕となる。一方，電圧を5倍（1000V）にした場合に送電線に流れる電流は，$\frac{1000}{1000} = 1$〔A〕なのでその際にかかる電力は$1 \times 1 \times 2 = 2$〔W〕となる。よって，電圧を5倍にしたときの電力損失は$\frac{1}{25}$倍になる。

42 5

解説 塩酸のモル濃度をx〔mol/L〕とすると，$1 \times x \times \frac{10}{1000} = 2 \times 0.20 \times \frac{15}{1000}$，$x = 0.60$〔mol/L〕となる。

43 4

解説 アンモニアや二酸化炭素のように2種類以上の元素からなる純物質を化合物という。同じ元素からなる単体で性質の異なる物質を互いに同素体という。

44 2

解説 B：DNAの塩基配列を相補的に写し取りながら，RNAがつくられる過程を転写というのでBは誤り。　D：遺伝情報がDNAからRNAを経てタンパク質に一方向に流れるという考え方をセントラルドグマというので誤り。よって正しいのはAとCである。

45 3

解説 1：肝臓の機能の最小単位は肝小葉で，約50万個の肝細胞からなる。なおネフロンは腎臓の機能の最小単位であるため，誤り。　2：肝臓はグリコーゲンを分解したり合成したりして血糖濃度を調節するため，誤り。　4：肝臓は有害なアンモニアを毒性の低い尿素に変えるため，誤り。　5：腎臓の働きの説明なので誤り。

46 2

解説 B：SiO_2の割合が小さい玄武岩質マグマは粘性が小さく穏やかな噴火をする。安山岩質マグマは玄武岩質マグマよりも粘性が大きく噴火もより激しくなるため誤り。　D：溶岩と火山砕屑物が交互に積み重なってできた円錐状の火山は成層火山で，例として富士山があげられる。なお，盾状火山は粘性の小さいマグマによってつくられた盾を伏せたような傾斜の緩い火山であり，昭和新山は粘性の大きいマグマによってできた溶岩ドームの一例であるため誤り。正しいのはAとCである。

47 3

解説 A「あんちゅうもさく」，C「うんさんむしょう」，E「おかめはちもく」が正しい。

48 2

解説 A「肝胆相照らす」と「肝を潰す」，B「青天白日」と「清濁併せ呑む」，C「竹馬の友」と「破竹の勢い」，D「森羅万象」と「神出鬼没」。

49 2

解説《淑景舎の方などがいらっしゃって，中宮と雑談をされたついでに，「私のところに，とてもすばらしい笙の笛がある。亡くなった父上が下さったものなのだ」とおっしゃるので，僧都の君（隆円）が「それを隆円に下さい。私のところに素晴らしい琴がございます。それと交換してください」と申し上げたが，（淑景舎の方は）全くお聞きにならないで，違うことを話しているので，（隆円は）何とか答えさせようと何回もお聞きになるのだが，それでも返事をしないので，中宮様が「いなかへじ（交換はしない）とお思いになっておられるので」と，代わりにおっしゃってあげた時のご様子は，とても才気に溢れていてこの上なく素晴らしいものであった。

この御笛の名前を，僧都の君も知ることがおできにならなかったので，ただ恨めしくお思いになっていたようだ。これは，（中宮様が）職の御曹司にいらっしゃった時のことである。帝の手元には，「いなかへじ」という名前の御笛があったのである。》が大意。

50 1

解説 八橋検校は江戸時代前期の音楽家である。宮城道雄は明治生まれの箏曲奏者，作曲家で「春の海」が広く知られている。黒沢琴古は尺八箏古派の基礎を築いた。山田耕作は「赤とんぼ」「待ちぼうけ」などの代表曲を持つ作曲家である。中尾都山は尺八奏者，作曲家であり都山流を築いた。

令和４年度　教養試験 実施問題

1 次の文の主旨として，最も妥当なのはどれか。

人は生きている間，周囲の人間や自然現象やメディアなどの情報源から情報を受け止め，持てる知識を常に変化させ続けている。ほとんど知識を持たないとされる新生児は，親や周囲の人々や環境とのコミュニケーションを通じて言葉を覚え，他者の行動を観察してさまざまな判断基準を培っていく。

学校では，授業中に講義や教師とのコミュニケーションを通じて正しい知識を習得するとともに，仲間との交流を通じて友情や競争や差別といった社会的知識を身に付ける。就職すれば，上司や同僚から担当業務に必要な技能とともに，根回し，なわばり確保といった社会的交渉術を学ぶ。家庭では，子育てや親類・コミュニティーとの付き合いから賢く生きる術を知る。また，趣味やボランティア活動を通じて活動範囲を広げ知己を増やす中で，さまざまな技能とともに人付き合いのノウハウを身に付ける。

こうした知識は，有形無形の「情報」を取捨選択しながら，既存知識を変化させる過程で蓄積されていく。人間は生きている間，常に情報を得て既存知識を変化させ，新たな知識を生み出し，それを使って会話をしたり，ものを書いたり，決断を下したりしている。

このようにして，人間はその生涯を通じて情報を得ながら学習し続けるのである。だから，人間にとって，情報を探し活用する能力はまさしく，生きるために不可欠な能力なのである。

（三輪眞木子「情報検索のスキル」による）

1　人は生きている間，周囲の人間や自然現象やメディアなどの情報源から情報を受け止め，持てる知識を常に変化させ続けている。

2　学校では，講義や教師とのコミュニケーションを通じて正しい知識を習得し，仲間との交流を通じて社会的知識を身に付ける。

3　人は，活動範囲を広げ知己を増やす中で，様々な技能とともに人付き合いのノウハウを身に付ける。

4　知識は，有形無形の情報を取捨選択しながら，既存知識を変化させる過程で蓄積されていく。

5　人間にとって，情報を探し活用する能力は，生きるために不可欠な能力である。

2 次の文の主旨として，最も妥当なのはどれか。

私はあと二ヵ月で満一〇二歳になります。講演や原稿執筆をこなす忙しい毎日ですが，私にとってそれは精神的負担どころか，むしろ社会から必要とされている喜びであって，私の「よいストレス」となっています。

そんな私も長い人生の中で，色々な苦難，ストレスを経験しました。一九七〇年，五八歳の時，私は「よど号」ハイジャック事件に遭遇し，死の不安にさらされながら三泊四日，機内に拘束されました。当時の運輸政務次官の山村新治郎氏の犠牲的行動で，私を含む乗客約一〇〇人の命が助けられました。タラップを降り，韓国の金浦空港の土を踏んだ時，私は靴の下に「救いの大地」を感じました。心身に受けた壮絶なストレスを，自分にとってプラスに転換し，私の新しい人生が始まりました。いわば私は「再生」したのです。

ストレスという概念を一般に広めたのは，カナダの生理学者ハンス・セリエ博士（一九〇七～一九八二）でした。ストレスは元々は工学用語です。鉛の棒を両側から強く押すと，棒は「く」の字に曲がります。この状態を，セリエ博士は人間の心理状態を表す言葉に使いました。人間に嫌な心理的重圧＝ストレスが加わると，脳下垂体，副腎などからホルモンが分泌されて，高血圧,糖尿病，消化管潰瘍（かいよう），免疫力の低下など，体にも悪い結果をもたらします。

セリエ博士は晩年，ストレスにもよい面があることに気づき，それをユーストレス（eu-stress）と名付けました。たとえば，ヨットが逆風に遭っても，帆の張り方を変え，一端に体を傾ければ，風上に進めます。同様に，人間は悪いストレスを良いストレスに変えることができるのです。

（日野原重明「最後まで，あるがまま行く」による）

1　講演や原稿執筆をこなす忙しい毎日は，精神的負担どころか，むしろ社会から必要とされている喜びである。

2　よど号ハイジャック事件に遭遇し，命が助けられ，韓国の金浦空港の土を踏んだ時，靴の下に救いの大地を感じた。

3　人間に嫌な心理的重圧が加わると，高血圧，糖尿病，消化管潰瘍，免疫力の低下など，体にも悪い結果をもたらす。

4　セリエ博士は，ストレスのよい面をユーストレスと名付けた。

5　人間は，悪いストレスを良いストレスに変えることができる。

3 次の短文A～Fの配列順序として，最も妥当なのはどれか。

A　子供に釘を打たせることは大事である。

B　薄い朴(ほお)の板に対して，太すぎる釘は，細すぎる釘と同じくらい使い物にならないことも知る。

C　こうして出来上がった棚には，いろいろな程度の成功と失敗とがある。

D　金槌(かなづち)を垂直に下ろす力は，強すぎても弱すぎてもいけないことがわかる。

E　棚は，生活の使用のなかでいろいろに試され，そのことをますますはっきりさせる。

F　釘を打つには，柔らかすぎる木は，堅すぎる木と同じくらい使い物にならないことを子供は知る。

（前田英樹「倫理という力」による）

1　A－B－E－F－D－C
2　A－C－B－D－E－F
3　A－D－F－B－E－C
4　A－E－B－F－C－D
5　A－F－B－D－C－E

4 次の短文A～Fの配列順序として，最も妥当なのはどれか。

A　航空宇宙工学の分野では，フェールセーフという考え方があります。

B　スペースシャトルでは，必ず三重以上のフェールセーフ・システムになっています。

C　スペースシャトルは，乗組員七人の生命を守るために，そうしたフェールセーフ・システムに支えられた，巨大な生命維持装置と見ることもできます。

D　スペースシャトルの機体は，地上から宇宙に行き再び地上に帰ってこなければならないため，激しい環境変化にさらされます。

E　一つの機器が駄目になっても，他の一つ，あるいはもっと複数の予備でカバーするという考え方です。

F　最低でも三重のフェールセーフ・システムを用意しているのは，その激しい環境変化に耐えるためです。

（毛利衛「宇宙から学ぶ」による）

1　A－B－E－D－C－F
2　A－D－F－B－E－C
3　A－E－B－C－D－F
4　A－E－B－F－D－C
5　A－F－B－D－E－C

5 次の文の空所A～Cに該当する語の組合せとして，最も妥当なのはどれか。

自分の考えや感情が，他者との言葉の往復によって，よりよいものに高められていく達成感は，対話の醍醐味ともいえます。そのことを経験によって知っている人は，対話を忌避しようとはしません。保身のための言葉など意味がないと感じるでしょう。上司の意向を忖度（そんたく）することは，［　A　］な結果さえもたらしかねないからです。

私たちが日常，大なり小なり経験していることは，次のようなことです。よりよい解決をめざして，討議・討論を重ねて決めていく社会ではないこと。物事を相対的，［　B　］にとらえ直し，論拠を明確にして議論をし，合意に到達する社会ではないこと。

これに対して，それぞれの社会にはそれぞれの方法でお互いに了解し合い，社会的な合意を作る仕方があるので，対話や論争がなくてもいいではないかという反論があるかもしれません。

けれども，現実に社会が急速に個人化して，個性の違いや生活の多様化が進み，階層の分離が固定化していく中で，忖度や推察という一方的な思い込みでは，的はずれになることが多くなっているのではないかと思います。

言葉には［　C　］があるにしても，言葉を持つ動物である人間にとって，言葉は，やはり最良のコミュニケーションの手段です。言葉に出さなければ，誰が何を思っているのか分かりません。

（暉峻淑子「対話する社会へ」による）

	A	B	C
1	有害	多角的	限界
2	有害	画一的	重み
3	有害	多角的	感情
4	有益	画一的	限界
5	有益	多角的	重み

6 次の文の空所A～Cに該当する語の組合せとして，最も妥当なのはどれか。

森の旅をつづけていると，ときどき美しい森に出会うことがある。山奥に隠されていた眠るようにひろがる天然林の谷が，ふいにあらわれてきて私を驚かす。［　A　］につくられた植林地の森のなかにも，思わず足を止めてみとれてしまうような美しい森がある。

そんなとき私は考え込んだ。美しい森の基準とは何なのだろうか。私は何を基準にして，この森は美しいと感じているのだろうか。

考えてみれば，おかしなことなのである。山の木のなかに美しい木と美しくない木などあるはずはない。ところがそれがひろがりとなって森になると，確かに美しい森とそうではない森が生まれてくるのである。この差はどこにあるのだろうか。

美しい森のなかでは，私はその樹々がつくりだす豊饒（ほうじょう）な森の生活を感じている。主のような大木は，何百年もの風雪に耐えてきた［　B　］をもっていて，辺りを見下ろしている。若い樹々は大木のまわりに寄りそい，古木は次の世代の若木をかかえるように立っている。

もしかすると美しい森とは，森と時間の関係から生まれてくるのかもしれない。

森の時間，それは［　C　］されつづける特間である。森の時間は過ぎ去るのではなく積み重ねられていく。

（内山節「森にかよう道」による）

	A	B	C
1	一次的	歴史	蓄積
2	計画的	威厳	消費
3	計画的	歴史	精算
4	人工的	威厳	蓄積
5	人工的	歴史	消費

7 次の英文中に述べられていることと一致するものとして，最も妥当なのはどれか。

A little girl was near death, victim of a disease from which her younger brother had miraculously* recovered two years before. Her only chance to live was a blood transfusion* from someone who had previously conquered the sickness. The doctor explained the situation to Tommy, the five-year-old brother, and asked if he would be willing to give his blood to his sister, Kathy.

The boy took a deep breath, thought for a moment, then drew himself up and said, "Yes, I'll do it if it will save my sister."

As the transfusion progressed one could see the vitality returning to the wan* figure of the little girl. Tommy smiled when he observed this, but then, with trembling lips he said something startling.

"Will I begin to die right away?" he asked.

The doctor realized immediately what Tommy's hesitation had meant earlier. In giving blood to his sister, he thought he was giving up his life! In one brief moment he had displayed more courage than most of us can muster* in a lifetime. He had made an heroic decision!

（Arthur F. Lenehan：足立恵子『英語で「ちょっといい話」』による）

＊　miraculously………奇跡的に　　＊　transfusion………輸血
＊　wan………弱々しい　　＊　muster………奮い起こす

1　幼い少女が病気で亡くなりかけていたが，少女の弟も２年前に同じ病気にかかり，回復していない。

2　医者は５歳の弟トミーに状況を説明し，姉のキャシーから血を分けてもらうかどうか聞いた。

3　トミーは，深呼吸をすると，ちょっと考え，それから姿勢を正して「いいよ。それでお姉ちゃんが助かるなら」と言った。

4　輸血が進むにつれ，トミーはほほえんで「お姉ちゃんの病気はもうそろそろ治るの」と言った。

5　トミーは，大抵の人が生涯のうちに奮い起こすことができるのと同じくらいの勇気を示すことができた。

8　次の英文の空所ア，イに該当する語の組合せとして，最も妥当なのはどれか。

I was startled* some years ago in Kyoto while watching a Japanese artist drawing horses. He drew the horses very well; but he always began at the tail. Now it is the Western rule to begin at the head of the horse; that is why I was [　ア　]. But upon reflection, it struck me, that it could not really make any difference whether the artist begins at the head or the tail or the belly or the foot of the horse, if he really knows his business. And most great artists who really know their business do not follow other people's rules. They make their own rules. Every one of them does his work in a way peculiar to himself; and the peculiarity* means only that he finds it more easy to work in that way. Now the very same thing is true in literature. And the question, "How shall I begin?" only means that you want to begin at the head instead of beginning at the tail or somewhere else. That is, you are not yet experienced enough to trust to your own powers. When you become more experienced you will never ask the question; and I think that you will often begin at the [イ]—that is to say, you will write the end of the story before you have even thought of the beginning.

（Lafcadio Hearn：田代三千稔「対訳ハーン3」による）

* startled………びっくりした　　* peculiarity………独特

	ア	イ
1	bored	head
2	satisfied	tail
3	satisfied	head
4	surprised	tail
5	surprised	head

9 次の英文の空所ア，イに該当する語の組合せとして，最も妥当なのはどれか。

For many Americans the 1920s was a period of [ア] and industrial progress. Most homes had electricity, with electric lights, washing machines* and refrigerators.

The biggest change of the decade was diffusion* of the automobile. The first cars were produced in the 1890s, but they were very [イ]. In 1908, Henry Ford began manufacturing gas-powered* open automobiles that were well-built and affordable*. His Model T became the most popular automobile in America in the 1920s.

（James M. Vardaman：千田智美「シンプルな英語で話すアメリカ史」による）

* washing machine………洗濯機　　* diffusion………普及

* gas-powered………ガソリンエンジン付きの

* affordable………手頃な

	ア	イ
1	decline	reasonable
2	decline	expensive
3	decline	fast
4	prosperity	reasonable
5	prosperity	expensive

10 **A，Bの２チームが，次のア，イの特別ルールでバスケットボールの試合を行った。その結果，シュートを決めた本数はAチームが７本，Bチームが６本で，最後にシュートを決めたのがBチームであったとき，確実にいえるのはどれか。ただし，試合が終了した時点で，同点ではなかったものとする。**

ア　1本目のシュートを決めた場合は1得点とし，同一のチームが連続してシュートを決めた場合，2本目のシュートは2得点，3本目のシュートは3得点というように，連続した本数がそのまま得点となる。

イ　どちらかのチームが連続して4本のシュートを決めるか，どちらかのチームの総得点が14点以上になった場合に限り，試合を終了する。

1　Aチームは，1点差で，Bチームに勝った。
2　Aチームは，2点差で，Bチームに勝った。
3　Aチームは，3点差で，Bチームに勝った。
4　Bチームは，1点差で，Aチームに勝った。
5　Bチームは，2点差で，Aチームに勝った。

11 **ある暗号で「ひまわり」が「秋ｃ・ｇ冬ｈ・ｄ」，「あいす」が「春ａ・ｂ夏ａ」，「そうめん」が「夏ｃ春・秋ｊ冬・」で表されるとき，同じ暗号の法則で「夏ｊ秋ｋ・ａ」と表されるのはどれか。**

1　「おせち」
2　「かいろ」
3　「こたつ」
4　「にもの」
5　「みかん」

12 共同生活をしているA～Fの6人が，次の表のように，月曜日から始まる4週間分の資源とごみの当番表を作成することになった。この地域の収集日は，月曜日と木曜日は燃やすごみ，火曜日は容器包装プラスチック，水曜日は資源，第2，第4金曜日は燃やさないごみとなっている。今，2人一組で6日ずつ，当番を担当するに当たり，A～Fの各人が，次のような要望を出した。これらの要望を全て満足するように当番表を作成したとき，確実にいえるのはどれか。

A　木曜日は全て担当したい。Fと組むことができない。
B　同じ週で4回担当したい。全員と担当したい。
C　第1週と第2週に担当したい。木曜日は担当できない。
D　第2週と第3週に6回連続して担当したい。Cと組むことができない。
E　燃やすごみの日だけ担当したいが，第3木曜日は担当できない。Fと組むことができない。
F　水曜日は担当できない。

資源とごみの当番表

曜日	月曜日	火曜日	水曜日	木曜日	金曜日
種別	燃やすごみ	容器包装プラスチック	資　源	燃やすごみ	燃やさないごみ
第1週	1	2	3	4	5 ／
第2週	8	9	10	11	12
第3週	15	16	17	18	19 ／
第4週	22	23	24	25	26

1　Aは，第3週に2回担当する。
2　Bは，Eと2回一緒に担当する。
3　Cは，燃やさないごみを担当する日はない。
4　Dは，水曜日に2回担当する。
5　Fは，月曜日に担当する日がある。

13 5Lと4Lの空の容器と，水の入った大きな水槽がある。これらの容器を使って水をくんだり移し替えたりする操作を繰り返し，5Lの容器に2Lの水を入れるためには，最低何回の操作が必要か。ただし，1回の操作とは，次のア～ウのうちいずれか1つだけであるものとする。

ア　どちらか一方の容器で，大きな水槽から水をくむ。

イ　どちらか一方の容器から，他方の容器に水を移し替える。

ウ　どちらか一方の容器から，大きな水槽に水を移し替える。

1　6回

2　7回

3　8回

4　9回

5　10回

14 折り紙50枚をA～Dの４人で余らせることなく分けることにした。それぞれがもらった枚数について，次のア～ウのことが分かっているとき，確実にいえるのはどれか。ただし，各人少なくとも１枚はもらっているものとする。

ア　Dは，Aよりも10枚少なくもらった。

イ　Bがもらった枚数は，Dがもらった枚数の3倍だった。

ウ　もらった枚数が最も少なかったのは，Cである。

1　Aは，19枚もらった。

2　Bがもらった枚数は，Aよりも少なかった。

3　Cは，6枚もらった。

4　CとDの2人で合わせて15枚もらった。

5　Dは，7枚もらった。

15 **次の図のような①～⑨の土地にA～Iの9棟のビルが建てられている。9棟のビルは，高さがそれぞれ等しく，幅もそれぞれ等しいので，縦，横，斜めの位置で端どうしにあるビル（例えば①と⑨，②と⑧）は互いに見ることができない。次のア～オのことが分かっているとき，確実にいえるのはどれか。**

ア　AのビルからB，Cのビルを見ることはできない。
イ　Dのビルからは，Eのビルを見ることはできない。
ウ　Fのビルからは，全てのビルを見ることができる。
エ　Gのビルは，②の土地に建てられている。
オ　Hのビルは，①，③，⑦，⑨の土地には建てられていない。

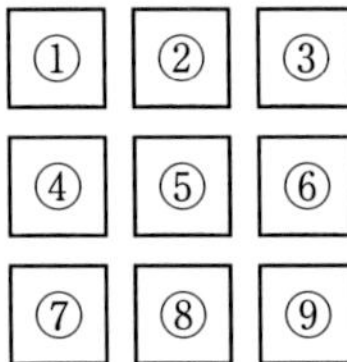

1　Bのビルは，⑦の土地に建てられている。
2　Cのビルは，⑨の土地に建てられている。
3　Dのビルは，④の土地に建てられている。
4　Hのビルは，⑧の土地に建てられている。
5　Ｉのビルは，③の土地に建てられている。

16 **次の図において，角度a～fの和はどれか。**

1　180°
2　270°
3　360°
4　450°
5　540°

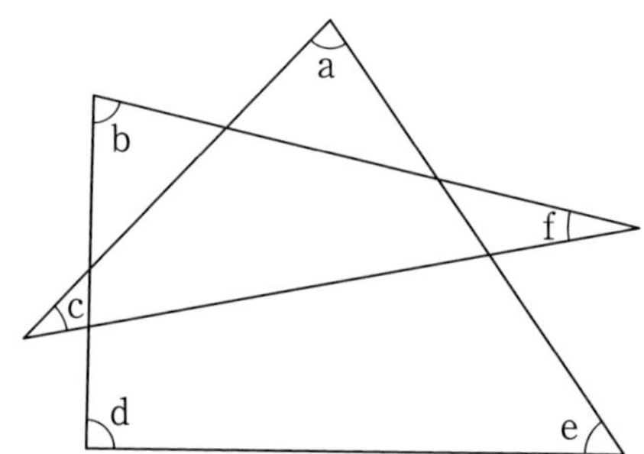

17 連続する３つの自然数があり，それぞれの２乗の積が254016であるとき，これら３つの自然数の和はどれか。

1　18
2　21
3　24
4　27
5　30

18 長さ220mの列車Ａと長さ160mの列車Ｂが，同じ速度でトンネルの両側から同時に入った。列車Ａがトンネルに入り始めてから抜け終わるまでに55秒かかった。また，両列車がトンネル内ですれ違い始めてからすれ違い終わるまでに10秒かかった。このとき，トンネルの長さはどれか。ただし，両列車は常に一定の速度で走っているものとする。

1　825m
2　1045m
3　1205m
4　1870m
5　2090m

19 ある満水のプールを空にするために，A，B２種類の排水ポンプを用いる。Aのポンプ３台とBのポンプ２台で排水すると60分かかり，Aのポンプ３台とBのポンプ５台で排水すると40分かかる。今，この満水のプールを，Aのポンプ２台とBのポンプ何台かで排水して50分以内に空にするとき，最低限必要なBのポンプの台数はどれか。ただし，A，Bそれぞれのポンプの能力は，常に一定であるものとする。

1　4台
2　5台
3　6台
4　7台
5　8台

20 NEWMOONの7文字の順番を並べかえるとき，母音と子音が交互に並ぶ確率はどれか。

1 $\frac{1}{35}$

2 $\frac{2}{35}$

3 $\frac{3}{35}$

4 $\frac{4}{35}$

5 $\frac{1}{7}$

21 次の表から確実にいえるのはどれか。

主要国からの主要品別我が国の輸入額の推移

（単位　100万円）

区　　分	平成27年	28	29	30	令和元年
鉱物性燃料	18,218,146	12,052,007	15,839,992	19,294,048	16,950,648
電気機器	12,014,479	10,791,942	12,048,127	12,337,898	11,992,000
化学製品	7,747,873	7,110,823	7,566,589	8,550,029	8,163,450
一般機械	7,068,460	6,357,393	7,213,923	7,949,974	7,582,617
食料品	7,002,103	6,362,882	7,017,646	7,246,739	7,191,581

1　令和元年において，「化学製品」の輸入額の対前年減少率は，「一般機械」の輸入額のそれより小さい。

2　平成28年の「鉱物性燃料」の輸入額を100としたときの平成30年のそれの指数は，155を下回っている。

3　平成28年において，「化学製品」の輸入額の対前年減少額は，「食料品」の輸入額のそれを上回っている。

4　平成28年における「電気機器」の輸入額に対する「一般機械」の輸入額の比率は，前年におけるそれを下回っている。

5　表中の各年とも，「一般機械」の輸入額は，「化学製品」の輸入額の0.9倍を上回っている。

22 次の表から確実にいえるのはどれか。

着工新設住宅の利用関係別戸数の対前年増加率の推移

（単位　%）

区　分	平成29年	30	令和元年	2
持　家	△2.7	△0.4	1.9	△9.6
貸　家	0.2	△5.5	△13.7	△10.4
給与住宅	△1.8	29.4	△14.3	13.0
分譲住宅	1.9	0.0	4.9	△10.2

（注）△は，マイナスを示す。

1　表中の各年のうち，給与住宅の着工新設住宅戸数が最も多いのは，令和2年である。

2　平成29年の貸家の着工新設住宅戸数を100としたときの令和元年のそれの指数は，80を下回っている。

3　持家の着工新設住宅戸数の平成30年に対する令和2年の減少率は，分譲住宅の着工新設住宅戸数のそれより大きい。

4　令和元年において，持家の着工新設住宅戸数及び貸家の着工新設住宅戸数は，いずれも平成29年のそれを下回っている。

5　平成29年の給与住宅の着工新設住宅戸数を100としたときの平成30年から令和2年までの各年のそれの指数は，100を下回っている。

23 次の図から確実にいえるのはどれか。

公害苦情件数の推移

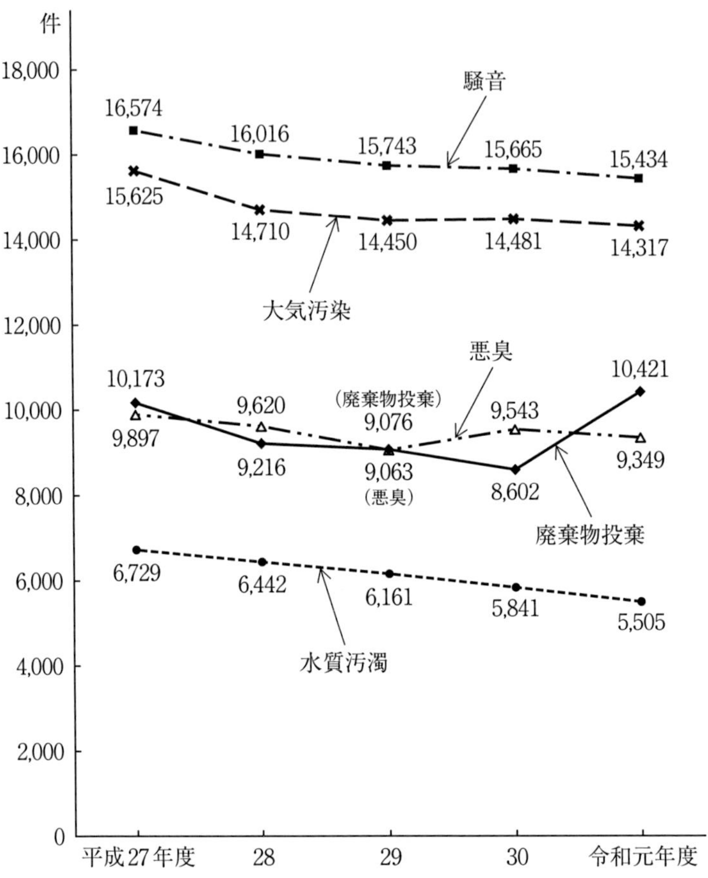

1 表中の各公害のうち，令和元年度における苦情件数の対前年度減少数が最も大きいのは，騒音である。

2 表中の各公害のうち，平成28年度における苦情件数の対前年度減少率が最も小さいのは，悪臭である。

3 表中の各年度とも，水質汚濁の苦情件数は，騒音のそれの40％を下回っている。

4　平成30年度の廃棄物投棄の苦情件数を100としたときの平成27年度のそれの指数は，110を下回っている。

5　平成27年度から令和元年度までの5年度における大気汚染の苦情件数の1年度当たりの平均は，1万5千件を上回っている。

24 **次の図から確実にいえるのはどれか。**

媒体別広告費の構成比の推移

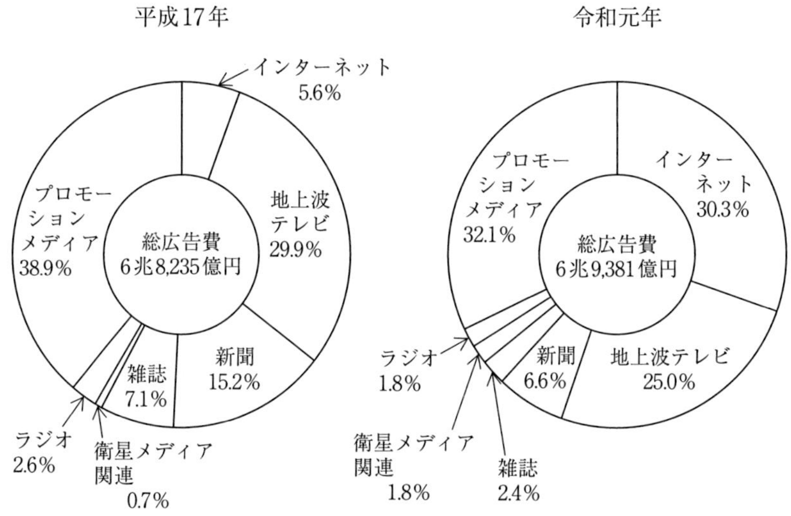

1　平成17年の衛星メディア関連の広告費の額を100としたときの令和元年のそれの指数は，300を上回っている。

2　新聞の広告費の額の平成17年に対する令和元年の減少率は，地上波テレビの広告費の額のそれの4倍より大きい。

3　雑誌の広告費の平成17年に対する令和元年の減少額は，ラジオの広告費のそれの5倍を上回っている。

4　令和元年のインターネットの広告費の額は，平成17年のそれの6倍を上回っている。

5　平成17年において，新聞の広告費の額は，インターネットの広告費の額を7,000億円以上上回っている。

25 次の図のような立体の展開図として有り得るのはどれか。

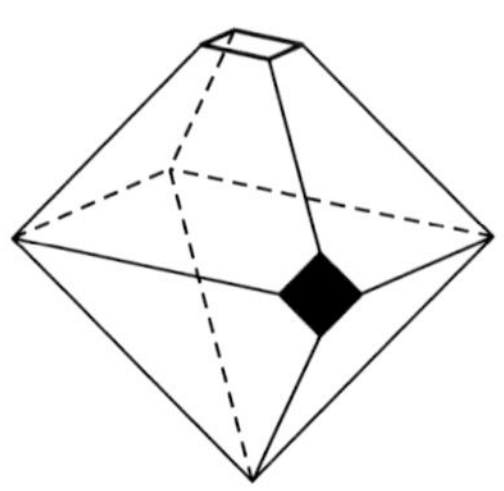

1

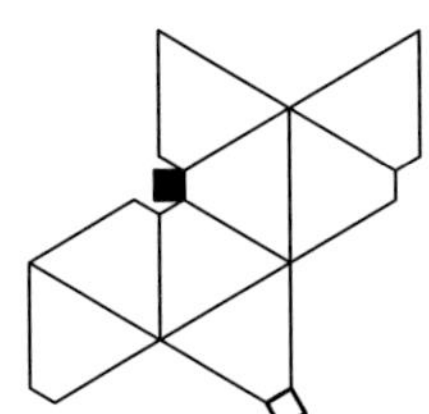

2

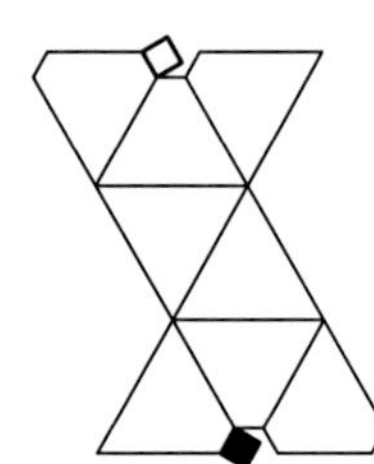

3

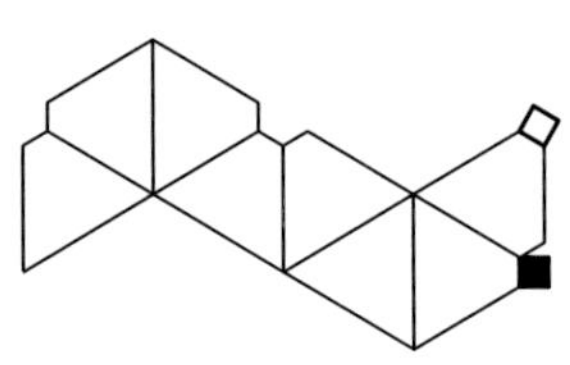

4

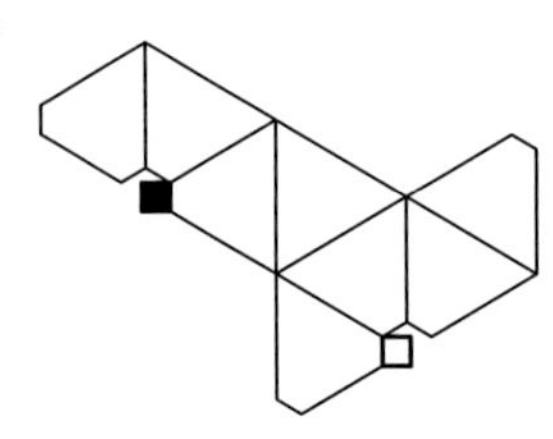

5

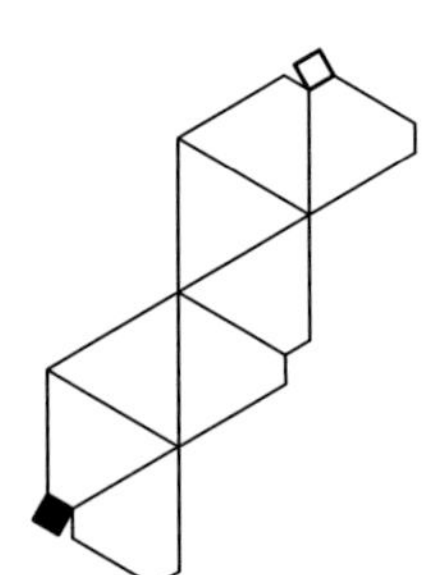

26 図のような路線を自由に乗れる航空券がある。同じ路線の上空を２度と飛ばず，かつ，全ての路線に１度は乗ることが可能な起点と終点の組合せはどれか。

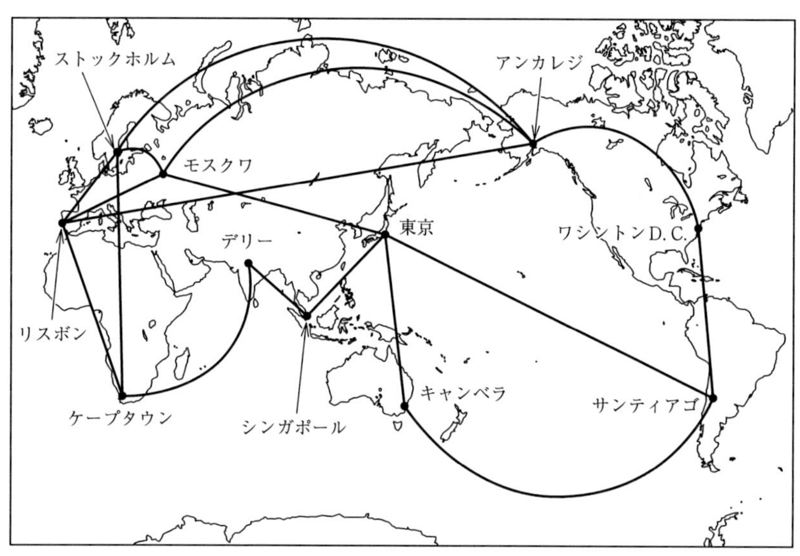

1　東京　――　リスボン
2　アンカレジ　――　ケープタウン
3　ケープタウン　――　サンティアゴ
4　ストックホルム　――　ワシントンD.C.
5　モスクワ　――　キャンベラ

27 次の図のように，辺の長さが４の立方体があり，点Ｐは辺の中点である。今，点Ｐから立方体の全ての面を通るようにひもをかけて１周させるとき，ひもの最短の長さはどれか。

1　16
2　$12\sqrt{2}$
3　$8 + 8\sqrt{2}$
4　$16\sqrt{2}$
5　$12 + 8\sqrt{2}$

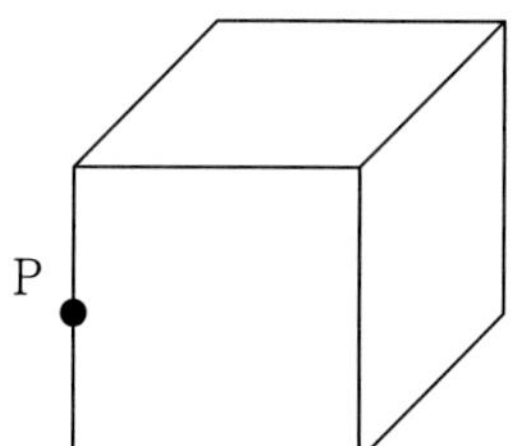

28 **次の図のような，1辺の長さが1の正方形が，Pの位置からQの位置まで，線上を滑ることなく矢印の方向に回転するとき，辺ABが描く軌跡の面積はどれか。ただし，円周率はπとする。**

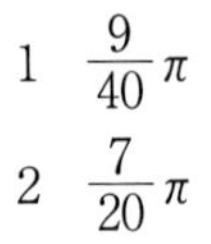

1 $\frac{9}{40}\pi$

2 $\frac{7}{20}\pi$

3 $\frac{3}{8}\pi$

4 $\frac{19}{40}\pi$

5 $\frac{7}{10}\pi$

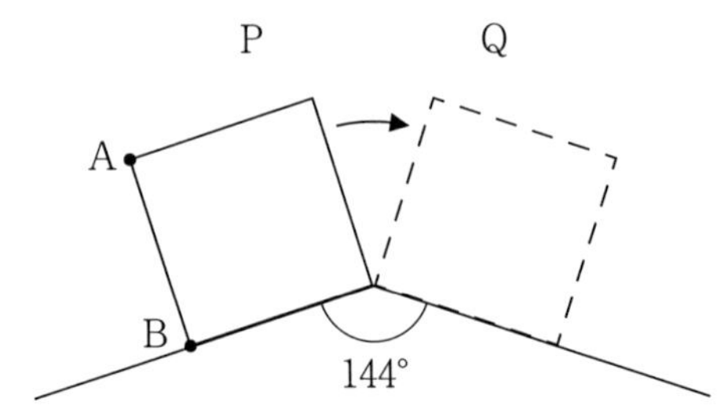

※ 問題番号［29］－［50］のうち17問を選択解答。

29 **我が国の国会に関する記述として，妥当なのはどれか。**

1 通常国会は，毎年1回，1月に召集され，会期は150日間で，次年度予算などを審議するが，会期延長は認められない。

2 新たな内閣総理大臣の指名を行う特別国会は，衆議院解散の日から30日以内に召集しなければならない。

3 参議院の緊急集会は，衆議院の解散中，国に緊急の必要が生じたときに，参議院議長の求めにより開かれ，その議決は，次の国会開会後10日以内に衆議院の同意が得られなければ，その効力を失う。

4 衆議院には，国政調査権が認められており，必要に応じて証人喚問を行うことができるが，参議院にはこの調査権は認められていない。

5 国会議員には，法律の定める場合を除いては国会の会期中に逮捕されない不逮捕特権や，議院内で行った発言や表決について，院外でその責任を問われない免責特権が認められている。

30 **法の支配に関する記述として，妥当なのはどれか。**

1 法の支配とは，権力は法に基づいてのみ行使されるとする原則で，人の支配に対立する考え方として，王政を否定するホッブズらが主張した。

2 法の支配は，法律によれば個人の自由も制限できるという意味を含んでいたため，基本的人権を尊重する近代立憲主義の発展に寄与しなかった。

3　イギリスでは，1215年に国王に対し貴族の権利を認めさせた権利章典が成立するなど，法の支配が発達した。

4　エドワード・コークは，「国王といえども神と法の下にある」というブラクトンの言葉を引用し，コモン・ロ一による支配を主張した。

5　19世紀のドイツで発展した法治主義は，法の形式よりも法の内容を重視する意味で，法の支配と区別される。

31　次の我が国の地方自治における直接請求Ａ～Ｅのうち，その請求先が地方公共団体の長であるものの組合せとして，妥当なのはどれか。

A　条例の制定・改廃の請求

B　議会の解散の請求

C　副知事・副市町村長の解職の請求

D　事務の監査の請求

E　議員の解職の請求

1　A　C

2　A　D

3　B　D

4　B　E

5　C　E

32　国際的な経済格差に関する記述として，妥当なのはどれか。

1　かつて植民地であった発展途上国の多くは，モノカルチャー経済から抜け出せず，南南問題と呼ばれる先進国との経済格差の拡大が生じた。

2　1964年に開催された国連貿易開発会議（UNCTAD）で，発展途上国への特恵関税の撤廃などを要求するプレビッシュ報告が提出された。

3　日本の政府開発援助（ODA）は，1991年から2000年まで世界第1位の援助額であり，2015年には開発協力大綱をODA大綱に改定した。

4　1974年の国連資源特別総会で，発展途上国の，天然資源に対する恒久主権などを内容とする新国際経済秩序（NIEO）樹立宣言が採択された。

5　2000年に国連で持続可能な開発目標（SDGs）が採択され，2015年にはこれを引き継ぐ2030年までの新しい目標が採択された。

33 資源・エネルギーに関する記述として，妥当なのはどれか。

1 石油や電気などのように自然界に存在しているエネルギー源を一次エネルギーといい，それらを燃焼させたり加工したりして得られるエネルギーを二次エネルギーという。

2 日本国内における一次エネルギーの供給は，石油に大きく依存しており，1960年代以降，2015年にパリ協定が採択されるまで，一次エネルギーにおける石油の占める割合は，常に5割を超えていた。

3 自然から得られ，発電時に二酸化炭素を出さない再生可能エネルギーには，水力発電や地熱発電がある。

4 バイオマスとは，動物の排出物から取り出したメタンガスのようにエネルギーに使うことのできる生物資源であり，植物由来のものは含まない。

5 スマートグリッドとは，従来の発電で排熱として捨てられていたエネルギーを冷暖房や給湯などに利用して熱効率を高めることをいう。

34 元禄文化に該当する記述として，妥当なのはどれか。

1 錦絵の風景版画が流行し，葛飾北斎や歌川広重の絵が広く出回り，浮世絵は，ヨーロッパの印象派画家に影響を与えた。

2 野郎歌舞伎として歌舞伎が発展し，上方に和事の坂田藤十郎，江戸に荒事の市川団十郎の名優が出て，民衆演劇としての基盤を築いた。

3 茶道の普及に伴い，陶磁器の生産が増加し，酒井田柿右衛門は，上絵付の技法により，赤絵を完成させた。

4 寺子屋での庶民教育の普及に伴い，読書人口が拡大し，読本では，曲亭馬琴の「南総里見八犬伝」が刊行された。

5 洋学は，まず蘭学として始まり，西洋医学の解剖書を前野良沢や杉田玄白らが翻訳した「解体新書」を機に，急速に発達した。

35 1970年代の日本に関する記述として，妥当なのはどれか。

1 佐藤栄作内閣では，アメリカとの間で沖縄返還協定が調印され，沖縄は日本に復帰した。

2 福田赳夫首相は，訪中して周恩来首相と日中共同声明を発表し，日中国交正常化を実現した。

3 田中角栄内閣は，「クリーンな政治」を掲げたが，発覚したロッキード事件の対応をめぐり，退陣に追い込まれた。

4　三木武夫内閣は，「所得倍増」をスローガンに掲げ，高度成長を更に促進する経済政策を展開した。

5　変動為替相場制へ移行したことにより，円高が進んで急激にデフレーションが進行した。

36 アケメネス朝ペルシアに関する記述として，妥当なのはどれか。

1　紀元前6世紀半ばに，ダレイオス1世はメディアの政権を奪取し，やがてギリシア，新バビロニアも征服し，アケメネス朝ペルシアを築いた。

2　ダレイオス1世は，中央集権的な統治を行い，「王の耳」と呼ばれる幹線道路を整備した。

3　アケメネス朝ペルシアは，その重税や強制移住政策が服属する諸民族の反乱を招き，紀元前4世紀後半に滅亡した。

4　アケメネス朝ペルシアでは，世界をアフラ＝マズダとアーリマンの二神の闘いの場と捉えるゾロアスター教が信仰された。

5　アケメネス朝ペルシアでは，ヒエログリフを発展させたペルシア文字や，アラム語が用いられた。

37 唐に関する記述として，妥当なのはどれか。

1　隋の武将であった李淵が，洛陽を都として唐を建て，2代目皇帝の太宗は中国国内を統一した。

2　兵制は，募兵制が廃止され，傭兵による府兵制に移行し，その指揮官である節度使が辺境の防備に当たるようになった。

3　3代目皇帝の高宗は，華北と江南を結ぶ，物流の大動脈となる大運河を開いた。

4　李白，杜甫，白居易などの詩人が活躍して唐詩が隆盛し，また，呉道玄らがあらわれ，山水画が発達した。

5　両税法と塩の専売を導入して財政再建を図ったが，塩の密売人による安史の乱が全国に広がり，節度使の朱全忠により唐は滅ぼされた。

38 次の文は，アフリカに関する記述であるが，文中の空所A～Cに該当する語の組合せとして，妥当なのはどれか。

アフリカ大陸は，大陸の大部分が高原や台地で，東部には［ A ］山など標高5,000mを超える高山も見られる。

［ B ］は，アフリカの政治・経済・社会的な統合，平和や安全保障を目的として2002年に発足し，アフリカ諸国における民族間の対立や資源開発をめぐる紛争の予防や解決に当たっている。

［ C ］は，アパルトヘイトを廃止し，その後急速に世界経済との結び付きを強め，自動車の輸出などによってアフリカと世界経済を結ぶ窓口となることで，ブラジル，ロシア，インド，中国に続く新興国として目覚ましい経済成長を遂げた。

	A	B	C
1	キリマンジャロ	アフリカ連合	南アフリカ共和国
2	キリマンジャロ	アフリカ統一機構	ナイジェリア
3	キリマンジャロ	アフリカ統一機構	南アフリカ共和国
4	アコンカグア	アフリカ連合	ナイジェリア
5	アコンカグア	アフリカ統一機構	南アフリカ共和国

39 プラグマティズムに関する記述として，妥当なのはどれか。

1　プラグマティズムは，19世紀後半のアメリカでジェームズが提唱し，パースが発展させたことで世界的に知られるようになった。

2　ジェームズは，ヘーゲルの弁証法やダーウィンの進化論の影響を受けて，プラグマティズムを人間と社会環境との関係という問題へと発展させた。

3　パースは，ある思想が真理かどうかは，それが生活の中で有用であるか否かによって決まると主張した。

4　パースは，「プラグマティズム」を著し，観念の意味は，抽象的な思考によって得られるのではなく，行為を通じて明らかにされると主張した。

5　デューイは，知性は人間が新たな行為を生み出し，環境によりよく適応していくための道具であると主張した。

40 **高さ14.7mのビルの屋上から，小球を初速度9.8m/sで鉛直上向きに投げ上げて，小球の運動を調べた。小球が地面に落下するときの速度として，妥当なのはどれか。ただし，鉛直上向きを正，重力加速度の大きさを9.8m/s^{2}とし，空気の抵抗は考えないものとする。**

1　－9.8m/s
2　－14.7m/s
3　－19.6m/s
4　－29.4m/s
5　－39.2m/s

41 **次の図のように，5.0Ω，6.0Ω，12Ωの抵抗に63Vの電源を接続したとき，AB間の合成抵抗R〔Ω〕と電源を流れる電流I〔A〕の組合せとして，妥当なのはどれか。**

	R	I
1	14Ω	4.5A
2	14Ω	7.0A
3	9.0Ω	4.5A
4	9.0Ω	7.0A
5	5.3Ω	4.5A

42 **金属のイオン化傾向に関する記述として，妥当なのはどれか。**

1　金属のイオン化傾向とは，金属が水溶液中で陰イオンになろうとする性質をいう。
2　金属イオンを含む水溶液に，それよりもイオン化傾向の小さい金属を入れると，イオン化傾向の大きな金属が析出する。
3　リチウムやカリウムなどのイオン化傾向の大きい金属は，常温で水と反応して水酸化物となり，水素を発生させる。
4　水素よりイオン化傾向の小さい銅や水銀は，酸化作用の強い塩酸や希硫酸と反応して溶ける。
5　アルミニウムや亜鉛は熱水と，マグネシウムは高温の水蒸気と反応して，水素を発生させる。

43 原子の構造に関する記述として，妥当でないのはどれか。

1　原子は，中心にある原子核と，そのまわりに存在するいくつかの電子で構成されている。

2　陽子と電子の質量はほぼ等しく，中性子の質量はそれらの約1840分の1である。

3　原子核は，正の電荷をもつ陽子と電荷をもたない中性子からできている。

4　原子では，電子の数と陽子の数が等しく，原子全体としては，電気的に中性である。

5　原子番号が同じで，質量数が異なる原子を互いに同位体という。

44 遺伝情報とDNAに関するA〜Dの記述のうち，妥当なものを選んだ組合せはどれか。

A　シャルガフの規則とは，DNAを構成する塩基であるアデニンとウラシル，グアニンとシトシンの割合が，どの生物でもほぼ等しいことをいう。

B　DNAの2本のヌクレオチド鎖が，規則的にねじれて，二重らせん構造をとっていることは，ワトソンとクリックによって，1953年に発表された。

C　生命活動を営むのに必要な遺伝情報をゲノムといい，ゲノムを構成するDNAには，遺伝子の領域だけでなく遺伝子以外の領域も含まれている。

D　RNAは，核酸と糖（リボース）と塩基からなるヌクレオチドで構成され，1本鎖である。

1　A　B
2　A　C
3　A　D
4　B　C
5　B　D

45 バイオームに関する記述として，妥当なのはどれか。

1　年間降水量が十分にある地域では，年平均気温が高い方から順に，熱帯多雨林，亜熱帯多雨林，夏緑樹林，照葉樹林，針葉樹林へと変化する。

2　温帯のうち，暖温帯には照葉樹林，夏に乾燥して冬に雨の多い地域には硬葉樹林，冷温帯には針葉樹林が分布する。

3　年間降水量が少ない地域では，熱帯や亜熱帯にステップ，温帯にサバンナが分布する。

4　緯度に応じたバイオームの分布を垂直分布といい，九州から関東の低地には照葉樹林，北海道東北部には針葉樹林が分布する。

5　亜高山帯の上限は森林限界と呼ばれ，森林限界よりも上の高山帯は，高山植物が分布し，高山草原（お花畑）が見られる。

46　プレートテクトニクスに関する記述として，妥当なのはどれか。

1　収束境界では，湧き上がったマグマが固まり，プレートが生成されている。

2　大陸プレートは海洋プレートより重いため，ぶつかり合うと大陸プレートが海洋プレートの下に沈み込み，海溝を形成する。

3　トランスフォーム断層は，2つのプレートがすれ違う境界であり，アメリカのサンアンドレアス断層などがある。

4　ホットスポットは，中央海嶺（かいれい）でのみ起きている火山活動の場所である。

5　プレートは，それぞれ別の向きへ，1年間に数mの速さで動いている。

47　次のA～Eのうち，下線部の漢字の読み方が正しいものを選んだ組合せとして，妥当なのはどれか。

A　<u>暫時</u>休憩する。　――　「ざんじ」
B　お茶を<u>所望</u>する。　――　「しょぼう」
C　現金を<u>出納</u>する。　――　「すいとう」
D　市場を<u>席巻</u>する。　――　「せっかん」
E　規則を<u>遵守</u>する。　――　「そんしゅ」

1　A　C
2　A　D
3　B　D
4　B　E
5　C　E

48　ことわざ又は慣用句の意味を説明した記述として，妥当なのはどれか。

1　「牛に経文」とは，他人に誘われ，偶然よい方に導かれることをいう。

2　「牛の涎（よだれ）」とは，だらだらと細く長く続くことをいう。

3　「牛に食らわる」とは，進み具合の遅いことをいう。

4　「牛の歩み」とは，いくら説き聞かせても全く効き目がないことをいう。

5　「牛に引かれて善光寺参り」とは，人にだまされることをいう。

49 次の文は，「方丈記」の一節であるが，文中の下線部A～Eの解釈として，妥当なのはどれか。

すべて世の中の$_A$ありにくく，わが身と住みかとの，はかなく，$_B$あだなるさま，またかくのごとし。いはむや，所により，身のほどに従ひつつ，心を悩ますことは，$_C$あげて数ふべからず。

もし，おのれが身，$_D$数ならずして，権門(けんもん)の傍(かたは)らにをるものは，深く喜ぶことあれども，$_E$大きに楽しむにあたはず。

1 下線部Aは，「腹立たしく」という意味である。
2 下線部Bは，「はかない」という意味である。
3 下線部Cは，「あえて数えるべきではない」という意味である。
4 下線部Dは，「孤独で」という意味である。
5 下線部Eは，「大いに楽しむ価値はない」という意味である。

50 次のA～Eのうち，西洋の画家とその主な作品の組合せとして，妥当なのはどれか。

A ウジェーヌ・ドラクロワ —— 「民衆を導く自由の女神」
B クロード・モネ —— 「ムーラン＝ド＝ラ＝ギャレット」
C ポール・セザンヌ —— 「サント＝ヴィクトワール山」
D オーギュスト・ルノワール —— 「草上の昼食」
E エドゥアール・マネ —— 「印象・日の出」

1 A C
2 A D
3 B D
4 B E
5 C E

解答・解説

1 5

解説 主旨把握問題である。論理的な文章の構成には，最初に結論を述べる頭括型，最後に結論を述べる尾括型，最初と最後に結論を繰り返す双括型がある。そのため，主旨把握問題を解く際は，本文の最初と最後に特に注視するようにしたい。なお，この文章は尾括型である。

2 5

解説 主旨把握問題である。この文章も尾括型である。尾括型は順序だてて論理的に文章を展開するのに向いている。本文途中の内容と部分的に一致する選択肢があっても，それは主旨とはいえないので注意したい。

3 5

解説 文整序問題である。A「子供に釘を打たせることは大事である」→FBD「子供は木や釘，金槌について知る」→CE「できあがった棚にも成功や失敗がはっきりしてくる」という論理展開を読み取る。

4 3

解説 文整序問題である。A「フェールセーフという考え方がある」→E「フェールセーフについての説明」→B「スペースシャトルのフェールセーフ」→C「スペースシャトルは生命維持装置」→D「スペースシャトルは環境変化にさらされる」→F「そのためのフェールセーフ」という論理展開を読み取る。

5 1

解説 空欄補充問題である。　A：「～かねない」には「悪い結果になる可能性がある」という意味が含まれるので，「有害」が適切。　B：「相対的」は単独ではなく2つ以上の比較対象を必要とするので，「多角的」が適切。
C：「○○があるにしても，言葉はやはり最良のコミュニケーション」とあり，○○には言葉の力が有限であることを示す言葉が入ると考えられるので，「限界」が適切。

6 4

解説 空欄補充問題である。　A：直前の「天然林」と対義的な意味になるので，「人工的」が適切。　C：「過ぎ去るのではなく積み重ねられていく」とあるので，「蓄積」が適切。

7 3

解説 内容一致問題である。選択肢1は，本文第1段落中にher younger brother had miraculously recovered two years ago「弟は2年前に奇跡的に回復した」とあるので誤り。選択肢2は，第1段落の最後にThe doctor asked if he would be willing to give his blood to his sister「医者はトミーに，姉に血をあげるかどうか訊いた」とあるので誤り。選択肢3は，第2段落の内容と一致する。選択肢4は，第4段落にトミーがWill I begin to die right away?「『僕はすぐに死ぬの？』と言った」，とあるので誤り。選択肢5は，本文最後にhe displayed more courage than most of us「トミーはたいていの人よりも多くの勇気を示した」とあるので誤り。

8 4

解説 空欄補充問題である。空欄アは，「京都で日本人の絵描きを見た時，馬の絵を尻尾から描き始めたので驚いた。欧米では頭から始めるのが普通だ。だから私は〈ア〉」という文脈なので，surprised「驚いた」を入れるのが適切。空欄イは，「経験を積むとそのような質問はしなくなり，〈イ〉から始めることが多くなるだろう。つまり，話の始まりが決まっていなくても，終わりを先に書いてしまうということだ。」という文脈なので「終わり」をあらわすtailが正解。

9 5

解説 空欄補充問題である。空欄アは，「多くのアメリカ人にとって，1920年代は〈ア〉と工業進歩の時代だった。多くの家庭に電気が開通し，電球や洗濯機，冷蔵庫を持つようになった」という文脈なので，prosperity「繁栄」を入れるのが適切。空欄イは，「最初の自動車は1890年代に作られたが，とても〈イ〉だった。1908年にヘンリー・フォードがガソリン式の自動車を製造したがそれらはとても頑丈で手頃な価格だった」という文脈なので，expensive

「高価だ」を入れるのが適切。

10 1

解説 シュートを決めたチームとその得点を，A(1) という記号を用いて考えていく。ただし，シュートを外した回数はカウントしないこととする。例えば，1本目と2本目にAがシュートを決め，3本目はBがシュートを決め，4本目はAがシュートを決めた場合は，A(1) A(2) B(1) A(1) と表す。
最後にシュートを決めたのがBチームであったので，試合が終了したのは「Bチームが連続して4本のシュートを決めたとき」か，「Bチームの総得点が14点以上になったとき」のいずれかの場合である。ここで，6本のシュートで14点以上得点するためには，連続して5本以上シュートを決めることになるが(1＋2＋3＋4＋5＝15〔点〕)，4本連続してシュートを決めた時点で終了なので不適である。よって，この試合は，Bチームが連続して4本のシュートを決めて試合が終了したことが分かる。
AチームとBチームで合計7＋6＝13〔本〕シュートを決めたので，13個のマスを用意して考えると，Bチームは試合終了前に連続して4本シュートを決めているので，最後の4マスが決まる。

1	2	3	4	5	6	7	8	9	10	11	12	13
									B(1)	B(2)	B(3)	B(4)

ここで，Aは7本，Bは6本のシュートを決めているので，Aチームは1～9に7本，Bチームは2本のシュートを決めていることが分かる。
もしBチームが先にシュートを決めた場合，2～8の7個のマスのうち，Bチームは1個のマスしか入れないので，必ずBチームが4本連続でシュートを決めるよりも先にAチームが4本連続でシュートを決めてしまうため不適。よって，Aチームが先にシュートを決めたことが分かる。

1	2	3	4	5	6	7	8	9	10	11	12	13
B(1)				B(1)					B(1)	B(2)	B(3)	B(4)

すると，Bチームが4本連続でシュートを決めるよりも先にAチームが7本，Bチームが2本シュートを決めるためには，Bチームが入る2マスだけを考えると，次の6通りの場合のいずれかである。

1	2	3	4	5	6	7	8	9	10	11	12	13
A(1)			B(1)				B(1)		B(1)	B(2)	B(3)	B(4)
A(1)			B(1)			B(1)			B(1)	B(2)	B(3)	B(4)
A(1)			B(1)		B(1)				B(1)	B(2)	B(3)	B(4)
A(1)		B(1)				B(1)			B(1)	B(2)	B(3)	B(4)
A(1)		B(1)			B(1)				B(1)	B(2)	B(3)	B(4)
A(1)	B(1)				B(1)				B(1)	B(2)	B(3)	B(4)

空いたマスにAチームを入れると，次のようになる。

1	2	3	4	5	6	7	8	9	10	11	12	13
A(1)	A(2)	A(3)	B(1)	A(1)	A(2)	A(3)	B(1)	A(1)	B(1)	B(2)	B(3)	B(4)
A(1)	A(2)	A(3)	B(1)	A(1)	A(2)	B(1)	A(1)	A(2)	B(1)	B(2)	B(3)	B(4)
A(1)	A(2)	A(3)	B(1)	A(1)	B(1)	A(1)	A(2)	A(3)	B(1)	B(2)	B(3)	B(4)
A(1)	A(2)	B(1)	A(1)	A(2)	A(3)	B(1)	A(1)	A(2)	B(1)	B(2)	B(3)	B(4)
A(1)	A(2)	B(1)	A(1)	A(2)	B(1)	A(1)	A(2)	A(3)	B(1)	B(2)	B(3)	B(4)
A(1)	B(1)	A(1)	A(2)	A(3)	B(1)	A(1)	A(2)	A(3)	B(1)	B(2)	B(3)	B(4)

AチームとBチームの得点をそれぞれ合計すると，上から2，4，5つ目はAチームとBチームがともに12点となり，題意より「同点ではなかった」ので不適。一方，上から1，3，6つ目はAチームが13点，Bチームが12点となるので題意を満たす。

よって，いずれの場合であっても，この試合はAチームが，1点差で，Bチームに勝ったことが確実にいえる。

11 4

解説 与えられた暗号を見てみると，「季節」と「アルファベット」と「・」のうち，2つを用いてひらがな1文字が表されていることが分かる。例えば「ひまわり」であれば，「ひ」が「秋ｃ」，「ま」が「・ｇ」，「わ」が「冬ｈ」，「り」が「・ｄ」を表している。その他も同様に考えると，「あいす」は，「あ」が「春ａ」，「い」が「・ｂ」，「す」が「夏ａ」，「そうめん」は，「そ」が「夏ｃ」，「う」が「春・」，「め」が「秋ｊ」，「ん」が「冬・」となる。

ここで，分かっている暗号をあいうえお表に当てはめると，次のようになる。

わ 冬h			ま ・g						あ 春a
	り ・d			ひ 秋c					い ・b
							す 夏a		う 春・
			め 秋j						
ん 冬・							そ 夏c		

すると，あいうえお順の始めの方の季節は「春」，次に「夏」，さらに「秋」，「冬」と続くことがわかる。また，アルファベットは「あ」がa，「い」がbと順番に続いており，「す」ではaに戻っているので，その前の「し」は12番目のアルファベットである「l」と考えられる。つまり，春a～春lまで続き，その次は夏a～夏l，さらに秋a～秋l，冬a～jが当てはまると考えられる（ひらがなは46字より）。

さらに，「・」は例えば季節では「あ　春a」と「う　春・」の間の「い　・b」に使われているので，このときの「・」は「春」を意味することから，前出と同じものは「・」で表されることが分かる。よって，与えられた暗号をあいうえお表に当てはめると次のようになる。

わ 冬h	ら 冬c	や 秋l	ま 秋g	は 秋b	な 夏i	た 夏d	さ 春k	か 春f	あ 春a
	り 冬d		み 秋h	ひ 秋c	に 夏j	ち 夏e	し 春l	き 春g	い 春b
を 冬i	る 冬e	ゆ 冬a	む 秋i	ふ 秋d	ぬ 夏k	つ 夏f	す 夏a	く 春h	う 春c
	れ 冬f		め 秋j	へ 秋e	ね 夏l	て 夏g	せ 夏b	け 春i	え 春d
ん 冬j	ろ 冬g	よ 冬b	も 秋k	ほ 秋f	の 秋a	と 夏h	そ 夏c	こ 春j	お 春e

したがって求めたい暗号「夏j秋k・a」は，「にもの」となる。

12 3

解説 与えられた条件をもとに，下記の表を埋めていく。なお，担当が決定している個所は○，担当しないことが決定している個所は×，まだわかっていない箇所は空欄としている。

曜日	月曜日	火曜日	水曜日	木曜日	金曜日
種別	燃やすごみ	容器包装プラスチック	資　源	燃やすごみ	燃やさないごみ
第1週	A B C D E F	A B C D E F	A B C D E F	A B C D E F	／
第2週	A B C D E F	A B C D E F	A B C D E F	A B C D E F	A B C D E F
第3週	A B C D E F	A B C D E F	A B C D E F	A B C D E F	／
第4週	A B C D E F	A B C D E F	A B C D E F	A B C D E F	A B C D E F

Aの要望より，Aの木曜日は○，Fの木曜日は×となる。Cの要望より，Cの木曜日は×となる。Eの要望より，第3木曜日は×となる。Fの要望より，水曜日は×となる。

ここまでをまとめると次のようになる。

曜日	月曜日	火曜日	水曜日	木曜日	金曜日
種別	燃やすごみ	容器包装プラスチック	資　源	燃やすごみ	燃やさないごみ
第1週	A B C D E F	A B C D E F	A B C D E F×	A○B C× D E F×	／
第2週	A B C D E F	A B C D E F	A B C D E F×	A○B C× D E F×	A B C D E F
第3週	A B C D E F	A B C D E F	A B C D E F×	A○B C× D E×F×	／
第4週	A B C D E F	A B C D E F	A B C D E F×	A○B C× D E F×	A B C D E F

ここで，第3木曜日にBとDのどちらが担当するかで場合分けをして考える。

(i) Bが第3木曜日を担当する場合

Bの要望より，Bの第3週は全て○，Dの第3木曜日は×となる。

ここで，ＣとＤの要望に着目すると，Ｃは第１週と第２週を担当し木曜日は担当できない，Ｄは第２週と第３週を担当しＣとは担当できないため，これらを満たす担当の仕方はない。したがって，この場合は不適。

（ⅱ）Ｄが第３木曜日を担当する場合

Ｄの要望より，Ｄは6回連続で担当するため，第２木曜日から第３木曜日までが○となる。

曜日	月曜日	火曜日	水曜日	木曜日	金曜日
種別	燃やすごみ	容器包装プラスチック	資　源	燃やすごみ	燃やさないごみ
第１週	Ａ　Ｂ　Ｃ Ｄ×Ｅ　Ｆ	Ａ　Ｂ　Ｃ Ｄ×Ｅ　Ｆ	Ａ　Ｂ　Ｃ Ｄ×Ｅ　Ｆ×	Ａ○Ｂ　Ｃ× Ｄ×Ｅ　Ｆ×	
第２週	Ａ　Ｂ　Ｃ Ｄ×Ｅ　Ｆ	Ａ　Ｂ　Ｃ Ｄ×Ｅ　Ｆ	Ａ　Ｂ　Ｃ Ｄ×Ｅ　Ｆ×	Ａ○Ｂ×Ｃ× Ｄ○Ｅ×Ｆ×	Ａ　Ｂ　Ｃ Ｄ○Ｅ　Ｆ
第３週	Ａ　Ｂ　Ｃ Ｄ○Ｅ　Ｆ	Ａ　Ｂ　Ｃ Ｄ○Ｅ　Ｆ	Ａ　Ｂ　Ｃ Ｄ○Ｅ　Ｆ×	Ａ○Ｂ×Ｃ× Ｄ○Ｅ×Ｆ×	
第４週	Ａ　Ｂ　Ｃ Ｄ×Ｅ　Ｆ	Ａ　Ｂ　Ｃ Ｄ×Ｅ　Ｆ	Ａ　Ｂ　Ｃ Ｄ×Ｅ　Ｆ×	Ａ○Ｂ　Ｃ× Ｄ×Ｅ　Ｆ×	Ａ　Ｂ　Ｃ Ｄ×Ｅ　Ｆ

また，Ｅは燃やすごみ（月，木）のみ担当したいため，残りの月，木は全て担当であることが決まる。

曜日	月曜日	火曜日	水曜日	木曜日	金曜日
種別	燃やすごみ	容器包装プラスチック	資　源	燃やすごみ	燃やさないごみ
第１週	Ａ　Ｂ　Ｃ Ｄ×Ｅ○Ｆ	Ａ　Ｂ　Ｃ Ｄ×Ｅ×Ｆ	Ａ　Ｂ　Ｃ Ｄ×Ｅ×Ｆ×	Ａ○Ｂ×Ｃ× Ｄ×Ｅ○Ｆ×	
第２週	Ａ　Ｂ　Ｃ Ｄ×Ｅ○Ｆ	Ａ　Ｂ　Ｃ Ｄ×Ｅ×Ｆ	Ａ　Ｂ　Ｃ Ｄ×Ｅ×Ｆ×	Ａ○Ｂ×Ｃ× Ｄ○Ｅ×Ｆ×	Ａ　Ｂ　Ｃ Ｄ○Ｅ×Ｆ
第３週	Ａ×Ｂ×Ｃ× Ｄ○Ｅ○Ｆ×	Ａ　Ｂ　Ｃ Ｄ○Ｅ×Ｆ	Ａ　Ｂ　Ｃ Ｄ○Ｅ×Ｆ×	Ａ○Ｂ×Ｃ× Ｄ○Ｅ×Ｆ×	
第４週	Ａ　Ｂ　Ｃ Ｄ×Ｅ○Ｆ	Ａ　Ｂ　Ｃ Ｄ×Ｅ×Ｆ	Ａ　Ｂ　Ｃ Ｄ×Ｅ×Ｆ×	Ａ○Ｂ×Ｃ× Ｄ×Ｅ○Ｆ×	Ａ　Ｂ　Ｃ Ｄ×Ｅ×Ｆ

さらに，Ｃの要望より，Ｃは第1，2週のみを担当したいが，Ｄとは組むことができないため，第2金曜日を除く残りの第1，2週はすべて○となる。

曜日	月曜日	火曜日	水曜日	木曜日	金曜日
種別	燃やすごみ	容器包装プラスチック	資　源	燃やすごみ	燃やさないごみ
第1週	A×B×C○ D×E○F×	A　B　C○ D×E×F	A　B　C○ D×E×F×	A○B×C× D×E○F×	
第2週	A×B×C○ D×E○F×	A　B　C○ D×E×F	A　B　C○ D×E×F×	A○B×C× D○E×F×	A　B　C× D○E×F
第3週	A×B×C× D○E○F×	A　B　C× D○E×F	A　B　C× D○E×F×	A○B×C× D○E×F×	
第4週	A　B　C× D×E○F	A　B　C× D×E×F	A　B　C× D×E×F×	A○B×C× D×E○F×	A　B　C× D×E×F

ここで各選択肢を見てみると，Cは燃やさないごみ（金曜日）を担当する日はないことがすでに確定している。

13　1

解説

(1回目）アの操作より，5Lの容器に大きな水槽から水をくむ。これにより，5Lの容器に5L，4Lの容器に0L水が入っている。

(2回目）イの操作より，5Lの容器から4Lの容器に水を移す。これにより，5Lの容器に1L，4Lの容器に4L水が入っている。

(3回目）ウの操作より，4Lの容器から大きな水槽に水を移す。これにより，5Lの容器に1L，4Lの容器に0L水が入っている。

(4回目）イの操作より，5Lの容器から4Lの容器に水を移す。これにより，5Lの容器に0L，4Lの容器に1L水が入っている。

(5回目）アの操作より，5Lの容器に大きな水槽から水をくむ。これにより，5Lの容器に5L，4Lの容器に1L水が入っている。

(6回目）イの操作より，5Lの容器から4Lの容器に水を移す。これにより，5Lの容器に2L，4Lの容器に4L水が入っている。

回数	操作	5Lの容器	4Lの容器
はじめ		0	0
1	ア	5	0
2	イ	1	4
3	ウ	1	0
4	イ	0	1
5	ア	5	1
6	イ	2	4

よって，6回目の操作で，5Lの容器に2Lの水を入れることができる。

14 5

解説 Dがもらった枚数をx枚，Cがもらった枚数をy枚（ただし，x，yは自然数かつ$0<y<x$）とすると，Aがもらった枚数は$x+10$〔枚〕，Bがもらった枚数は$3x$〔枚〕である。ここで，折り紙は50枚あるので，$(x+10)+3x+x+y=50$が成り立つ。

整理すると，$5x+y=40$より，$x=8-\frac{1}{5}y$

ここで，xが自然数かつ$y<x$を満たすためには$y=5$と決まり，このとき$x=7$となる。

よって，Dがもらった折り紙の枚数は7枚である。

なお，Aは$7+10=17$〔枚〕，Bは$3\times7=21$〔枚〕，Cは5枚もらったことになる。

15 4

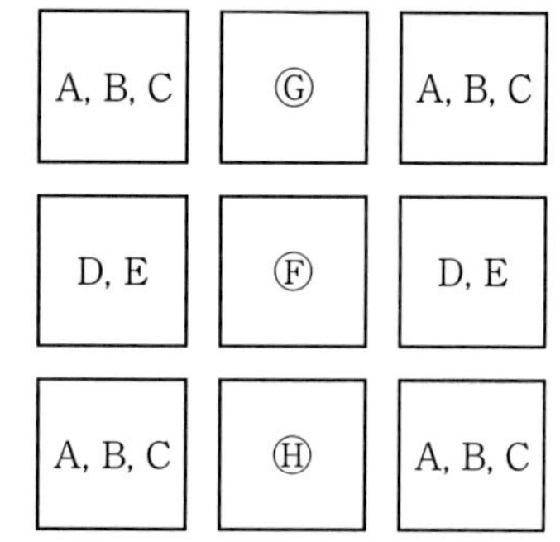

解説 条件アより，AとBとCのビルからは互いのビルを見ることができないため，これらは縦，横，斜めの端同士にある必要があるので，A，B，Cは①，③，⑦，⑨のいずれかの位置にあることが分かる。また，条件ウより，Fは⑤の位置にあり，条件エより，Gは②の位置にあることが分かる。ここで，条件イより，DとEからはは互いのビルを見ることができないため，縦，横，斜めの端同士にある必要があるので，残っている端同士の④，⑥のいずれかの位置にあることが分かる。

よって，これらと条件オより，Hのビルは残った⑧に建てられていることが確実にいえる。なお，Iは①，③，⑦，⑨のいずれかの位置にある。

16 3

解説 与えられた図の各点を下図のようにA～Kとする。

△CFJに着目すると，∠IFGはこの三角形の外角より，

∠IFG = b + f

△AEIに着目すると，∠FIHはこの三角形の外角より，

∠IFG = a + c

よって，求めたい角度a～fの和は，四角形FGHIの内角の和となっているので，360°とわかる。

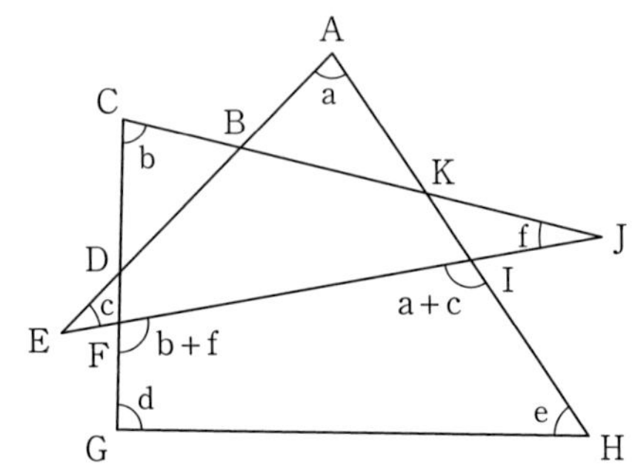

17 3

解説 連続する3つの自然数をそれぞれ$x-1$，x，$x+1$とすると，与えられた条件より，$(x-1)^2 \times x^2 \times (x+1)^2 = 254016$が成り立つ。

整理すると，$\{x(x-1)(x+1)\}^2 = 254016$

xは自然数より，$x(x-1)(x+1) = 504$

ここで，504を素因数分解すると，$504 = 2^3 \times 3^2 \times 7$

よって，連続する3つの自然数は，7, 8, 9とわかる。

したがって，その和は，$7 + 8 + 9 = 24$

18 1

解説 両列車の速度をx〔m/s〕とすると，両列車がすれ違い始めてからすれ違い終わるまでに10秒かかるので，この10秒間は両列車の速度の和で，両列車の長さの和だけ進んだと考えると，$(x+x) \times 10 = 220 + 160$が成り立つ。

整理すると，$x = 19$〔m/s〕

よって，列車Aがトンネルに入り始めてから抜け終わるまでに55秒かかったので，トンネルの長さをy〔m〕とすると，この55秒間は速度19m/sでトンネ

ルの長さと列車Aの長さの和だけ進んだと考えると，$19 \times 55 = y + 220$が成り立つので，$y = 825$〔m〕となる。

19 2

解説 Aのポンプ1台の1分当たりの排水量をa，Bのポンプ1台の1分当たりの排水量をbとし，全体の水の量に着目すると，$(3a + 2b) \times 60 = (3a + 5b) \times 40$が成り立つ。

整理すると，$b = \frac{3}{4}a$

よって，全体の水の量は，上式の左辺より，$(3a + 2b) \times 60 = \left(3a + 2 \times \frac{3}{4}a\right) \times 60 = 270a$

ここで，50分以内にプールを空にするために必要なBのポンプの数をx台とすると，$(2a + x \times b) \times 50 = \left(2a + x \times \frac{3}{4}a\right) \times 50 > 270a$が成り立つ。

整理すると，$x > \frac{68}{15}$

xは整数であるため，求めるxは5台となる。

20 1

解説 NEWMOONの7文字には，Oが2つあるので，その総数は，まずこれら2つの位置を決め，残り5つの並べ方を考えるので，${}_7C_2 \times 5!$〔通り〕

また，7文字のうち子音はN，W，M，Nの4つ，母音はE，O，Oの3つなので，母音を㊐，子音を㊀とすると，㊀㊐㊀㊐㊀㊐㊀の順となる。

母音はEの位置が決まれば残り2つのOの位置も決まるので，母音の並べ方は${}_3C_1$〔通り〕

子音は4つの並び方を決めるので，4!〔通り〕

したがって，母音と子音が交互に並ぶ順列の総数は，${}_3C_1 \times 4!$〔通り〕

よって，求める確率は，$\frac{{}_3C_1 \times 4!}{{}_7C_2 \times 5!} = \frac{3 \times 4 \times 3 \times 2 \times 1}{\frac{7 \times 6}{2 \times 1} \times 5 \times 4 \times 3 \times 2 \times 1} = \frac{1}{35}$

21 1

解説 1：正しい。令和元年における「化学製品」の輸入額の対前年減少率は，$100-\frac{8,163,450}{8,550,029}\times 100=\left(1-\frac{8,163,450}{8,550,029}\right)\times 100 \fallingdotseq 4.52$〔%〕なので，「一般機械」の輸入額の対前年減少率の$100-\frac{7,582,617}{7,949,974}\times 100=\left(1-\frac{7,582,617}{7,949,974}\right)\times 100 \fallingdotseq 4.62$〔%〕より小さい。 2：誤り。平成28年の「鉱物性燃料」の輸入額を100とすると，平成30年のそれの指数は$\frac{19,294,048}{12,052,007}\times 100 \fallingdotseq 160.1$なので155を上回っている。 3：誤り。平成28年における「化学製品」の輸入額の対前年減少額は，$7,747,873-7,110,823=637,050$〔100万円〕なので，「食料品」の輸入額の対前年減少額の$7,002,103-6,362,882=639,221$〔100万円〕を下回っている。 4：誤り。平成28年における「電気機器」の輸入額に対する「一般機械」の輸入額の比率は，$\left(\frac{6,357,393}{10,791,942}\times 100\right) \fallingdotseq 58.9$なので，前年におけるそれの$\left(\frac{7,068,460}{12,014,479}\times 100\right) \fallingdotseq 58.8$を上回っている。 5：誤り。平成28年における「一般機械」の輸入額は，「化学製品」の輸入額の$\frac{6,357,393}{7,110,823} \fallingdotseq 0.894$なので，0.9倍を上回っていない。

22 3

解説 1：誤り。平成30年の給与住宅の着工新設住宅戸数を100とすると，令和元年のそれは$100\times\frac{100-14.3}{100}=85.7$，令和2年のそれは$85.7\times\frac{100+13.0}{100} \fallingdotseq 96.8$より，令和2年が最も多いわけではない。 2：誤り。平成29年の貸家の着工新設住宅戸数を100とすると，平成30年のそれは$100\times\frac{100-5.5}{100}=94.5$，令和元年のそれは$94.5\times\frac{100-13.7}{100} \fallingdotseq 81.6$なので，80を下回っていない。 3：正しい。持家の着工新設住戸数の平成30年に対する令和2年の減少率は，$100-100\times\frac{100+1.9}{100}\times\frac{100-9.6}{100} \fallingdotseq 7.9$〔%〕なので，分譲住宅の着工新設住戸数の平成30年に対する令和2年の減少率の$100-100\times\frac{100+4.9}{100}\times\frac{100-10.2}{100} \fallingdotseq 5.8$〔%〕より大きい。 4：誤り。持家の平成29年の着工新設

住戸数を100とすると，令和元年のそれは$100 \times \frac{100-0.4}{100} \times \frac{100+1.9}{100} \fallingdotseq 101.5$なので，平成29年を上回っている。　5：誤り。平成30年の給与住宅の着工新設住宅戸数は平成29年から増加しているため，指数は100を上回っている。

23 2

解説 1：誤り。騒音の令和元年度における苦情件数の対前年度減少数は，15,665 − 15,434 = 231〔件〕であるが，水質汚濁の令和元年度における苦情件数の対前年度減少数は，5,841 − 5,505 = 336〔件〕なので，騒音が最も大きいわけではない。　2：正しい。平成28年度における騒音の苦情件数の対前年度減少率は$\frac{16,574-16,016}{16,574} \times 100 \fallingdotseq 3.37$〔%〕，大気汚染のそれは$\frac{15,625-14,710}{15,625} \times 100 \fallingdotseq 5.86$〔%〕，廃棄物投棄のそれは$\frac{10,173-9,216}{10,173} \times 100 \fallingdotseq 9.41$〔%〕，悪臭のそれは$\frac{9,897-9,620}{9,897} \times 100 \fallingdotseq 2.80$〔%〕，水質汚濁のそれは$\frac{6,729-6,442}{6,729} \times 100 \fallingdotseq 4.27$〔%〕なので，悪臭のそれが最も小さい。　3：誤り。例えば，平成27年度の水質汚濁の苦情件数は，$\frac{6,729}{16,574} \times 100 \fallingdotseq 40.6$〔%〕より騒音のそれの40%を上回っている。　4：誤り。平成30年度の廃棄物投棄の苦情件数を100とすると，平成27年度のそれの指数は$\frac{10,173}{8,602} \times 100 \fallingdotseq 118.3$なので，110を上回っている。　5：誤り。平成27年度から令和元年度までの5年度における大気汚染の苦情件数の1年度当たりの平均は，$\frac{15,625+14,710+14,450+14,481+14,317}{5} = 14,716.6$〔件〕なので，1万5千件を下回っている。

24 3

解説 1：誤り。平成17年の衛星メディア関連の広告費の額は，6兆8,235億円$\times \frac{0.7}{100}$，令和元年のそれは，6兆9,381億円$\times \frac{1.8}{100}$なので，求める指数は，$\frac{6兆9,381億円 \times \frac{1.8}{100}}{6兆8,235億円 \times \frac{0.7}{100}} \times 100 \fallingdotseq 261$なので，300を下回っている。

2：誤り。新聞の広告費の額の平成17年に対する令和元年の減少率は，

$\dfrac{6兆8{,}235億円\times\frac{15.2}{100}-6兆9{,}381億円\times\frac{6.6}{100}}{6兆8{,}235億円\times\frac{14.2}{100}}\times100\fallingdotseq55.8$〔%〕，地上波テレビの広告費の額のそれは，$\dfrac{6兆8{,}235億円\times\frac{29.9}{100}-6兆9{,}381億円\times\frac{25.0}{100}}{6兆8{,}235億円\times\frac{29.9}{100}}\times100$ $\fallingdotseq15.0$〔%〕より，$\frac{55.8}{15.0}\fallingdotseq3.7$なので，求める値は4倍より小さい。　3：正しい。雑誌の広告費の額の平成17年に対する令和元年の減少額は，6兆8,235億円$\times\frac{7.1}{100}-$6兆9,381億円$\times\frac{2.4}{100}\fallingdotseq$3,180億円，ラジオの広告宣伝費のそれは，6兆8,235億円$\times\frac{2.6}{100}-$6兆9,381億円$\times\frac{1.8}{100}\fallingdotseq$525億円より，$\frac{3{,}180}{525}\fallingdotseq6.06$なので，求める値は5倍を上回っている。　4：誤り。平成17年のインターネットの広告費の額に対する令和元年のそれは，$\dfrac{6兆9{,}381億円\times\frac{30.3}{100}}{6兆8{,}235億円\times\frac{5.6}{100}}\fallingdotseq5.5$より，求める値は6倍を下回っている。　5：誤り。求める値は，6兆8,235億円$\times\frac{15.2-5.6}{100}\fallingdotseq$6,551億円なので，7,000億円を下回っている。

25 2

解説 問題文の立体図を，正八面体の2つの頂点を切断した図形と考える。正八面体は，合同な8つの正三角形で構成されており，そのうち2つは切断されず，2つは白い切断面だけで切断され，2つは黒い切断面だけで切断され，残り2つは白と黒の2つの切断面で切断されている。
この時点で，選択肢の展開図のうち，切断されていない正三角形の数が2つではないので，1，3，4は不適。
また，右図のように，選択肢5の展開図を組み立てた場合，矢印の頂点同士が重なることになる。すると，白と黒の切断面が重なり2つの切断面ができないので不適。

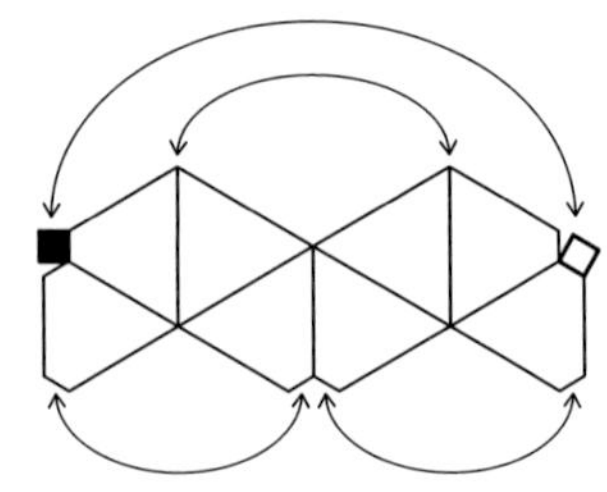

残った選択肢2の展開図は，組み立てると下図のように一方の端の正三角形が他方の端の正三角形と接するので，白の切断面に切断される正三角形の頂点，および黒の切断面に切断される正三角形の頂点が確定するので，これが正解となる。

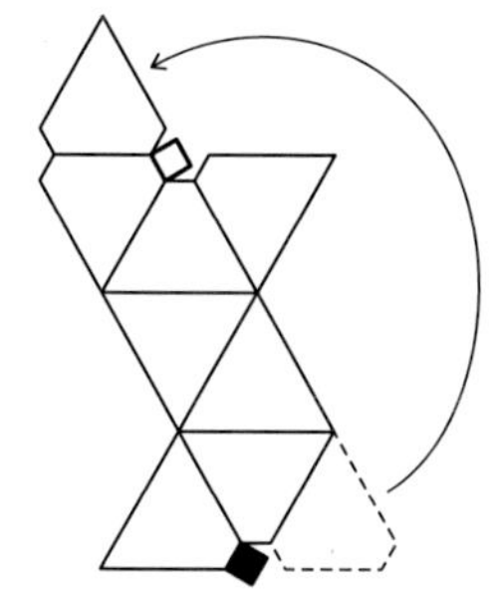

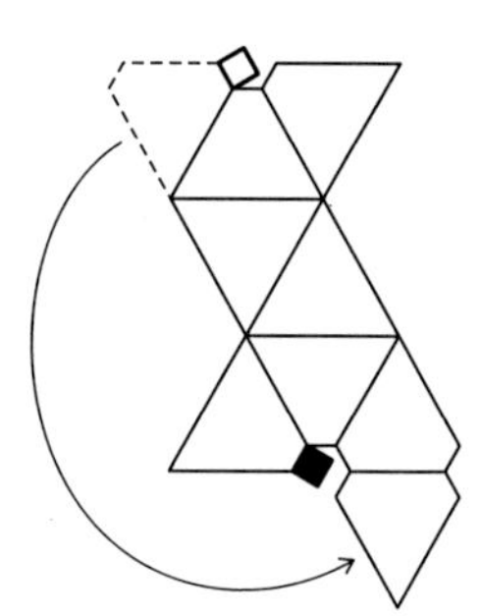

26 3

解説 題意より，問題文の航空路線図を，各都市を頂点とする図形とみなし，一筆書きができるか否かを検討する。

ある点に集まる線の数が奇数であるとき，その点のことを奇点という。図形に含まれる奇点の数により，一筆書きできるものとできないものが判断できる。また，一筆書きできるものには，始点と終点が一致する場合としない場合がある。

① 奇点が0個のとき

一筆書きすることができ，始点と終点が一致する。また，どの点から書き始めてもよい。

② 奇点が2個のとき

一筆書きすることができるが，始点と終点は一致しない。また，一方の奇点が始点，他方の奇点が終点となる。

③ ①②以外

一筆書きすることができない。

問題文の航空路線図より，奇点はケープタウンとサンティアゴの2つなので，上記の②の場合が該当する。このとき，起点と終点の組合せはケープタウンとサンティアゴなので，正解は3となる。

27 2

解説 平面図形で考えた場合，2点間を結ぶ最短距離は，それらの2点を結ぶ線分の長さに相当する。したがって，まずは立方体の展開図を用意する。立方体の展開図は，合同な6つの正方形を並べたものである。また，問題文の図のように，ある辺上に点Pをとると，展開図では組み立てたときに重なる2辺上に点Pが位置するので，その重なる点をP′とする。

ここで，立方体の展開図は複数あるが，「点Pから立方体の全ての面を通るようにひもをかけて1周」させるので，点PとP′を結んだとき，すべての正方形を通過するものを選ぶと右図のようになる。

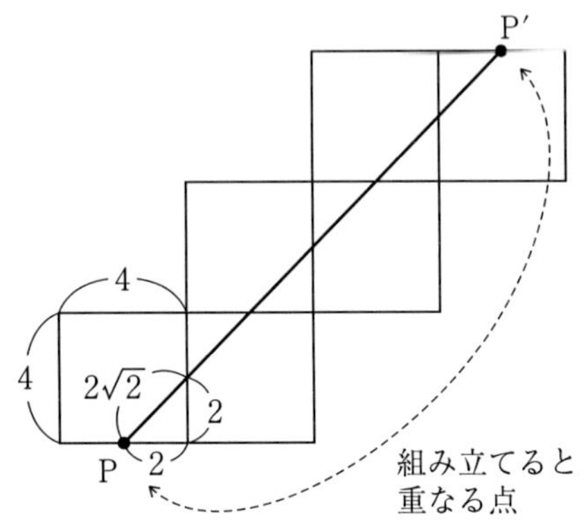

よって，求める線分PP′の長さは，辺の長さが2：2：$2\sqrt{2}$ の直角二等辺三角形の斜辺の長さ $2\sqrt{2}$ の6倍となるので，$2\sqrt{2}\times 6 = 12\sqrt{2}$ となる。

28 2

解説 まずは点A，Bが描く軌跡を考える。正方形などの図形が回転するときに動点が描く軌跡は，扇形の弧となる。この弧の半径は回転の中心となる頂点から動点までの距離，角度は図形が回転できる角度の大きさと一致する。

下の左図のように，正方形が点Oを中心に回転し，点AからA′まで軌跡を描いたとき，角度が$360° - 144° - 90° = 126°$，半径が正方形の対角線$\sqrt{1^2+1^2}=\sqrt{2}$ の扇形を考えることができる。一方，点BからB′まで軌跡を描いたとき，下の右図のように，角度が126°，半径が正方形の1辺の長さ1の扇形を考えることができる。

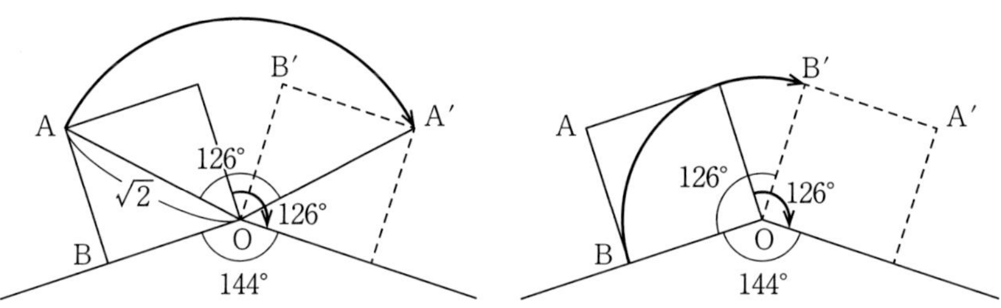

これらより，求める面積は下図のAA′，A′B′，B′B，BAに囲まれた斜線部分となり，（ⅰ）～（ⅲ）に分けて考える。

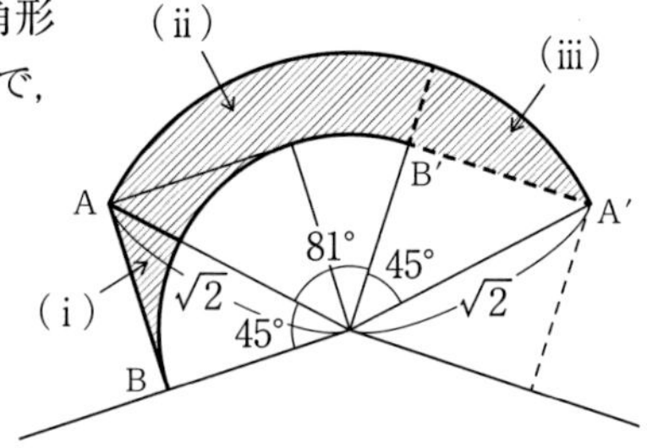

（ⅰ）辺の比が$1:1:\sqrt{2}$の直角二等辺三角形から，角度45°で半径1の扇形を引くので，

$$\frac{1}{2}\cdot 1^2 - 1^2\cdot\pi\cdot\frac{45°}{360°} = \frac{1}{2} - \frac{1}{8}\pi$$

（ⅱ）角度が$126° - 45° = 81°$で半径$\sqrt{2}$の扇形から，角度が等しく半径1の扇形を引くので，

$$\{(\sqrt{2})^2\pi - 1^2\cdot\pi\}\times\frac{81°}{360°} = \frac{9}{40}\pi$$

（ⅲ）角度45°で半径$\sqrt{2}$の扇形から，辺の比が$1:1:\sqrt{2}$の直角二等辺三角形を引くので，

$$(\sqrt{2})^2\cdot\pi\cdot\frac{45°}{360°} - \frac{1}{2}\cdot 1^2 = \frac{1}{4}\pi - \frac{1}{2}$$

よって，求める面積は，

$$\left(\frac{1}{2} - \frac{1}{8}\pi\right) + \frac{9}{40}\pi + \left(\frac{1}{4}\pi - \frac{1}{2}\right) = \frac{7}{20}\pi$$

29　5

解説 国会に関する問題である。　1:「会期延長は認められない」が誤り。1回までは可能である。　2:「衆議院解散」ではなく「総選挙」である。3:「参議院議長」ではなく「内閣」である。　4:「参議院にはこの調査権は認められていない」が誤りである。参議院にも認められている，つまり衆議院の優越ではない。　5：正しい。

30 4

解説 1：法の支配を主張したのはプラクトンが有名である。ホッブズは『リヴァイアサン』を著した人物である。 2：「近代立憲主義の発展に寄与しなかった」が誤りである。憲法は法の支配の考えが土台としてある。 3：「権利章典」ではなく「マグナカルタ」である。 4：正しい。 5：法治主義は正当に成立した法律であるならば，内容の適正は不問という考えである。「法の内容を重視」という表現は適合しない。

31 1

解説 地方自治における直接請求権に関する問題である。これに関しては，署名数を問うものと請求先を問うものがよく出題される。AとCは長が請求先である。BとEの請求先は選挙管理委員会，Dの請求先は監査委員である。なお，署名数であるが，有権者総数の$\frac{1}{3}$以上がBCE，$\frac{1}{50}$以上がADである。

32 4

解説 1：発展途上国間の経済格差の問題を「南南問題」というが，「先進国との経済格差の拡大」の問題は「南北問題」という。 2：「特恵関税の撤廃」ではなく「採用」である。他には「先進国の関税などの貿易障壁となっているものの緩和や撤廃」などがある。 3：2015年に「ODA大綱」を「開発協力大綱」に改定した。 4：正しい。 5：MDGsの後継として，2015年にSDGsが採択された。

33 3

解説 1：一次エネルギーとは，加工されていない状態で供給されるエネルギーのことである。よって，「自然界に存在しているエネルギー」という表現は誤りである。 2：2010年，石油は約40％であった。 3：正しい。 4：バイオマスとは，動植物から生まれた有機性の資源のことである。 5：スマートグリッドとは，電力の供給・需要双方から制御できる電力網を構築するシステムである。

34 2

解説 元禄文化に該当するかどうかを識別しなければならない問題である。1：葛飾北斎や歌川広重は化政文化における代表的な人物である。　2：正しい。　3：赤絵を完成させた酒井田柿右衛門は，江戸初期の人物である。
4：曲亭馬琴は江戸後期の人物であり，化政文化において紹介される。
5：前野良沢・杉田玄白は蘭学者であり，化政文化のところで取り上げられる人物たちである。

35 1

解説 1：正しい。　2：日中共同声明のときの首相は田中角栄である。福田赳夫は日中平和友好条約のときの首相である。　3：「クリーンな政治」を掲げた首相は三木武夫である。　4：「所得倍増」をスローガンにした首相は池田勇人である。　5：「デフレーションが進行した」が誤りである。

36 4

解説 1：アケメネス朝ペルシアを築いたのは「キュロス2世」である。ダレイオス1世は3代と考えられている。　2：中央から派遣される監督官のことを「王の目」といい，その補佐官を「王の耳」といった。幹線道路は「王の道」である。　3：滅亡はアレクサンドロス大王の東方遠征によるものである。
4：正しい。　5：ヒエログリフではなく，「楔形文字」である。

37 4

解説 1：都は洛陽ではなく「長安」である。　2：農民から兵を集める「府兵制」が限界に達したので，お金で雇う「募兵制」が誕生したのである。
3：「大運河」は隋の時代に完成した。　4：正しい。　5：「安史の乱」は，節度使の安禄山とその部下である史思明らによるもので，この二人の名前から「安史の乱」と名付けられた。

38 1

解説 A：「アフリカ大陸」という部分がヒントになる。「アコンカグア」はアンデス山脈の南米最高峰の山である。　B：「2002年に発足」という部分が参考になる。「アフリカ統一機構」は1963年に発足した組織であり，2002年にアフリカ連合に発展した。　C:「アパルトヘイトを廃止」が手がかりになる。アパルトヘイトとは，法による人種隔離と差別の制度である。

39 5

解説 プラグマティズムに関する問題である。この問題には三人の人物が出ているが，古い順にパース→ジェームズ→デューイである。　1：順番が異なる。　2:「発展させた」という表現が適合しない。　3:「有用であるか否かによって決まる」と考えたのはジェームズである。　4：パースは『いかにしてわれわれの概念を明晰にするか』という論文において，「プラグマティズム」という言葉を発表した。　5：正しい。

40 3

解説 小球を鉛直上向きに投げ上げると，最高点で速度0になり，その後は自由落下と同様に等加速度運動で落下すると考えることができる。ビルの屋上を基準（0m）とし，最高点の高さをx〔m〕，初速度をv_0〔m/s〕，最高点での速度をv〔m/s〕，加速度をa〔m/s^2〕とすると，$v^2-v_0{}^2=2ax$が成り立つ。小球を上向きに投げるので$v_0=9.8$〔m/s〕，$v=0$〔m/s〕，重力加速度は下向きなので$a=-9.8$〔m/s^2〕より，

$$0^2-9.8^2=2\times(-9.8)\times x \qquad \therefore \quad x=\frac{9.8^2}{2\times 9.8}=4.9\ \text{〔m〕}$$

したがって，最高点の高さはビルの屋上から4.9m，つまり，地上から$14.7+4.9=19.6$〔m〕となる。

次に，小球が高さ19.6mから地上まで等加速度運動で落下するとき，速度$v_0'=0$〔m/s〕，変位は下向きなので$x'=-19.6$〔m〕，重力加速度は下向きなので$a'=-9.8$〔m/s^2〕より，小球が地面に落下するときの速度v'〔m/s〕は，$v'^2-0^2=2\times(-9.8)\times(-19.6)$ より，$v'^2=2\times 9.8\times 19.6=19.6^2$

$\therefore \quad v=\pm 19.6$〔m/s〕

ここで，小球が地面に落下する瞬間は下向きの速度なので$v<0$より，

$v=-19.6$〔m/s〕

41 4

解説 抵抗値6.0 Ωと12 Ωの抵抗器は，並列に接続されているので，この部分の合成抵抗をr〔Ω〕とすると，$\frac{1}{r}=\frac{1}{6.0}+\frac{1}{12}=\frac{2+1}{12}=\frac{1}{4}$より，
$r=4.0$〔Ω〕
また，この合成抵抗と抵抗値5.0 Ωの抵抗器は直列に接続されているので，これらの合成抵抗をR〔Ω〕とすると，$R=4.0+5.0=9.0$〔Ω〕 …①
次に，上記の合成抵抗1つの回路とみなすと，AB間にかかる電圧は63V，抵抗値は9.0 Ωなので，求める電流をI〔A〕とすると，オームの法則より
$63=9.0\times I$　　$\therefore\ I=\frac{63}{9.0}=7.0$〔A〕

42 3

解説 1：誤り。陰イオンではなく，陽イオンが正しい。 2：誤り。イオン化傾向の小さな金属の方が析出する。 3：正しい。 4：誤り。塩酸や希硫酸には酸化作用はなく，硝酸や熱濃硫酸と反応して溶ける。 5：誤り。アルミニウムや亜鉛は熱水とは反応せず，高温の水蒸気と反応して水素を発生する。

43 2

解説 1：正しい。 2：誤り。陽子と中性子の質量はほぼ等しく，電子の質量はそれらの約1840分の1なので，極めて小さい。 3：正しい。 4：正しい。 5：正しい。

44 4

解説 A：誤り。DNAを構成する塩基にウラシルは含まれず，正しくはチミンである。なお，ウラシルとチミンを入れ替えれば，シャルガフの規則の正しい説明となる。 B：正しい。 C：正しい。遺伝子とは，DNAのうち生物の遺伝形質を決める領域だけを指す。 D：誤り。核酸ではなく，正しくはリン酸である。
よって，妥当な組合せはBとCなので，正解は4となる。

45 5

解説 1：誤り。照葉樹林の方が，夏緑樹林よりも年平均気温が高い地域に分布する。 2：誤り。年平均気温が比較的低い冷温帯には，夏緑樹林が分布する。 3：誤り。熱帯や亜熱帯ではサバンナ，温帯ではステップが分布する。 4：誤り。垂直分布は，標高に応じたバイオームの分布のことである。 5：正しい。

46 3

解説 1：誤り。収束境界は，2つのプレートが近づいているところであり，一方のプレートが他方のプレートの下に沈み込んだり，衝突したりするが，新たにプレートが生成するわけではない。 2：誤り。海洋プレートの方が大陸プレートより重いので，ぶつかり合うと沈み込むのは海洋プレートである。3：正しい。 4：誤り。ホットスポットは，海嶺などのプレート境界にはなく，例えば現在のハワイ島の下にある。 5：誤り。プレートが動く速さは，1年間で数cm程度と考えられる。

47 1

解説 B「しょもう」，D「せっけん」，E「じゅんしゅ」が正しい。

48 2

解説 1：「牛に経文」は，いくら説き聞かせても効き目がないこと。3：「牛に食らわる」は，他人にだまされること。 4：「牛の歩み」は，進み具合が遅いこと。 5：「牛に引かれて善行寺参り」は，たまたま起きたことから思いがけない縁が結ばれること，身近な人に同行して初めての経験をすること。

49 2

解説 「おおむねこの世の中は生きづらく，自分の生命と住む家が頼りなくはかないことは，またこの通りである。まして，住む場所や身分に応じて生じる悩み事は，数え上げることができないほどだ。もし，自分が取るに足りない身分で，権力者の側に住んでいるなら，とても嬉しいことがあっても，心から喜ぶことができない」が大意。

50 1

解説 「民衆を導く自由の女神」を描いたウジェーヌ・ドラクロワは19世紀フランス・ロマン主義最大の巨匠。優れた色彩表現と独自の劇的な場面構成で歴史画，宗教画をはじめあらゆるジャンルの作品を制作した。「サント＝ヴィクトワール山」は後期印象派を代表するフランスの画家，近代絵画の父と呼ばれるポール・セザンヌの作品。「ムーラン＝ド＝ラ＝ギャレット」はオーギュスト・ルノワール，「草上の昼食」はエドゥアール・マネ，「印象・日の出」はクロード・モネの代表作。

令和3年度 教養試験 実施問題

1 次の文の主旨として，最も妥当なのはどれか。

学校生活には暗記という嫌な言葉があります。丸暗記などというとますます嫌なイメージです。嫌だけど覚えなければならない。無駄だけど覚えなければならない，というのが暗記のイメージです。

でも暗記という言葉が嫌なイメージだからといって記憶そのものを排斥することは間違いです。すべては記憶の上に成り立っているのです。そもそも毎日の行動そのものが記憶の上に組み立てられています。しっかりした記憶のおかげで，考えなくても我が家の中が歩きまわれ，わが町を歩きまわれるのです。記憶のない見知らぬ町へ放り出されたら，いちいち地図に相談しなければなりません。交番の厄介にならなければなりません。

心理過程はすべて記憶の重なりです。知らず知らずに覚え込んだか，意識して覚え込んだかの違いはあっても，覚え込んだものが積みあがった結果が現在の心です。覚えることに嫌悪感を持たないようにしてください。記憶を嫌がっている自分自身が記憶の上に成り立っているのです。

（山鳥重「『わかる』とはどういうことか」による）

1　学校生活には暗記という嫌な言葉がある。
2　無駄だが覚えなければならない，というのが暗記のイメージだ。
3　暗記という言葉が嫌なイメージだからといって記憶そのものを排斥することは間違いだ。
4　しっかりした記憶のおかげで，考えなくても我が家の中が歩きまわれ，わが町を歩きまわれる。
5　記憶を嫌がっている自分自身が記憶の上に成り立っている。

2 次の文の主旨として，最も妥当なのはどれか。

私自身かなりの年齢になるまで自信のない人間であったので，心のスキにずいぶんいろいろの人につけ込まれた経験をもつ。また心のスキがあったからこそ，偽者に迎合していったこともある。

自信ができてから考えると，どうしてあんなひどい利己主義者にすりよっていったのだろうと，自分でも驚くばかりである。

また逆に，自信ができてから考えると，どうしてあんな思いやりのある前向きの人を避けたのだろう，といぶかることがある。

自分に自信ができてきてよかったと思うことは，やはり心のやさしい積極的な人達と深く付き合えるようになったことである。

自分にウソをついている時には，どうしても誰が積極的で心のやさしい人だか分からなかった。自分に正直になってはじめて他人が見えてきた。

そして自分にウソをついていた時の人間関係に驚いたのである。身勝手な利己主義者，私と同じように自分にウソをついている人，虚勢をはっているだけの人，そんな人ばかりが自分の周囲にいたのである。

自分にウソをつかなくなって，はじめて自分にウソをついている人が見抜けるようになった。

私は自分に自信がない時，常に他人に脅かされていた。しかし自分にウソをつかなくなり他人が見えるようになると，他人に脅かされることがなくなった。

（加藤諦三「愛されなかった時どう生きるか」による）

1　私自身かなりの年齢になるまで自信のない人間であったので，心の隙にずいぶんいろいろの人につけ込まれた。

2　自信ができてから考えると，どうしてあんなひどい利己主義者にすりよっていったのだろうと，自分でも驚くばかりである。

3　自信ができてから考えると，どうしてあんな思いやりのある前向きの人を避けたのだろう，といぶかることがある。

4　身勝手な利己主義者，自分にうそをついている人，虚勢をはっているだけの人，そんな人ばかりが自分の周囲にいた。

5　自分にうそをつかなくなり他人が見えるようになると，他人に脅かされることがなくなった。

3　次の短文Ａ～Ｆの配列順序として，最も妥当なのはどれか。

Ａ　ゲームの理論における戦略のひとつに，「ランダム戦略」というのがある。

Ｂ　これは銅貨を手のひらで隠し，それが表か裏か当てさせるだけの単純なゲームだが，もし同じ側ばかり出していれば，相手はおおよその見当がつく。

Ｃ　銅貨の裏表を当てるゲームを考えてみればいい。

Ｄ　相手にこちらの手の内を知られてしまうと逆の手を打たれて不利になるので，こちらの意図を相手に知られない方法はないものかと考え出されたものだ。

E　もちろん投げた本人もわからず，どちらの目が出るかチャンスは半々だが，こうした不規則な方法をときおり挟むことによって，相手にこちらの手を予測させづらくするのである。

F　そこで，慣れた人はときどき銅貨を放り上げるなどの方法で，まったくデタラメにどちらが出るかわからないようにするのである。

（唐津一「かけひきの科学」による）

1　A－B－C－D－F－E
2　A－C－B－E－D－F
3　A－C－D－E－F－B
4　A－D－B－C－E－F
5　A－D－C－B－F－E

4　次の短文A～Eの配列順序として，最も妥当なのはどれか。

A　人間は若いときに挫折（ざせつ）を経験しないで順風満帆（まんぱん）の生活を続け，相当な年齢になってから突然挫折すると，心がポッキリ折れてしまうことがあります。

B　挫折をどう受け止めるかは，その人なりの事情もあるので他人が簡単に口をはさめることではありません。

C　そういう意味で，なるべく早いうちに挫折を経験しておいたほうが長い人生においてはプラスになります。

D　ショックの余り立ち直ることができず，中には仕事を辞める人もいれば，心を病んでしまう人もいます。

E　しかしできれば，たとえ挫折したとしても，「これで終わりだ」などとは思わないで，それを乗り越えていく強い心を持ってほしいと思います。

（池上彰「なんのために学ぶのか」による）

1　A－B－C－D－E
2　A－B－C－E－D
3　A－D－B－E－C
4　B－C－E－A－D
5　B－E－D－C－A

5 次の文の空所Ａ～Ｃに該当する語の組合せとして，最も妥当なのはどれか。

「論理」とは何だろうか。

ひとことで言えば，「論理」とは，言葉が相互にもっている関連性にほかならない。しかし，そのことの説明を続ける前に，まずは論理に対するひとつの一般的な［ A ］を解いておこう。

一般に，論理力というのはすなわち思考力だと思われているのではないだろうか。「論理的思考力」とか「ロジカル・シンキング」といった言葉がよく聞かれるように，論理とは思考に関わる力だと思われがちである。だが，そこには［ A ］がある。論理的な作業が思考をうまく進めるのに役立つというのはたしかだが，論理力は思考力そのものではない。

思考は，けっきょくのところ最後は「閃き（ひらめき）」（飛躍）に行き着く。そのために，グループで自由にアイデアを出し合う，いわゆるブレーン・ストーミングなどを行なったりもする。そしてブレーン・ストーミングなどでは，論理的に［ B ］した発言をすることよりも，可能なかぎり自由に発想していくことの方が有効なものとなる。思考の本質はむしろ飛躍と自由にあり，そしてそれは論理の役目ではない。

論理は，むしろ閃きを得たあとに必要となる。閃きによって得た結論を，誰にでも納得できるように，そしてもはや閃きを必要としないような，できるかぎり飛躍のない形で，［ C ］しなければならない。なぜそのような結論に到達したのか。それをまだその結論に到達していない人に向かって説明しなければならないのである。

（野矢茂樹「新版　論理トレーニング」による）

	A	B	C
1	誤解	一貫	再構成
2	誤解	一貫	撤回
3	誤解	空想	撤回
4	疑問	空想	再構成
5	疑問	一貫	撤回

6 次の文の空所Ａ～Ｃに該当する語の組合せとして，最も妥当なのはどれか。

優しさというのは，人から伝わる不思議な力のようなもので，優しさに触れることで，自分も優しくなれる。他者の存在を尊重し，あるときは守りたい，と思うようにもなる。これは，事実上，自分の意識が自分以外のものにも及ぶ状態であり，意識が大きくなったような効果だと思える。優しい人の精神は大きく成長する，ということだ。その大きさは，結局は精神力としての強さに［　A　］されるもののようにも観測される。

細かいことに拘（こだわ）るな，という教えは昔からあった。もっと大きくなりなさい，とも教えられる。細かいことに拘らないとは，ぼんやりと捉えること，［　B　］にならず，余裕を持つこと。そうすることで，自分とは異なっている他者を許容できるようになり，その結果，信頼を得て，自分自身の強さとなってそれが戻ってくる。だから，大きくなったのと同じだ，という理屈のようである。

そういうことは，言葉にしてしまうと，幾分滑稽ではあるけれど，長く言い伝えられているのだから，おそらく人間の本質を突いた真理に近いものだろう。

以上，要約すると，拘らないことで優しくなれる，と［　C　］してもらっても，それほど外れていないと思われる。

（森博嗣「なにものにもこだわらない」による）

	A	B	C
1	影響	無神経	単純化
2	影響	神経質	複雑化
3	還元	無神経	単純化
4	還元	神経質	単純化
5	反映	神経質	複雑化

7 次の英文中に述べられていることと一致するものとして，最も妥当なのはどれか。

Labor Day is celebrated by more than 80 countries around the world, usually on May 1. However, in America, it is celebrated on the first Monday in September. It is a holiday that honors all the achievements and contributions of the nation's workers. Regardless of political affiliations*, most Americans believe that a strong workforce is what makes a country successful.

As a federal holiday, Labor Day gives workers and students a day off, and they are able to enjoy a three-day weekend. However, Labor Day originated at a time when the working conditions in America were so bad that weekends didn't even exist.

（Nina Wegner：高橋早苗「アメリカ歳時記」による）

＊ political affiliations………（所属する）政党

1 労働者の日は世界80か国以上で祝われており，その日付は大抵9月の第1月曜日だが，アメリカでは5月１日に祝われる。

2 労働者の日は，国内の労働者や学生のあらゆる業績と知識を称える祝日である。

3 どの政党に所属しているかにかかわらず，ほとんどのアメリカ人は，充実した労働力が国を発展させるとは思っていない。

4 労働者の日は連邦祝日であるため，会社は休みになり，労働者のみが3日間の週末休暇を楽しむことができる。

5 労働者の日が創設されたのは，アメリカの労働環境が劣悪で，週末などというものが存在しなかった時代のことである。

8 次の英文の空所ア，イに該当する語の組合せとして，最も妥当なのはどれか。

The outward* forms of Nō* and *kyōgen* are very similar in appearance, but their contents stand in direct contrast with each other. The Nō is a song and dance drama which might best be described in Western terms as a combination of opera and ballet. It presents a world of religion and [ア].

Conversely*, *kyōgen* consists of dialogue and gesture, placing it closer to what is [イ] known as drama or theater, and most of its plays are comic in content. (The traditional practice is to present these two contrasting* forms of theater together, in alternating* order.)

（野村万作：Don Kenny「英語で話す『日本の文化』」による）

＊ outward………外側の　＊ Nō………能

＊ conversely………反対に　＊ contrasting………対照的な

＊ alternating………交互の

	ア	イ
1	mystery	magically
2	mystery	commonly
3	optimism	especially
4	reality	commonly
5	reality	especially

9 次の会話文の空所a～cに該当する英文ア～ウの組合せとして，最も妥当なのはどれか。

A：[a] Would you like to go in my car?

B：How long will it take?

A：Well, my uncle said it's possible to do the trip in five hours from Tokyo by car, but it depends on the traffic, of course. [b]

B：I see. I must say, I'm not particularly fond of sitting in traffic jams! Isn't there any other way to go?

A：There's the Shinkansen—that only takes about two and a half hours. [c]

（山口俊治・Timothy Minton「英会話 Make it!―場面攻略編」による）

ア You can also go by bus, I hear, which is much cheaper.

イ It could take ten!

ウ How shall we go to Kyoto?

	a	b	c
1	ア	イ	ウ
2	ア	ウ	イ
3	イ	ウ	ア
4	ウ	ア	イ
5	ウ	イ	ア

10 A～Hの8チームが，次の図のようなトーナメント戦でサッカーの試合を行った。今，次のア～カのことが分かっているとき，優勝したチームはどれか。ただし，引き分けた試合はなかった。

ア　優勝チームの3試合の得点の合計は，失点の合計よりも5点多かった。
イ　AはCに3対1で勝った。
ウ　BはDと対戦しなかった。
エ　Dは2回戦に6対2で勝った。
オ　EはFに5対0で勝った。
カ　HはBに4対2で負けた。

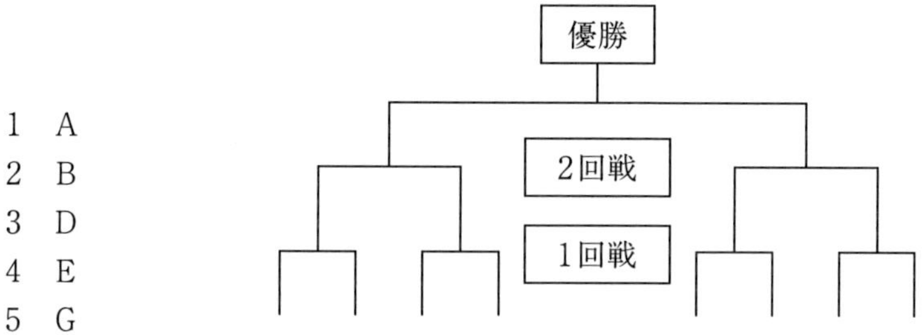

1　A
2　B
3　D
4　E
5　G

11 時刻を利用したある暗号で，「いちじさんじゅっぷん」が「2：20，5：20，4：25，4：10，12：00，4：25，9：33，5：33，7：38，12：00」と表されるとき，同じ法則で「7：50，12：00，4：20，9：33，2：30，6：20，2：10，10：30，6：50，7：10」と表される言葉から連想される言葉として，最も妥当なのはどれか。

1　沖縄県
2　高知県
3　長野県
4　福岡県
5　北海道

12 P，Q，Rの3人は，10時ちょうどに水族館で待ち合わせをした。今，水族館に到着した時刻について，次のア～エのことが分かっているとき，確実にいえるのはどれか。

ア　Pは，Pの時計で待ち合わせ時刻の2分前に到着したが，水族館の時計は9時55分であった。

イ　Qは，Pより3分遅れて到着したとき，Qの時計で待ち合わせ時刻より4分遅れていた。
ウ　Rは，Rの時計で10時3分に到着した。
エ　Qの時計は，Rの時計より5分進んでいた。

1　水族館の時計で待ち合わせた時刻に遅れた者はいなかった。
2　Rは，Pより7分遅く到着した。
3　Qの時計は，Pの時計より4分進んでいた。
4　Pの時計だけが，水族館の時計より遅れていた。
5　Qの時計は，水族館の時計より7分進んでいた。

13　次の図のような，直角に交わる道路がある。点Aを出発して点Pを通り点Bへ行くとき，点Aから点Bまで遠回りせずに行く経路は何通りか。

1　285通り
2　300通り
3　315通り
4　330通り
5　345通り

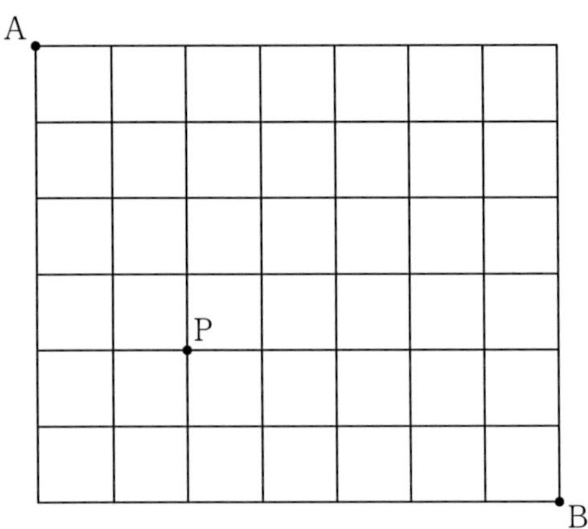

14　ある学校の生徒650人に，嫌いな野菜についてアンケート調査を行った。今，次のア～オの結果が得られたとき，このアンケートで問われた野菜がいずれも嫌いではない生徒は少なくとも何人以上いるか。

ア　ゴーヤは嫌いですか。　………　はい36%，　いいえ64%
イ　ピーマンは嫌いですか。　………　はい28%，　いいえ72%
ウ　トマトは嫌いですか。　………　はい14%，　いいえ86%
エ　玉ねぎは嫌いですか。　………　はい8%，　いいえ92%
オ　なすは嫌いですか。　………　はい6%，　いいえ94%

1　8人
2　13人
3　26人
4　39人
5　52人

15　A～Gの7人が縦1列に並んでいる。今，次のア～エのことが分かっているとき，確実にいえるのはどれか。

ア　AとEの間に4人並んでいる。
イ　DはCの1つ前に並んでいる。
ウ　CとFの間に4人並んでいる。
エ　BはAの1つ後ろに並んでいる。

1　Aは1番前に並んでいる。
2　BはGよりも後ろに並んでいる。
3　Cは7人の真ん中に並んでいる。
4　Dは前から5番目に並んでいる。
5　EはFよりも前に並んでいる。

16　次の図のような，円に内接する正三角形ABCと，円に外接する正方形DEFGがある。正方形DEFGの面積は，正三角形ABCの面積の何倍か。

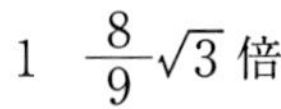
1　$\frac{8}{9}\sqrt{3}$倍
2　$\frac{4}{3}\sqrt{3}$倍
3　$\frac{3}{2}\sqrt{3}$倍
4　$\frac{16}{9}\sqrt{3}$倍
5　$\frac{9}{4}\sqrt{3}$倍

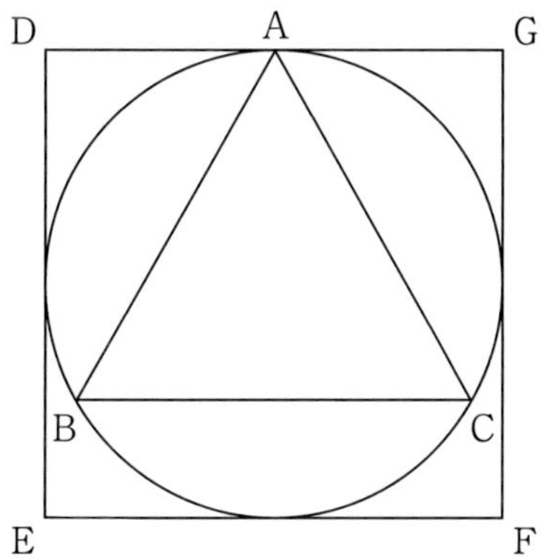

17 66で割っても84で割っても余りが14となる3桁の自然数がある。この自然数を17で割ったときの余りはどれか。

1　1
2　2
3　3
4　4
5　5

18 アナログ時計が6時ちょうどを示した後，長針と短針が最初に重なるのは何分後か。

1　$32\frac{4}{11}$分後
2　$32\frac{6}{11}$分後
3　$32\frac{8}{11}$分後
4　$32\frac{10}{11}$分後
5　$33\frac{1}{11}$分後

19 ある箱の中に，1から200までの番号が1つずつ書かれたボール200個が入っている。今，この箱の中から1個のボールを取り出すとき，取り出したボールの番号が3又は4で割り切れる確率はどれか。

1　$\frac{1}{3}$
2　$\frac{99}{200}$
3　$\frac{1}{2}$
4　$\frac{29}{50}$
5　$\frac{33}{50}$

20 **父，母，長女，次女，三女の５人家族について，父は母より４歳年上であり，父と母の年齢の和は，現在は長女と三女の年齢の和の４倍であるが，８年後には長女と三女の年齢の和の３倍になる。また，６年前には父と次女の年齢の和が，母，長女及び三女の年齢の和と等しかった。このとき，現在の長女，次女及び三女の年齢の和はどれか。**

1　36
2　42
3　48
4　54
5　60

21 **次の表から確実にいえるのはどれか。**

プラスチック製品の生産数量の推移

（単位　t）

区　分	2015年	2016	2017	2018	2019
フィルム・シート	2,438,525	2,457,102	2,506,402	2,527,126	2,448,698
容器	770,252	783,460	830,754	868,001	847,670
機械器具部品（照明用品を含む）	629,166	645,925	672,089	683,616	693,999
パイプ	397,497	387,232	398,821	394,465	383,893
日用品・雑貨	289,613	298,382	301,609	301,071	284,340

1　2016年において，「機械器具部品（照明用品を含む）」の生産数量の対前年増加率は，「日用品・雑貨」の生産数量のそれより大きい。
2　2016年の「日用品・雑貨」の生産数量を100としたときの2019年のそれの指数は，95を下回っている。
3　2017年において，「フィルム・シート」の生産数量の対前年増加数量は，「容器」の生産数量のそれを下回っている。
4　2019年における「フィルム・シート」の生産数量に対する「パイプ」の生産数量の比率は，前年におけるそれを上回っている。
5　表中の各年とも，「パイプ」の生産数量は，「日用品・雑貨」の生産数量の1.3倍を上回っている。

22 次の表から確実にいえるのはどれか。

漁業部門別漁獲高の対前年増加率の推移

（単位　%）

区　　分	平成27年	28	29	30
海面漁業	△ 5.9	△ 6.6	△ 0.2	3.1
海面養殖業	8.2	△ 3.4	△ 4.5	1.9
内水面漁業	7.6	△ 15.1	△ 9.7	6.9
内水面養殖業	7.3	△ 3.1	4.7	△ 19.0

（注）△は，マイナスを示す。

1 「海面養殖業」の漁獲高の平成27年に対する平成29年の減少率は，「海面漁業」の漁獲高のそれの1.1倍より大きい。

2 表中の各年のうち，「内水面養殖業」の漁獲高が最も多いのは，平成27年である。

3 平成27年の「内水面漁業」の漁獲高を100としたときの平成30年のそれの指数は，80を下回っている。

4 平成28年において，「海面養殖業」の漁獲高の対前年減少量は，「内水面漁業」のそれの8倍を上回っている。

5 平成30年において，「海面漁業」の漁獲高及び「内水面養殖業」の漁獲高は，いずれも平成28年のそれを下回っている。

23 次の図から確実にいえるのはどれか。

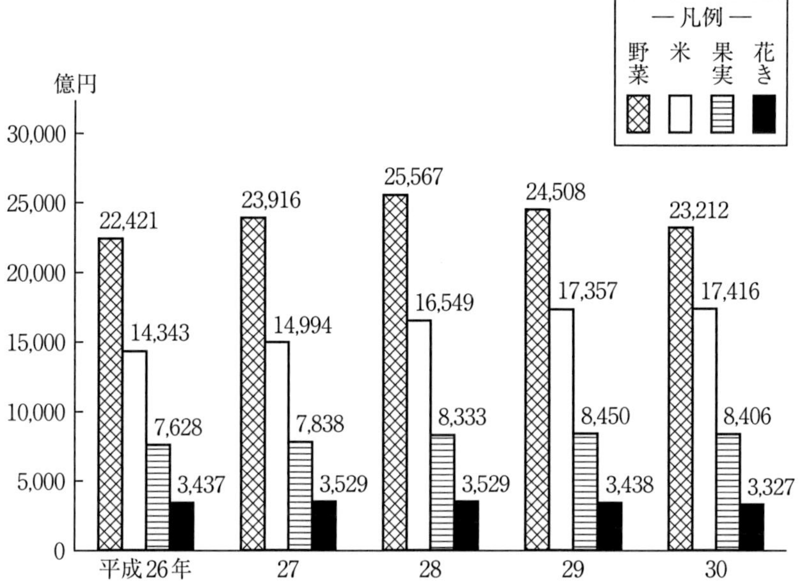

1　図中の各年とも，果実の産出額は，花きの産出額の2.5倍を下回っている。

2　平成27年から平成30年までの各年における果実の産出額の対前年増加額の平均は，200億円を上回っている。

3　平成30年の野菜の産出額を100としたときの平成26年のそれの指数は，90を下回っている。

4　図中の野菜，米，果実，花きのうち，平成28年における産出額の対前年増加率が最も大きいのは，米である。

5　平成27年において，野菜の産出額の対前年増加額は，花きの産出額のそれの17倍より大きい。

24 次の図から確実にいえるのはどれか。

地方公営企業の企業債発行額の推移

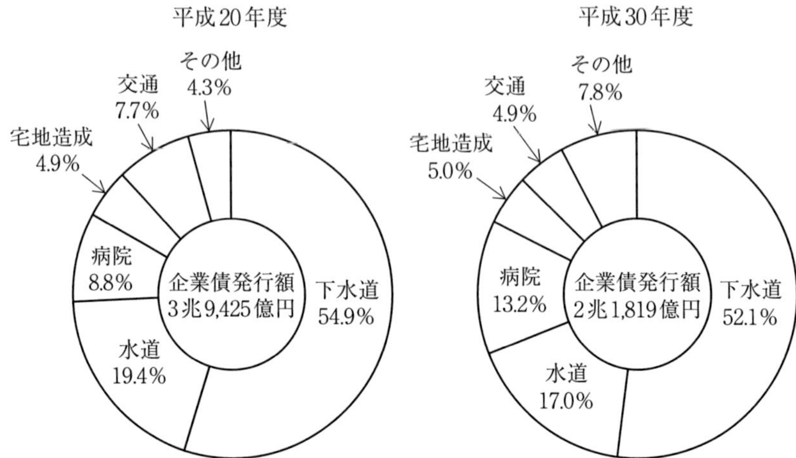

1 水道の企業債発行額の平成20年度に対する平成30年度の減少率は，交通の企業債発行額のそれより小さい。

2 下水道の企業債発行額の平成20年度に対する平成30年度の減少額は，平成30年度の交通の企業債発行額の10倍を上回っている。

3 企業債発行額の総額の平成20年度に対する平成30年度の減少額に占める水道のそれの割合は，25%を超えている。

4 平成20年度の病院の企業債発行額を100としたときの平成30年度のそれの指数は，80を下回っている。

5 平成20年度の宅地造成の企業債発行額は，平成30年度のそれの2倍より大きい。

25 次の図のように，Aの位置にある白い円が白い円と同じ直径の6つの黒い円からなる図形の外周に沿って滑ることなく回転しながら移動し，Bの位置まで到達したとき，白い円の中の模様の向きとして妥当なのはどれか。ただし，黒い円は固定されているものとする。

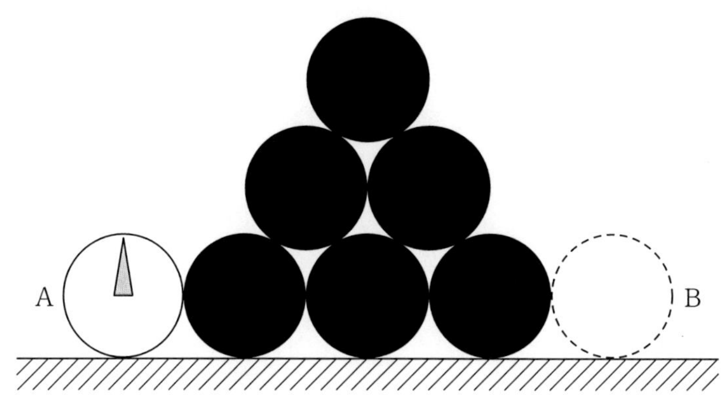

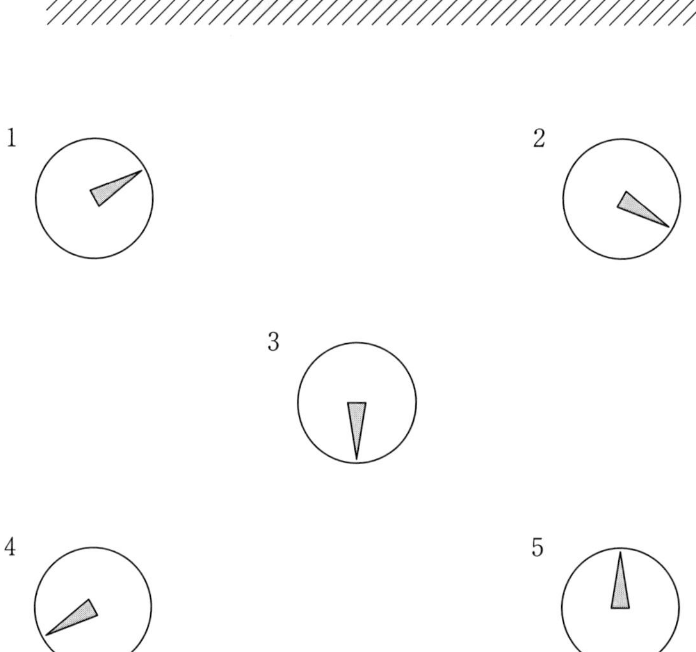

26 次の図は，ゴムひもを結び合わせ，平面の板に結び目をピンで留めて作った図形であり，線はゴムひもを，点は結び目を表している。今，結び目の位置をピンとともに動かしたときにできる図形として有り得るものはどれか。ただし，ピンは他のピンと同じ位置又はゴムひも上に動かすことはできず，ゴムひもは他のゴムひもと交差しないものとする。

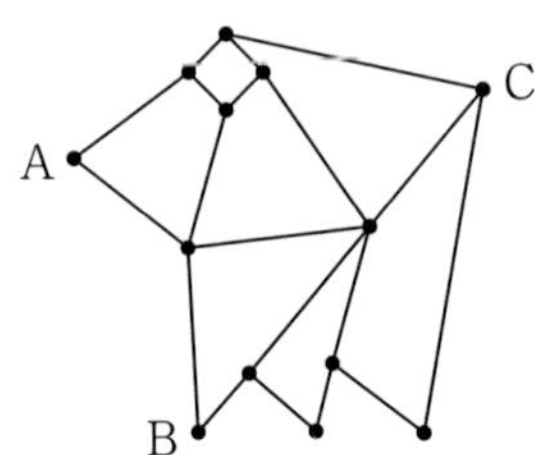

1

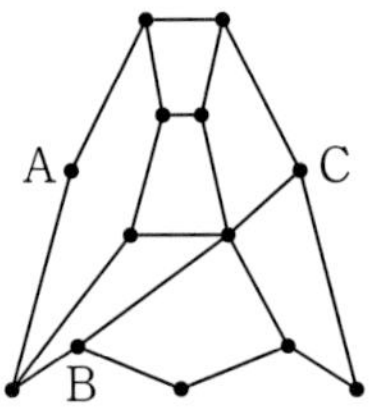

A
C
B

2

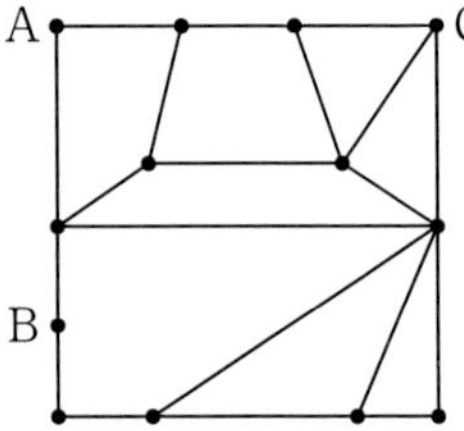

A
C
B

3

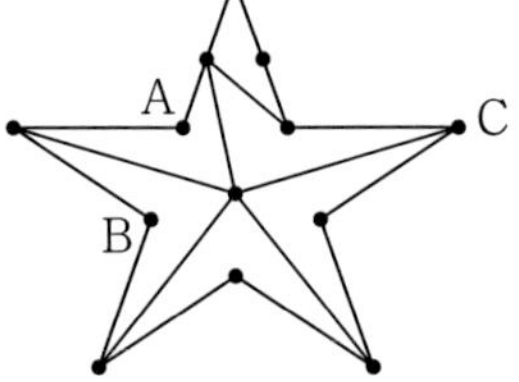

A
C
B

4

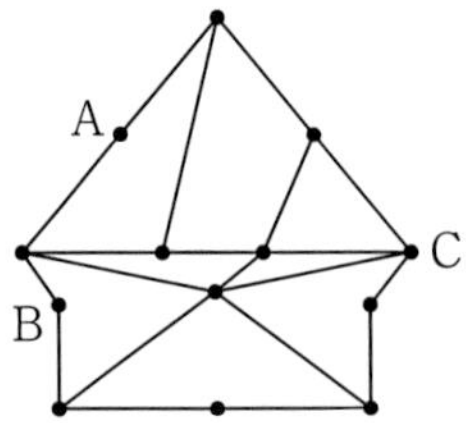

A
C
B

5

A
B
C

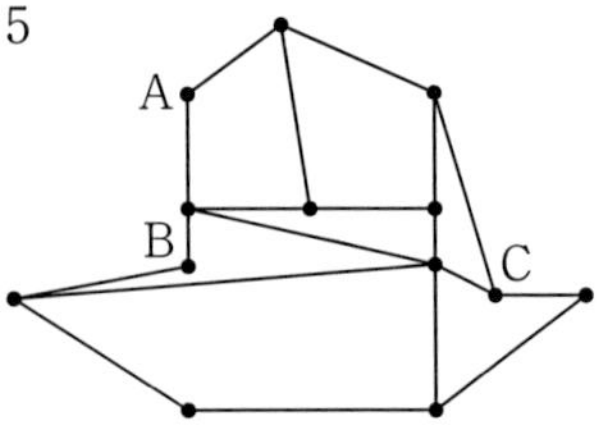

27 次の図は，ある正八面体を様々な方向から見たものである。図中の面A～Cに描かれている記号の組合せはどれか。

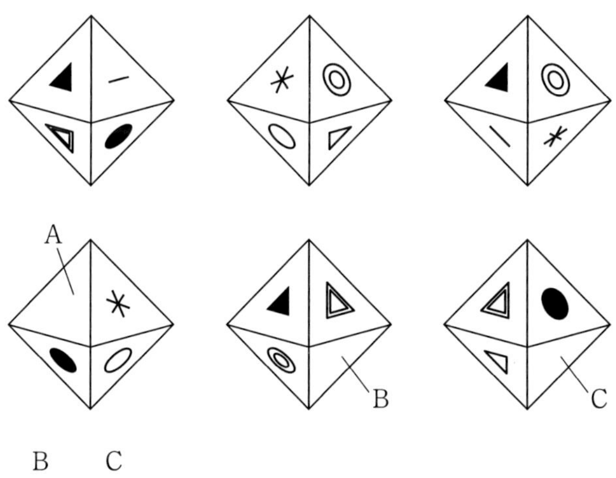

	A	B	C
1	◎	△	—
2	◎	＊	—
3	—	＊	○
4	—	△	○
5	◎	●	—

28 次の図のように，辺ABの長さが4，辺BCの長さが3の長方形の内側に，1辺の長さが1の正方形がある。今，正方形が矢印の方向に滑ることなく回転して出発点に戻ってくるとき，正方形の頂点Pが描く軌跡の長さはどれか。ただし，円周率はπとする。

1　$\frac{9}{4}\pi$

2　$(2+\sqrt{2})\pi$

3　$\left(\frac{5}{2}+\sqrt{2}\right)\pi$

4　$(3+\sqrt{2})\pi$

5　$\frac{9}{2}\pi$

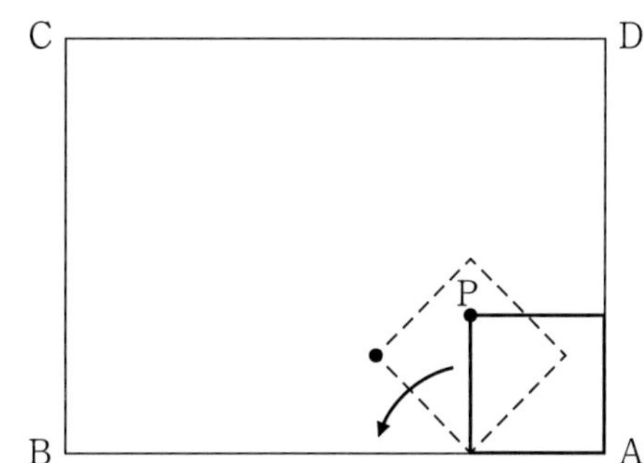

※ 問題番号［29］－［50］のうち17問を選択解答。

29 我が国の労働基本権と労働三法に関する記述として，妥当なのはどれか。

1 日本国憲法では，第27条で勤労権を，第28条で労働者の団結権・団体交渉権・団体行動権の労働三権を保障しており，これらを労働基本権という。

2 労働基準法は，労働時間や賃金等の労働条件に関する最低基準が定められた法律であるが，休日に関しては定めていない。

3 労働組合法は，労働者が労働組合を結成することや団体交渉を行うことを認めているが，労働協約を結ぶことは禁じている。

4 労働関係調整法は，労働争議を解決するため，労働基準監督署があっせん・調停・仲裁の方法で労働争議を調整することを定めた法律である。

5 公務員は，職務の公共性のため労働三権に制約が加えられているが，争議権は認められている。

30 次のA～Eのうち，日本国憲法に規定する内閣の権限に該当するものを選んだ組合せとして，妥当なのはどれか。

A 最高裁判所長官の任命

B 予算の作成

C 弾劾裁判所の設置

D 国会の召集

E 政令の制定

1 A C

2 A D

3 B D

4 B E

5 C E

31 国際連合に関する記述として，妥当なのはどれか。

1 国際連合は，平和原則14か条に基づき，国際社会の平和と安全の維持，諸国家間の友好関係の発展等を目的として，1920年に設立された。

2 総会は，全加盟国で構成され，投票権は一国一票制であり，一般事項については過半数により，重要事項については全会一致制により議決される。

3 安全保障理事会は，常任理事国と非常任理事国で構成され，手続き事項以外の実質事項については，常任理事国に拒否権が認められている。

4　信託統治理事会は，人権，国際経済や社会問題を扱う機関であり，国際労働機関（ILO）等と連携して国際協力活動を行っている。

5　事務局は，国際連合が決めた計画や政策の実施機関であり，事務総長は，総会の勧告に基づいて安全保障理事会が任命する。

32 国際経済の危機に関するＡ～Ｄの記述のうち，妥当なものを選んだ組合せはどれか。

A　1997年には，ヘッジファンドによる投機的な資金が流出し，タイの通貨バーツが急落するなど，アジア通貨危機が起こった。

B　2007年には，ギリシャで，低所得者向け住宅ローンであるサブプライムローンの返済が滞り，このローンを証券化した金融商品の価格が暴落した。

C　2008年には，アメリカで，大手投資銀行が経営破綻し，リーマン・ショックと呼ばれる世界金融危機が発生した。

D　2009年には，イタリアの財政統計の誤りが明らかになり，翌年同国の国債が暴落してユーロ安を招いた。

1　A　B
2　A　C
3　A　D
4　B　C
5　B　D

33 地球環境問題への取組に関する記述として，妥当なのはどれか。

1　1972年に，ストックホルムで国連人間環境会議が開かれ，「かけがえのない地球」をスローガンに人間環境宣言が採択された。

2　1992年に，リオデジャネイロで持続可能な開発に関する世界首脳会議が開催され，気候変動枠組条約が採択された。

3　2002年に，ヨハネスブルグで第21回気候変動枠組条約締約国会議が開かれ，全ての国が参加する枠組みとなるヨハネスブルグ宣言が採択された。

4　2010年に，名古屋で環境・開発サミットが開催され，「アジェンダ21」の実施状況を点検する名古屋議定書が採択された。

5　2015年に，パリで生物多様性条約締約国会議が開かれ，遺伝資源の利用の公平な利益配分を定めた，パリ協定が採択された。

34 **鎌倉時代の北条氏による執権政治に関する記述として，妥当なのはどれか。**

1　北条時政は，源頼家の弟の実朝を将軍に立てて，自らは政所の別当となり，この時政の地位は執権と呼ばれた。

2　北条時頼は，後鳥羽上皇らによる承久の乱に勝利した後，京都に六波羅探題を置き，朝廷の監視や御家人の統轄に当たらせた。

3　北条義時は，執権，連署，評定衆の合議によって政務や裁判を行う体制を整え，武家最初の法典として51か条の御成敗式目を制定した。

4　北条時宗は，評定のもとに新たに引付を置いて引付衆を任命し，御家人の所領に関する訴訟を専門に担当させて裁判の迅速化を図った。

5　北条泰時は，フビライ＝ハンから朝貢を求められたが拒否し，九州の御家人に異国警固番役を課して，元の襲来に備えた。

35 **大正デモクラシーに関する記述として，妥当なのはどれか。**

1　1912年に，北一輝らにより修養団体として結成された友愛会は，全国的な労働組合組織として発展し，1921年には日本労働総同盟と改称した。

2　農村では，小作料減免を要求する小作争議が頻発し，1922年には田中正造や杉山元治郎によって，全国組織である日本農民組合が結成された。

3　1922年に，共産主義インターナショナル（コミンテルン）の指導を受けて，堺利彦や大杉栄によって日本共産党が非合法に結成された。

4　美濃部達吉は，政治の目的は民衆の幸福を追求することであるという民本主義を唱え，1918年には黎明会を組織して啓蒙運動を行った。

5　1920年に，平塚らいてうは市川房枝らと新婦人協会を結成して，治安警察法の改正を要求し，1924年には婦人参政権獲得期成同盟会を結成した。

36 **アメリカ独立革命に関する記述として，妥当なのはどれか。**

1　イギリス政府が1765年に植民地での商取引等に課税する印紙法を制定すると，植民地側は，代表なくして課税なしと主張し，その後，七年戦争が起こった。

2　1773年，イギリス政府が東インド会社に茶の独占販売権を与えたことに反対した人々が，ボストンで同社の船を襲撃し，積荷の茶を投棄する事件が起きた。

3　独立戦争が始まると，植民地側は，1775年の第2回大陸会議でワシントンを植民地軍総司令官に任命し，翌年にロックらが起草した独立宣言を発表した。

4　独立軍は当初苦戦したが，スペインの提唱で武装中立同盟が結ばれるとイギリスは孤立し，1783年にパリ条約でアメリカ合衆国の独立が承認された。

5　1787年，フィラデルフィアで開かれた憲法制定会議で合衆国憲法が制定され，1789年にジェファソンを初代大統領として連邦政府が発足した。

37　ムガル帝国に関する記述として，妥当なのはどれか。

1　1526年，ティムールの子孫のアウラングゼーブは，北インドに侵入し，デリーのロディー朝を破ってムガル帝国を建てた。

2　第3代皇帝アクバルは，アグラを都として，非ムスリムに課せられていた人頭税（ジズヤ）を廃止し，ヒンドゥー教徒との融和を図った。

3　第6代皇帝バーブルは，ジズヤの復活やヒンドゥー寺院の破壊を行うなど，イスラーム政策を強化し，ヒンドゥー教徒の反発を招いた。

4　1757年，イギリス東インド会社は，プラッシーの戦いでオランダの支援を受けたベンガル太守軍を破り，イギリスはベンガルの徴税権を獲得した。

5　東インド会社のインド人傭兵によるイギリスへの反乱後，1858年に，イギリスはムガル帝国を滅ぼし，東インド会社にインドを統治させた。

38　緯度と経度又は地図の図法に関する記述として，妥当なのはどれか。

1　緯度は，赤道を0度として南北各90度まであり，南北緯度23度26分よりそれぞれの極に近い範囲を極圏，南北緯度66度34分の緯線を回帰線という。

2　経度は，旧グリニッジ天文台を通る本初子午線が経度0度であり，日本では，兵庫県明石市を通る西経135度の経線で日本標準時を決めている。

3　正積図法は，面積が正しく表現されている地図の図法をいい，モルワイデ図法，ホモロサイン図法などがある。

4　サンソン図法は，角度が正しく表せる正角図法で，緯線と経線が直交し，地図上の2点を結ぶ直線が等角航路を示すため，海図に利用される。

5　メルカトル図法は，中心からの距離と方位が正しく表される正距方位図法であり，航空図に利用される。

39 **近代日本の思想家に関する記述として，妥当なのはどれか。**

1　折口信夫は，「人間の学としての倫理学」を著し，人間は孤立した存在ではなく，人と人との関係に生きる間柄的存在であるとした。

2　中江兆民は，「三酔人経綸問答」を著し，民権には，人民が自ら獲得する回復的民権と，為政者が人民に恵み与える恩賜的民権があるとした。

3　南方熊楠は，「民芸四十年」を著し，民衆の実用品の中に美しさがあるとして，これらを民芸と名付けた。

4　新島襄は，「国民之友」を発刊し，平民主義を説いたが，日清戦争後には，国家主義の立場に転じた。

5　和辻哲郎は，「善の研究」を著し，主客未分の状態が純粋経験であり，純粋経験においてこそ人格の実現としての善があるとした。

40 **次の図のように，長さ25cmの開管の管口付近にスピーカーを置き，スピーカーから出る音の振動数を0Hzから徐々に大きくした。初めて共鳴が起こったときの振動数はどれか。ただし，音速は340m/sとし，開口端補正は無視できるものとする。**

1　340Hz

2　680Hz

3　1,020Hz

4　1,360Hz

5　1,700Hz

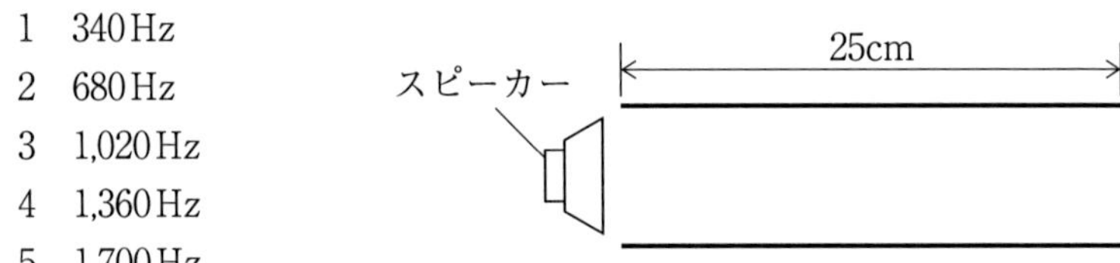

41 **次の文は，電気とエネルギーに関する記述であるが，文中の空所ア，イに該当する式又は語の組合せとして，妥当なのはどれか。**

ニクロム線のような抵抗のある導体に電流が流れると，熱が発生する。抵抗R〔Ω〕に電圧V〔V〕を加え，電流I〔A〕をt〔s〕間流したとき，抵抗で発生する熱量Q〔J〕は$Q=$［　ア　］で表される。この関係は，［　イ　］の法則と呼ばれる。

	ア	イ
1	RIt	オーム
2	RIt	ジュール
3	RI^2t	オーム
4	RI^2t	ジュール
5	VI^2t	ジュール

42 次の物質Ａ～Ｅのうち，イオンからなる物質を選んだ組合せはどれか。

Ａ　塩化カルシウム
Ｂ　塩化水素
Ｃ　水酸化ナトリウム
Ｄ　二酸化ケイ素
Ｅ　ベンゼン

1　Ａ　Ｃ
2　Ａ　Ｄ
3　Ｂ　Ｄ
4　Ｂ　Ｅ
5　Ｃ　Ｅ

43 混合物の分離と精製に関する記述として，妥当なのはどれか。

1　クロマトグラフィーとは，液体とその液体に溶けない固体の混合物を，ろ紙などを用いて固体を分離する操作をいう。
2　蒸留とは，液体を含む混合物を加熱して沸騰させ，生じた蒸気を冷却して再び液体として分離する操作をいう。
3　抽出とは，少量の不純物を含んだ物質を溶媒に溶かし，温度による溶解度の変化を利用して，不純物を除いて純粋な結晶を得る操作をいう。
4　分留とは，溶媒への溶けやすさの違いを利用して，混合物から目的の物質を溶媒に溶かし出して分離する操作をいう。
5　ろ過とは，ろ紙や吸着剤への吸着のされやすさの違いを利用して，混合物から成分を分離する操作をいう。

44 遺伝情報の分配に関する記述として，妥当なのはどれか。

1　細胞分裂において，生殖細胞をつくるときの細胞分裂を体細胞分裂といい，体をつくる細胞が増えるときの細胞分裂を減数分裂という。
2　細胞周期において，細胞分裂を行う時期を分裂期といい，分裂期は前期，中期，後期の3つの時期に分けられる。
3　細胞周期において，間期はG_1期，S期，G_2期に分けられ，これらのうちG_1期は，DNAが複製される期間である。
4　分裂前の細胞を母細胞，分裂後にできた細胞を娘細胞といい，細胞分裂は，最初に細胞質が分裂し，続いて核が分裂する。

5　細胞分裂において，分裂期の中期では染色体が細胞の赤道面に並び，後期では各染色体は分かれて，1本ずつ細胞の両極に移動する。

45 体液に関するA～Dの記述のうち，妥当なものを選んだ組合せはどれか。

A　体液は，細胞にとっての環境となるため，体内環境と呼ばれ，体内環境を一定に保つ性質をホメオスタシスという。

B　脊椎動物では，組織液の一部がリンパ管内に入ってリンパ液となり，リンパ液には血小板の一種であるリンパ球が含まれる。

C　脊椎動物の血液は，有形成分の赤血球，白血球，血小板と液体成分の血しょうからなり，血しょうはタンパク質や無機塩類などを含む赤色の液体である。

D　ヒトの赤血球は，ヘモグロビンというタンパク質を含み，酸素はヘモグロビンと結合し，肺から各組織へ運ばれる。

1　A　B
2　A　C
3　A　D
4　B　C
5　B　D

46 次の文は，堆積岩に関する記述であるが，文中の空所A～Cに該当する語の組合せとして，妥当なのはどれか。

地表付近の岩石は，風化や侵食を受け砕屑(さいせつ)物となり，運搬され，やがて堆積岩となる。岩石の風化のうち，温度変化によって岩石が膨張，収縮されて起こる風化を［　A　］風化という。河川は，侵食・運搬・堆積の3つの作用を行い，河川が山地から平野に出るところでは，［　B　］を形成する。堆積物が，長い年月の間に上に重なる堆積物の重さによって脱水し，粒子の間に新しい鉱物ができ，固結して堆積岩になる作用を［　C　］作用という。

	A	B	C
1	化学的	河岸段丘	続成
2	化学的	扇状地	変成
3	物理的	河岸段丘	変成
4	物理的	扇状地	続成
5	物理的	扇状地	変成

47 **次の四字熟語の組合せＡ～Ｅのうち，双方の空所に入る漢字が同じものを選んだ組合せとして，妥当なのはどれか。**

Ａ　我田□水　――　□果応報
Ｂ　一念□起　――　一触即□
Ｃ　晴□雨読　――　□雲流水
Ｄ　一望□里　――　一諾□金
Ｅ　□心伝心　――　□気衝天

1　Ａ　Ｃ
2　Ａ　Ｄ
3　Ｂ　Ｄ
4　Ｂ　Ｅ
5　Ｃ　Ｅ

48 **ことわざ又は慣用句の意味を説明した記述として，妥当なのはどれか。**

1 「犬に論語」とは，当たり前のことが，新しいことのように強調されることのたとえをいう。
2 「犬が西向きゃ尾は東」とは，分からない者に，道理を説き聞かせても益がなく無駄だということのたとえをいう。
3 「犬の川端歩き」とは，いくら奔走しても無駄であることや金銭を持たずに店先をぶらつくことのたとえをいう。
4 「犬も朋輩(ほうばい)鷹も朋輩」とは，苦労して手に入れかけたものを他人に奪われてしまうことのたとえをいう。
5 「犬骨折って鷹の餌食」とは，同じ主人に仕えていれば，身分に違いはあっても，同僚であるということのたとえをいう。

49 次の文は，「大鏡」の一節であるが，文中の下線部A～Eの解釈として，妥当なのはどれか。

世継がいふやう，「世はいかに興あるものぞや。A さりとも翁（おきな）こそ少々の事は覚え侍（はべ）らめ。昔 B さかしき帝の御まつりごとの折は，『国のうちに年老いたる翁・嫗（おうな）やある』と召し尋ねて，いにしへのおきての有様を問はせ給ひてこそ，C 奏する事を聞こし召し合はせて，世のまつりごとは行なはせ給ひけれ。されば，老いたるは，いとかしこきものに侍り。D 若き人たち，なあなづりそ」とて，黒柿の骨九つあるに黄なる紙張りたる E 扇をさしかくして，気色だち笑ふほどもさすがにをかし。

1　下線部Aは，「去って行っても」という意味である。
2　下線部Bは，「古めかしい」という意味である。
3　下線部Cは，「演奏する」という意味である。
4　下線部Dは，「若い人たちが，なれ合っている」という意味である。
5　下線部Eは，「扇をかざして顔を隠して」という意味である。

50 次のA～Cは，明治時代の美術作品であるが，それぞれに該当する作者名の組合せとして，妥当なのはどれか。

A　老猿
B　鮭
C　湖畔

	A	B	C
1	高村光雲	高橋由一	黒田清輝
2	高村光雲	荻原守衛	高橋由一
3	黒田清輝	荻原守衛	浅井忠
4	黒田清輝	高橋由一	高村光雲
5	浅井忠	高村光雲	荻原守衛

解答・解説

1 5

解説 主旨把握問題である。一般的に忌み嫌われる「暗記」の有効性を説く文章である。作者の主張は本文冒頭か最後に述べられていることが多い。本文の主旨としては，4のような具体例ではなく，それを抽象化・一般化した5のような内容が相応しい。

2 5

解説 主旨把握問題である。本文の前半で筆者の実体験に基づく種々の具体例が提示されたのち，本文の末尾でその具体例から導き出される筆者の主張が打ち出されている。本文の論理展開を把握することが大切である。

3 5

解説 文章整序問題である。Ｂの冒頭の指示語「これ」に着目し，Ｂの前に入る内容を考える。ＢはＣの「銅貨の裏表を当てるゲーム」の内容を詳述しており，Ｃ→Ｂと繋がる。また，Ｆの冒頭の理由を表す接続詞「そこで」に着目し，Ｂ→Ｆと繋がると考えると，「相手はおおよその見当がつく，そこでどちらが出るか分からないようにする」となり，論理が因果的に接続される。

4 3

解説 文章整序問題である。Ｅの冒頭に逆接の接続詞「しかし」がある。Ｂ→Ｅと繋がると考えると，「他人が口をはさめることではない，しかし，口をはさむ」と接続詞を挟んで対極的な論理展開となり，文意が通る。また，Ｃの冒頭の指示語「そういう」に着目し，Ｅ→Ｃと繋げると，挫折の有効性を説く論理展開となる。

5 1

解説 空欄補充問題である。本文中二ヶ所目の空所Ａの直後で「論理力は思考力そのものではない」と，論理に関する一般的な見解を否定している。よって，Ａには「誤解」が相応しい。また，Ｂの直後ではＢの内容が「飛躍」「自由」と対比されているので，Ｂには「一貫」が適当である。Ｃについては，

「閃き」「飛躍」がないような形にするという文脈なので，「再構成」が適当である。

6 4

解説 空欄補充問題である。空所Ａの直前に「優しい人の精神は大きく成長する」とあり，優しい，ならば，精神力が強いという関係にあることが分かる。よって，Ａには「還元」が相応しい。Ｂについては，直後で「余裕」と対比されているので，「神経質」が文意に適う。また，Ｃについては，直前でここまでの内容を要約しており，「単純化」が適当である。

7 5

解説 内容一致問題である。 1：選択肢の日付が逆。労働者の日は「大抵が5月1日」で，アメリカは「9月の第1月曜日」である。 2：「国内の労働者や学生の」ではなく，「国内の労働者の」である。 3：「充実した」ではなく，「強力な」である。 4：「労働者のみ」ではなく，「労働者と学生」である。

8 2

解説 空欄補充問題である。能と狂言を表す英文にする。正しい選択肢を含む文の意味は以下の通り。 ア：「それ（能）は進行と神話の世界をあらわしている」。 イ：「反対に狂言は，対話と身ぶりから成り，いわゆる一般的に演劇として知られているものにより近く，芝居のほとんどは内容が喜劇である」。

9 5

解説 空欄補充問題である。空所ａの後に「私の車で行きたいですか」とあることから，ウ「どうやって京都に行きましょうか」が入る。空所ｂの前では，東京から車で行く場合の所要時間が話題となっていて，5時間で行くことができるが交通状況次第である，とあることから，イ「10時間かかることもある」となる。空所ｃの前では，車以外の交通手段が話題で，ア「バスで行くこともでき，その方がかなり安いらしいです」が適切。

10 1

解説 分かっていることウ，エ，カより，図①のことが分かる。

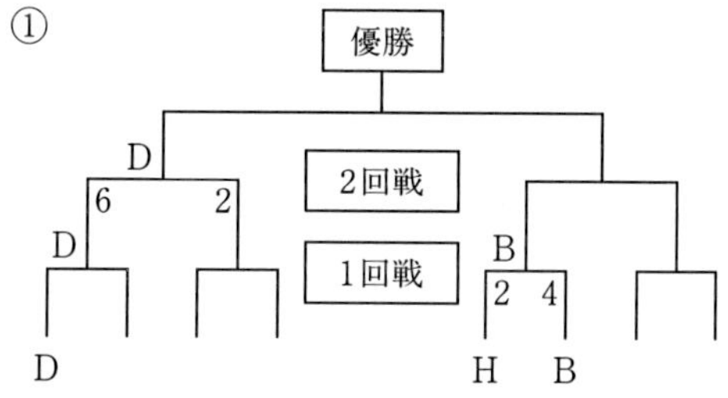

ここで，AとCがトーナメント表のどこで対戦するかで場合分けすると，図②と③の場合が考えられる。なお，図中のa，b，c，d，e，fは得点を表す。

図②に関して，Dが優勝したと仮定すると，分かっていることアより，$a+6+e=b+2+f+5 \Leftrightarrow (a-b)+(e-f)=1$　これは「引き分けた試合はなかった」ことに矛盾する。同様にして，Eが優勝したと仮定すると，

$5+d+f=0+c+e+5$

$\Leftrightarrow (d-c)+(f-e)=0$

これも「引き分けた試合はなかった」ことに矛盾する。

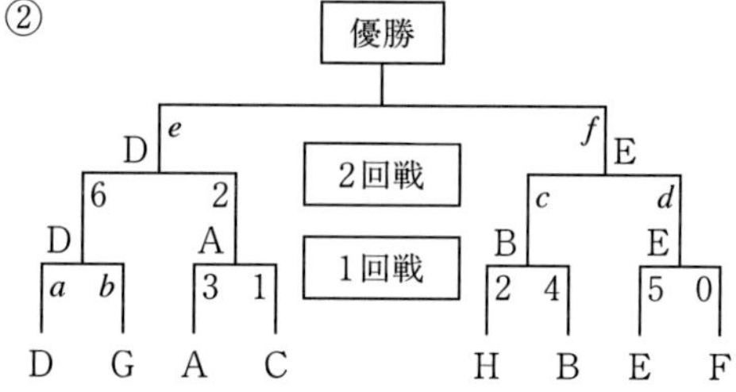

図③に関して，Dが優勝したと仮定すると，

$a+6+e=b+2+f+5$

$\Leftrightarrow (a-b)+(e-f)=1$

これも「引き分けた試合はなかった」ことに矛盾する。Aが優勝したと仮定すると，

$3+d+f=1+c+e+5$

$\Leftrightarrow (d-c)+(f-e)=3$

これは問題の条件に矛盾しない。よって，優勝したチームはAとなる。

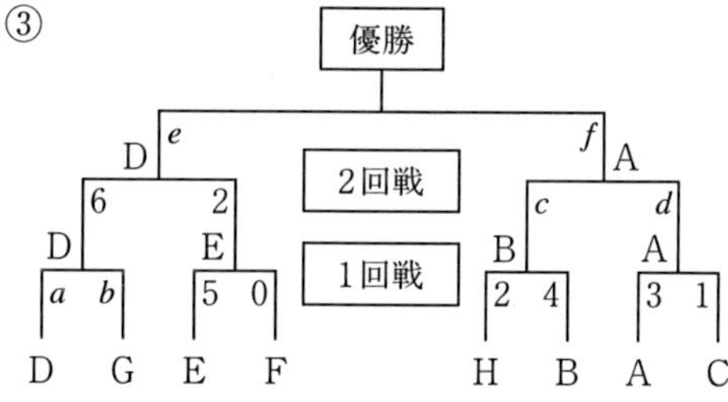

11 3

解説 本問の暗号の法則は，下表に示すように，時刻をひらがなに対応させている。これより，「7：50，12：00，4：20，9：33，2：30，6：20，2：10，10：30，6：50，7：10」=「ほ，ん，し，ゅ，う，に，あ，る，の，は」から連想される言葉は，長野県である。

時／分	2	3	4	5	6	7	8	9	10	11	12
00											ん
10	あ	か	さ	た	な	は	ま	や	ら	わ	
13								ゃ			
15		が	ざ	だ		ば					
18						ぱ					
20	い	き	し	ち	に	ひ	み		り		
25		ぎ	じ	ぢ		び					
28						ぴ					
30	う	く	す	つ	ぬ	ふ	む	ゆ	る		
33				っ				ゅ			
35		ぐ	ず	づ		ぶ					
38						ぷ					
40	え	け	せ	て	ね	へ	め		れ		
45		げ	ぜ	で		べ					
48						ぺ					
50	お	こ	そ	と	の	ほ	も	よ	ろ		
53								ょ			
55		ご	ぞ	ど		ぼ					
58						ぽ					

12 2

解説 分かっていることより，下図のことが分かる。

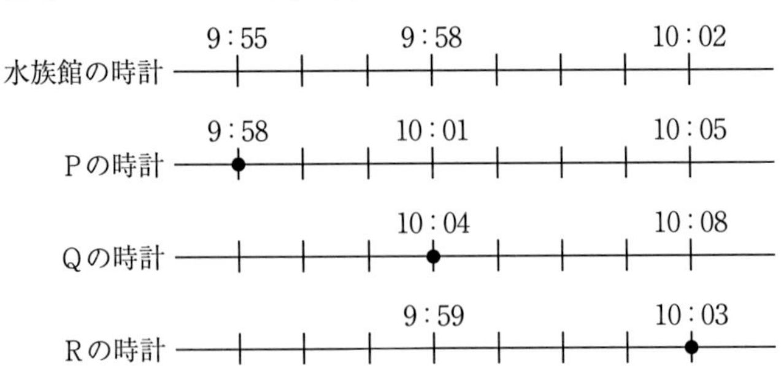

1：Qは水族館の時計で10：02に到着している。　2：正しい。　3：Qの時計はPの時計より6分進んでいた。　4：3人の時計とも水族館の時計より遅れていた。　5：Qの時計は水族館の時計より6分進んでいた。

13　3

解説 点Aを出発して点Pを通り点Bへ行くとき，各交差点までの最短経路の道筋の数を書き込んでいくと，下図のようになる。これより，点Aから点Pを通り点Bまで遠回りせずに行く経路は315通りある。

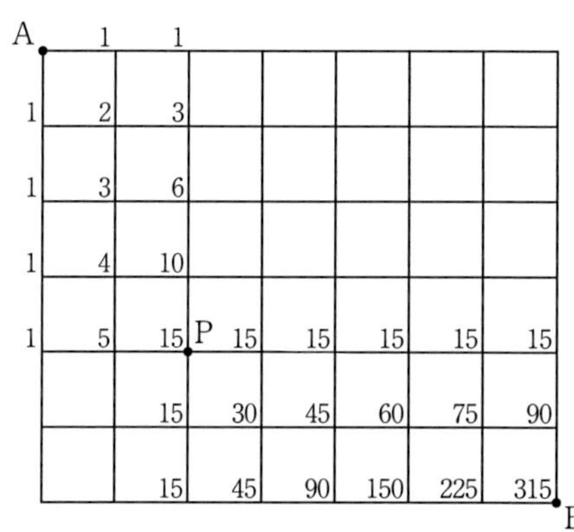

別解 下に1区画進むことを↓，右に1区画進むことを→で表すと，点Aから点Pまで最短経路で行く道順の総数は，4個の↓と2個の→を1列に並べる順列の総数に等しい。また，点Pから点Bまで最短経路で行く道順の総数は，2個の↓と5個の→を1列に並べる順列の総数に等しい。よって，点Aから点Pを通り点Bまで遠回りせずに行く経路は$\frac{6!}{4!2!} \times \frac{7!}{2!5!} = 15 \times 21 = 315$〔通り〕である。

14　5

解説 このアンケートで問われた野菜がいずれも嫌いではない生徒の人数が最も少なくなるのは，2種類以上の野菜が嫌いな生徒がいない場合である。このとき，このアンケートで問われた野菜がいずれも嫌いな生徒は$36 + 28 + 14 + 8 + 6 = 92$〔%〕となり，いずれも嫌いではない生徒は少なくとも$650 \times \left(1 - \frac{92}{100}\right) = 52$〔人〕以上いる。

15 4

解説 列の並びの左側を前と考える。
分かっていることアより，「A○○○○E」…①　または，「E○○○○A」…②　の2通りの並び方が考えられる。
分かっていることイより，「DC」…③　であることが分かる。
分かっていることウより，「C○○○○F」…④　または，「F○○○○C」…⑤　の2通りの並び方が考えられる。
分かっていることエより，「AB」…⑥　であることが分かる。
②，④，⑤，⑥より，②は成り立たないことが分かり，①の「AB○○○E」であることが分かる。更に，③～⑤より，④は成り立たないことが分かり，「FABGDCE」であることが分かる。
よって，「Dは前から5番目に並んでいる。」ことが確実にいえる。

16 4

解説 正三角形ABCの一辺の長さをa，その外接円の半径をRとすると，正弦定理より$2R=\dfrac{a}{\sin 60^\circ}=\dfrac{2}{\sqrt{3}}a=\dfrac{2\sqrt{3}}{3}a$　よって，正方形DEFGの面積は$(2R)^2=4R^2$，正三角形ABCの面積は$\dfrac{1}{2}a^2\times\sin 60^\circ=\dfrac{\sqrt{3}}{4}a^2$
したがって，正方形DEFGの面積は正三角形ABCの面積の$4R^2\div\dfrac{\sqrt{3}}{4}a^2=\left(\dfrac{2\sqrt{3}}{3}a\right)^2\div\dfrac{\sqrt{3}}{4}a^2=\dfrac{16}{9}\sqrt{3}$〔倍〕である。

17 3

解説 66と84の最小公倍数は924だから，66で割っても84で割っても余りが14となる3桁の自然数は$924\times1+14=938$である。よって，この自然数を17で割ったときの余りは，$938\div17=55$余り3より3である。

18 3

解説 6時x分に，長針と短針が最初に重なったとすると，長針は1分間に$\dfrac{360^\circ}{60}=6^\circ$，短針は1分間に$\dfrac{30^\circ}{60}=0.5^\circ$回転する。6時ちょうどの長針と短針は180°離れているため，$6x=0.5x+180$が成り立つ。これを解いて$x=32\dfrac{8}{11}$

よって，長針と短針が最初に重なるのは$32\frac{8}{11}$分後である。

19 3

解説 200個のボールの中に，3の倍数の番号が書かれたボールは$200 \div 3 = 66$余り2より66個，4の倍数の番号が書かれたボールは$200 \div 4 = 50$より50個，3と4の公倍数つまり12の倍数の番号が書かれたボールは$200 \div 12 = 16$余り8より16個入っている。よって，求める確率は$\frac{66 + 50 - 16}{200} = \frac{1}{2}$

20 4

解説 父，母，長女，次女，三女の年齢をそれぞれa歳，b歳，c歳，d歳，e歳とする。問題の条件より，$a = b + 4$…①　$a + b = 4(c + e)$…②
$a + b + 8 \times 2 = 3(c + e + 8 \times 2)$…③　$a + d - 6 \times 2 = b + c + e - 6 \times 3$…④
が成り立つ。
ここで，①を④に代入して，$c - d + e = 10$…⑤　②を③に代入して，
$c + e = 32$…⑥　⑥－⑤より，$d = 22$…⑦　⑥＋⑦より，$c + d + e = 54$
よって，現在の長女，次女及び三女の年齢の和は54歳である。

21 4

解説 1：誤り。2016年において「機械器具部品（照明用品を含む）」の生産数量の対前年増加率は，多めに見積もっても$\frac{646{,}000 - 629{,}000}{629{,}000} \times 100 = 2.70\cdots$〔%〕で，少なめに見積もった「日用品・雑貨」の生産数量の対前年増加率$\frac{298{,}000 - 290{,}000}{290{,}000} \times 100 = 2.75\cdots$〔%〕より小さい。　2：誤り。2016年の「日用品・雑貨」の生産数量を100としたときの2019年のその指数は$100 \times \frac{284{,}340}{298{,}382} = 95.2\cdots$で，95を上回っている。　3：誤り。2017年において，「フィルム・シート」の生産数量の対前年増加数量は$2{,}506{,}402 - 2{,}457{,}102 = 49{,}300$〔t〕，「容器」の生産数量のそれは$830{,}754 - 783{,}460 = 47{,}294$〔t〕で，「フィルム・シート」の方が上回っている。　4：正しい。2019年における「フィルム・シート」の生産数量に対する「パイプ」の生産数量の比率は$\frac{383{,}893}{2{,}448{,}698} =$

0.1567…，前年におけるそれは$\frac{394,465}{2,527,126}=0.1560\cdots$で，2019年の方が上回っている。　5：誤り。2016年において「パイプ」の生産数量は，「日用品・雑貨」の生産数量の$\frac{387,232}{298,382}=1.2\cdots$〔倍〕で，1.3倍を下回っている。

22 1

解説 1：正しい。「海面養殖業」の漁獲高の平成27年に対する平成29年の減少率は，「海面漁業」の漁獲高のそれの$\left\{1-\left(1-\frac{3.4}{100}\right)\left(1-\frac{4.5}{100}\right)\right\}\div\left\{1-\left(1-\frac{6.6}{100}\right)\left(1-\frac{0.2}{100}\right)\right\}=1.14\cdots$〔倍〕で，1.1倍より大きい。　2：誤り。平成27年の「内水面養殖業」の漁獲高を100としたときの平成29年のそれの指数は$100\times\left(1-\frac{3.1}{100}\right)\left(1+\frac{4.7}{100}\right)\fallingdotseq 101$で，平成27年の100を上回っている。
3：誤り。平成27年の「内水面漁業」の漁獲高を100としたときの平成30年のそれの指数は$100\times\left(1-\frac{15.1}{100}\right)\left(1-\frac{9.7}{100}\right)\left(1+\frac{6.9}{100}\right)=81.\cdots$で，80を上回っている。　4：誤り。本問の表からは，漁獲高の対前年減少量は分からないため，正しいか誤りか分からない。　5：誤り。平成28年の「海面漁業」の漁獲高を100としたときの平成30年のそれの指数は$100\times\left(1-\frac{0.2}{100}\right)\left(1-\frac{3.1}{100}\right)=102.\cdots$で，平成28年の100を上回っている。

23 4

解説 1：誤り。平成30年において果実の産出額は，花きの産出額の$\frac{8,406}{3,327}=2.52\cdots$〔倍〕で，2.5倍を上回っている。　2：誤り。平成27年から平成30年までの各年における果実の産出額の対前年増加額の平均は，$\frac{8,406-7,838}{3}\fallingdotseq 189.3$〔億円〕で，200億円を下回っている。　3：誤り。平成30年の野菜の産出額を100としたときの平成26年のそれの指数は，少なめに見積もっても$100\times\frac{22,000}{24,000}=91.\cdots$で，90を上回っている。　4：正しい。平成28年における産出額の対前年増加率はそれぞれ，野菜が$\frac{25,567-23,916}{23,916}\times 100=6.\cdots$〔%〕，米が$\frac{16,549-14,994}{14,994}\times 100=10.\cdots$〔%〕，果実が$\frac{8,333-7,838}{7,838}\times 100$

$=6.\cdots$〔%〕，花きが$\dfrac{3{,}529-3{,}529}{3{,}529}\times 100=0$〔%〕で，最も大きいのは米である。　5：誤り。平成27年において野菜の産出額の対前年増加額は，花きの産出額のそれの$\dfrac{23{,}916-22{,}421}{3{,}529-3{,}437}=16.\cdots$〔倍〕である。

24　1

解説　1：正しい。水道の企業債発行額の減少率は$\dfrac{39{,}425\times\frac{19.4}{100}-21{,}819\times\frac{17}{100}}{39{,}425\times\frac{19.4}{100}}$$\fallingdotseq 0.51$，交通の企業債発行額の減少率は$\dfrac{39{,}425\times\frac{7.7}{100}-21{,}819\times\frac{4.9}{100}}{39{,}425\times\frac{7.7}{100}}\fallingdotseq 0.65$，よって，水道の企業債発行額の平成20年度に対する平成30年度の減少率は，交通の企業債発行額のそれより小さい。　2：誤り。下水道の企業債発行額の平成20年度に対する平成30年度の減少額$39{,}425\times\dfrac{54.9}{100}-21{,}819\times\dfrac{52.1}{100}\fallingdotseq$ $10{,}278$〔億円〕は，平成30年度の交通の企業債発行額$21{,}819\times\dfrac{4.9}{100}\fallingdotseq 1{,}069$〔億円〕の$\dfrac{10{,}278}{1{,}069}=9.6\cdots$〔倍〕である。　3：誤り。企業債発行額の総額の平成20年度に対する平成30年度の減少額に占める水道のそれの割合は，$\left(39{,}425\times\dfrac{19.4}{100}-21{,}819\times\dfrac{17.0}{100}\right)\div(39{,}425-21{,}819)\times 100=22.\cdots$〔%〕である。　4：誤り。平成20年度の病院の企業債発行額を100としたときの平成30年のそれの指数は$100\times\left(21{,}819\times\dfrac{13.2}{100}\right)\div\left(39{,}425\times\dfrac{8.8}{100}\right)=83.\cdots$で，80を上回っている。
5：誤り。多めに見積もって，平成20年度の宅地造成の企業債発行額は，平成30年度のそれの$\left(40{,}000\times\dfrac{4.9}{100}\right)\div\left(20{,}000\times\dfrac{5}{100}\right)=1.96$〔倍〕である。

25　2

解説　白い円がどれだけ回転するかは，円の中心が動いた距離で考えればいい。白い円の半径をrとすると，Aの位置にある白い円がBの位置まで到達したとき，円の中心が動いた距離は$2\pi\times 2r\times\dfrac{60^\circ+60^\circ+180^\circ+60^\circ+60^\circ}{360^\circ}=$ $\dfrac{14}{3}\pi r$　また，白い円の円周の長さは$2\pi r$だから，Bの位置まで到達したとき，

$\frac{14}{3}\pi r \div 2\pi r = 2\frac{1}{3}$ 回転している。よって，このときの白い円の中の模様の向きは選択肢2である。

26 5

解説 与えられた図の頂点を，右図のようにア～コとする。　1：四角形Aアケキに対応する四角形がないから有り得ない。　2：四角形Cカクコに対応する四角形がないから有り得ない。　3：折れ線AキカCに対応する折れ線がないから有り得ない。　4：四角形Cカクコに対応する四角形がないから有り得ない。

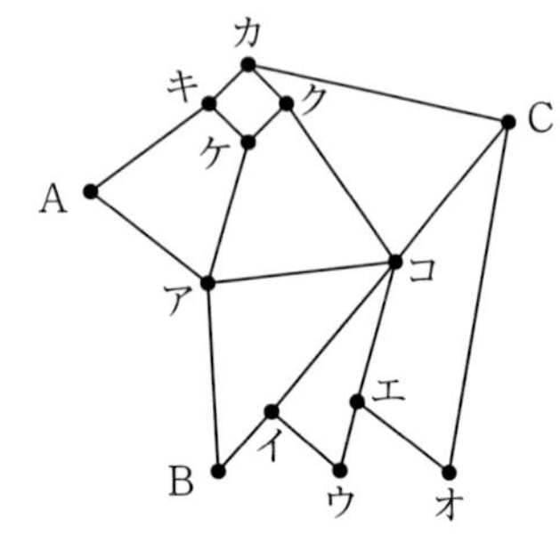

27 4

解説 以下，二重の三角記号を∴で表す。問題図上段の3つの図から，△と－，▲と○，∴と＊，●と◎が描かれた面が，それぞれ向かい合う面であることが分かる。

これらのことから，正八面体の6つの頂点に関して，それぞれの頂点を共有する4つの面に描かれた記号は，(▲，＊，◎，－)…①　(▲，∴，●，－)…②　(＊，○，●，－)…③　(△，＊，○，◎)…④　(△，▲，∴，◎)…⑤　(△，∴，○，●)…⑥　であることが分かる。

よって，③よりAは－，⑤よりBは△，⑥よりCは○である。

28 3

解説 正方形の頂点Pが描く軌跡の長さは，右図の（点Eを中心とした半径1，中心角90°の弧の長さ）＋（点Fを中心とした半径1，中心角90°の弧の長さ）＋（点Gを中心とした半径1，中心角90°の弧の長さ）＋（点Hを中心とした半径$\sqrt{2}$，

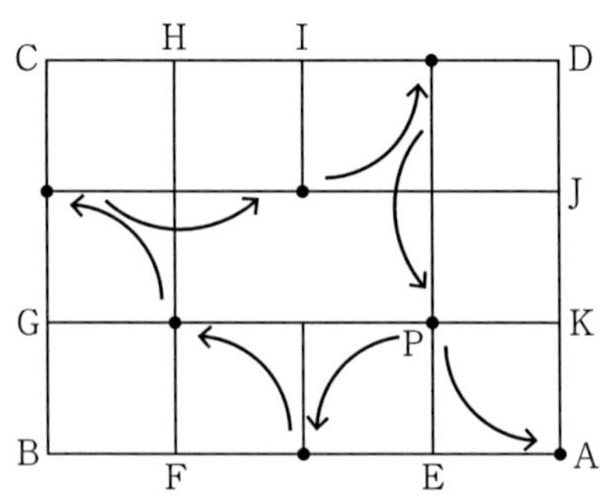

中心角90°の弧の長さ）＋（点Ｉを中心とした半径1，中心角90°の弧の長さ）＋（点Ｊを中心とした半径$\sqrt{2}$，中心角90°の弧の長さ）＋（点Ｋを中心とした半径1，中心角90°の弧の長さ）であるので，求める軌跡の長さは，$2\times\pi\times\frac{90°}{360°}\times5+2\sqrt{2}\times\pi\times\frac{90°}{360°}\times2=\left(\frac{5}{2}+\sqrt{2}\right)\pi$

29 1

解説 2：「休日に関しては定めていない」が誤り。第35条等に明記されている。　3：「労働協約を結ぶことは禁じている」が誤り。第3章に明記されている。　4：労働基準監督署ではなく労働委員会である。　5：労働基本権に関する出題。公務員の区分によっては団結権が認められる場合もあるが，ストライキなどの争議権は認められていない。

30 4

解説 A：誤り。最高裁判所長官は内閣が指名し，天皇が任命を行う。B：正しい。第73条に「予算を作成して国会に提出すること」と明記されている。　C：誤り。これは国会の権限である。　D：誤り。国会の召集は天皇の国事行為である。　E：正しい。第73条に「憲法および法律の規定を実施するために，政令を制定すること」と明記されている。

31 3

解説 1：国際連合ではなく，戦前に設立された国際連盟についての記述である。　2：一般事項については過半数で正しいが，重要事項については全会一致ではなく3分の2以上で議決する。　3：正しい。　4：信託統治理事会ではなく，経済社会理事会についての記述である。ILOだけでなく，ユネスコやIMFなど有名な機関は確認しておくとよい。　5：事務総長は，安全保障理事会の推薦を受け，総会が任命をする。

32 2

解説 国際経済に関する問題。時事問題として出題される場合もあるが，経済の問題として出題されることも多い。過去にどのような問題が起こったのかを確認しておくとよい。　B：サブプライムローン問題はギリシャではなくアメリカで発生した。 D：イタリアではなくギリシャについての記述である。

33 1

解説 1：正しい。 2：地球サミット（環境と開発に関する国際会議）についての記述である。 3：持続可能な開発に関する世界首脳会議についての記述である。 4：生物多様性条約第10回締約国会議についての記述である。5：第21回気候変動枠組条約締約国会議についての記述である。

34 1

解説 1：正しい。 2：「六波羅探題」の記述については正しいが，承久の乱のときの執権は2代・北条義時であった。 3：3代執権・北条泰時のときの説明である。特に御成敗式目の説明は大切なのでおさえておきたい。4：引付衆は5代執権・北条時頼のときである。 5：元寇は8代執権・北条時宗のときに起こった。

35 5

解説 1：日本労働総同盟に関する記述は正しいが，友愛会は鈴木文治らによって結成された。 2：日本農民組合は賀川豊彦・杉山元治郎らによって結成された。田中正造は誤りである。 3：日本共産党は堺利彦や山川均などによって非合法に結成された。非合法とは治安警察法に違反するということである。 4：吉野作造についての記述である。 5：正しい。

36 2

解説 1：七年戦争とは，プロイセンとオーストリアの対立を中心とした戦争のことである。 2：正しい。 3：アメリカ独立宣言を起草したのは，トマス・ジェファソンなどである。それには，イギリスの思想家であるロックの思想が反映されている。 4：武装中立同盟は，ロシア帝国のエカチェリーナ2世が中心となって結成された同盟である。 5：初代大統領はジョージ・ワシントンである。ジェファソンは3代大統領である。

37 2

解説 1：ムガル帝国の創始者かつ初代君主はバーブルである。 2：正しい。 3：第6代皇帝はアウラングゼーブである。 4：オランダの支援ではなくフランスの支援である。この戦いは，イギリスとフランスの戦いに連動していると考えることができる。 5：ムガル帝国滅亡後は，東インド会社を解散させてイギリス本国の直接支配下にインドを置いた。

38 3

解説 1：極圏と回帰線の説明が反対である。 2：明石市は西経135度ではなく，東経135度である。 3：正しい。 4：サンソン図法は正積図法である。海図はメルカトル図法などの正角図法の地図が使われる。 5：メルカトル図法は正角図法である。航空図は正距方位図法である。

39 2

解説 1：「人間の学としての倫理学」は和辻哲郎の著書である。 2：正しい。 3：「民芸四十年」は柳宗悦の著書である。 4：「国民之友」は徳富蘇峰が創刊した雑誌である。総合雑誌の先駆けと考えられている。 5：「善の研究」は西田幾多郎の著書である。

40 2

解説 開管では両端が腹となる。よって，初めて共鳴が起こるのは，両端が腹で管の中央が節になった時である。その時の波長は$0.25 \times 2 = 0.5$〔m〕なので，振動数は$\frac{340}{0.5} = 680$〔Hz〕となる。

41 4

解説 ジュールの法則より，抵抗に発生する熱量Qは$Q = V \times I \times t$…①で求められる。また，オームの法則より$V = I \times R$なので，これを①に代入すると，$Q = RI^2 t$となる。

42 1

解説 金属と非金属が結合している物質がイオンからなる物質である。塩化水素やベンゼンは分子からなる物質である。

43 2

解説 1：ろ過についての記述である。 2：正しい。 3：再結晶についての記述である。 4：抽出についての記述である。分留とは，蒸留を何回も繰り返して沸点差の小さい液体混合物を分離する操作をいう。 5：クロマトグラフィーについての記述である。

44 5

解説 1：からだをつくる細胞が増えるときの細胞分裂を体細胞分裂，生殖細胞をつくるときの細胞分裂を減数分裂という。 2：分裂期は，前期，中期，後期，終期の4つの時期に分けられる。 3：間期におけるG_1期はDNA合成準備期，S期はDNA合成期，G_2期は分裂準備期で，DNAの複製が行われるのはS期である。 4：細胞分裂では先に核分裂が起こり，そのあとに細胞質の分裂が起こる。 5：正しい。

45 3

解説 B：リンパ球は白血球の一部である。 C：血しょうはやや黄みがかった液体である。

46 4

解説 風化には，温度変化によって岩石が膨張・収縮されておこる物理的風化と雨水や地下水が岩石と反応して一部の鉱物が溶けだしたり他の鉱物に変化したりする化学的風化がある。河川が山地から平野に出るところでは，れきや砂などが堆積して扇状地ができる。続成作用とは，堆積物が圧縮されることで粒子の間に新しい鉱物ができて固結して堆積岩になることを，変成作用とは，岩石が熱や圧力の影響で別の岩石に変化することをいう。

47 3

解説 それぞれの正しい四字熟語は以下の通り。 A：我田引水 ― 因果応報。 B：一念発起 ― 一触即発。 C：晴耕雨読 ― 行雲流水。 D：一望千里 ― 一諾千金。 E：以心伝心 ― 意気衝天。

48 3

解説 それぞれのことわざ，慣用句の正しい意味は以下の通り。 1：「犬に論語」とは，道理を説き聞かせても益のないことのたとえ。 2：「犬が西向きゃ尾は東」とは，当たり前であることを強調していう言葉。 4：「犬も朋輩鷹も朋輩」とは，同じ主を持てば，身分に差別はあっても朋輩は朋輩であることのたとえ。 5：「犬骨折って鷹の餌食」とは，苦労して得た物を他人に奪われることをいう。

49 5

解説 それぞれの下線部の正しい意味は以下の通り。 A：「さりとも」は，「たとえそうであっても」の意。 B：「さかし」は，「賢い」の意。 C：「奏す」とは，「言ふ」の謙譲語。特に天皇，上皇，法皇を動作対象として用いる。 D：「な……そ」の形で禁止の意を表す。

50 1

解説 高村光雲は西洋彫刻の写実性を取り入れ，彫刻の近代化に尽力した幕末・明治の彫刻家。詩集「道程」，「智恵子抄」などで著名な詩人，彫刻家である高村光太郎の父。「老猿」はシカゴ万国博覧会に出品され優等賞を受賞した。高橋由一は江戸時代生まれの洋画家で，日本の近代洋画の基礎を作った画家といわれる。黒田清輝は明治から大正にかけて活躍した日本洋画界の重鎮。なお，「老猿」，「鮭」，「湖畔」はいずれも国の重要文化財に指定されている。

令和２年度　教養試験 実施問題

1 次の文の主旨として，最も妥当なのはどれか。

ものごとを，ていねいに，念入りに，点検しつくしたうえにもさらに点検して，万全のスキなく仕上げるということは，これはいかなる場合にも大事である。小事をおろそかにして，大事はなしとげられない。どんな小事にでも，いつも綿密にして念入りな心くばりが求められるのである。

しかし，ものごとを念入りにやったがために，それだけよけいに時間がかかったというのでは，これはほんとうに事を成したとはいえないであろう。むかしの名人芸では，時は二の次，それよりも万全のスキなき仕上げを誇ったのである。

徳川時代の悠長（ゆうちょう）な時代ならば，それも心のこもったものとして，人から喜ばれもしようが，今日は，時は金なりの時代である。一刻一秒が尊いのである。だから念入りな心くばりがあって，しかもそれが今までよりもさらに早くできるというのでなければ，ほんとうに事を成したとはいえないし，またほんとうに人に喜ばれもしないのである。

早いけれども雑だというのもいけないし，ていねいだがおそいというのもいけない。念入りに，しかも早くというのが，今日の名人芸なのである。

（松下幸之助「道をひらく」による）

1　ものごとを，丁寧に，念入りに点検して，万全のスキなく仕上げることは，いかなる場合にも大事である。
2　小事をおろそかにして大事は成し遂げられず，どんな小事でも，いつも綿密にして念入りな心配りが求められる。
3　昔の名人芸では，時は二の次であり，それよりも万全でスキのない仕上げを誇った。
4　悠長な時代ならば，余計に時間が掛かったとしても心のこもったものとして人から喜ばれるが，今日は一刻一秒が尊い。
5　念入りな心配りがあって，しかも今までよりも更に早くできるというのでなければ，本当に事を成したとは言えない。

2 次の文の主旨として，最も妥当なのはどれか。

今の日本では，それまで普通に社会生活を送っていた人が，リストラなどで急に生活が苦しくなったりする。ひどいときには住んでいた家から追い出され，ホームレスになってしまうということだってあり得る。生活保護を受けることになって，「情けない」「自分はダメな人間だ」と思ってしまう人もいる。

でも，そんなことで人間の値打ちはなくならない。厳しい状況に陥ったときは，むしろ自分の値打ちを高めるチャンスだ。そこからどう這(は)い上がるか，そこに人間の値打ちが出てくるし，人生もおもしろくなっていく。

病気や年をとったことで体が不自由になり，今までできたことができなくなる。それは生きていれば誰にでも起こり得ることだ。「自分は役立たずになってしまった」なんて，嘆かないでほしい。

人間の値打ちの基準はひとつじゃない。そして，自分の値打ちを決めるのは自分自身だ。

（鎌田實「人間の値打ち」による）

1　普通に社会生活を送っていた人が，リストラなどで急に生活が苦しくなったりしても，人間の値打ちは無くならない。

2　厳しい状況から這い上がることで，人間の値打ちが出てくるし，人生も面白くなっていく。

3　今までできたことができなくなることは，生きていれば誰にでも起こり得ることである。

4　病気や年をとったことで体が不自由になったとしても，嘆かないでほしい。

5　人間の値打ちの基準はひとつではなく，自分の値打ちを決めるのは自分自身である。

3　次の短文Ａ～Ｆの配列順序として，最も妥当なのはどれか。

Ａ　人は誰でも，人生で，思いもよらぬ障害に遭遇します。

Ｂ　ならば，常日頃より，自らを正しい方向に導く「考え方」に基づいた判断をしていれば，どんな局面でも迷うことはありません。

Ｃ　その一つひとつの判断が集積されたものが，人生の結果となって現れるのです。

Ｄ　そんな困難に直面したとき，どちらに向いて進むのかは，すべて自分の「考え方」から来る判断です。

Ｅ　一方，自分だけよければいいという利己的な心や気まぐれな感情など，自分を悪しき方向へ導く「考え方」がもたらす判断基準しか持っていない人は，常に揺れ動く自分の心に左右されることになります。

F　いつも正しい行動がとれ，結果も素晴らしいものになっていくはずです。

（稲盛和夫「考え方」による）

1　A－B－D－E－C－F
2　A－B－E－D－F－C
3　A－B－F－D－C－E
4　A－D－C－B－F－E
5　A－D－E－F－B－C

4　次の短文A～Fの配列順序として，最も妥当なのはどれか。

A　禅は「完璧」「完全」という概念を否定しています。

B　西洋では，寸分の狂いもなく左右対称，これ以上手の入れようがない形を「完全な美」とします。

C　同様に，「物事にはすべて完全・完璧はない」，いいかえれば「どこまで行っても，その先に努力の世界が開けている」というのが禅の考え方です。

D　たとえば抹茶茶碗なら，形のゆがみや色ムラなどのあるものが，「不完全の美」として尊重されるのです。

E　これは，美に対する考え方を西洋と対比するとわかりやすいでしょう。

F　一方，禅に立脚した美意識を持つ日本では，その完全を一度壊して，自身の思いや人間性などを加えていきます。

（枡野俊明「上手な心の守り方」による）

1　A－B－E－C－D－F
2　A－C－F－B－E－D
3　A－D－C－E－F－B
4　A－E－B－F－D－C
5　A－F－D－E－C－B

5　次の文の空所A～Cに該当する語の組合せとして，最も妥当なのはどれか。

数字が，子どもの頃から好きだった。

子どもの遊び場には，立ち入り禁止がたくさんある。海もブイの先まで泳げないし，公園も柵（さく）を越えられない。「この先は行き止まり」が決められた中で遊ぶのは，いつもどこか［　A　］だった。

その点，数字は広い。どこまでもどこまでも続いていて，行き止まりも，立ち入り禁止もない。誰も行ったことのないところまで，好きなだけ進んで行ける自由があった。それでいて，ただ漠と広いというのではなく，ひとつひとつの数がはっきりしている。

赤い絵の具と青い絵の具を混ぜると，毎回違った紫になるし，晴れの日の朝のオレンジジュースは，毎回少しずつ甘さが違うのに，7に8を足すといつも15で，15は14や16のすぐそばなのに，やっぱり7足す8はちゃんと15で，そんな数字の［　B　］で緻密（ちみつ）な自由が，好きだった。

人が数を数えるようになったのは，いつ頃のことなのだろうか？

「ここに二つのものがあります」

誰かが，そう言ったとしよう。このとき，どこに，いったいどのようなものがあるのかはわからないけれど，そこに［　C　］があること，少なくともその言葉を発した人が，そこにひとつの［　C　］を見出（みいだ）していることがわかる。

（森田真生「数学する身体」による）

	A	B	C
1	不安	明快	連続
2	窮屈	繊細	変化
3	窮屈	明快	差異
4	退屈	繊細	変化
5	退屈	自然	差異

6 次の文の空所A，Bに該当する語の組合せとして，最も妥当なのはどれか。

独創性を得るためには，考え方や生き方を［　A　］にして，なにかの枠の中におさめないことが大事です。世の中のことというのは，どのようにも考えられるんですよ。どのように考えてもいいどころじゃない。どのようにでも考えなくてはいけない。それが鍵（かぎ）です。

人はなにかにとらわれていて，その視野の中だけでやるから，新しいものが生まれないんです。視野の中だけでやっているのは，詩でも芸術でもないです。詩とか芸術というのは範囲が無限だから表現できるんです。これは別に詩や芸術に限ったことではありません。

決まりきった筋の中でやっていれば，必ずマンネリズムに陥り，おさまるところが決まってくる。それでは新しいものをつくる必要はありません。いままでの既製品ですみます。クリエイトするということは，ないものをつくることです。既にあるものをただつくるのは，［ B ］ですよね。人の考え方や生き方も同じことが言えます。

［ B ］の人生を生きるのであれば，マニュアル本などのお手本のようにやっていればいい，そういうことですよね。お手本を少し参考にしたり，一部使うということはいいでしょうね。でも，基本的には［ A ］な気持ちで，さまざまなものと接する。なにかにとらわれて，その範囲でやっていると，いいものまで見えなくなってしまう。それだけですよ。［ A ］な視点を持っている，つねに持ち続ける，ということです。

（篠田桃紅「百歳の力」による）

	A	B
1	自由	盗作
2	自由	複製
3	柔軟	盗作
4	柔軟	偽物
5	身軽	複製

［7］ 次の英文中に述べられていることと一致するものとして，最も妥当なのはどれか。

There once lived in England a brave and noble man whose name was Walter Raleigh. He was not only brave and noble, but he was also handsome and polite; and for that reason the queen made him a knight*, and called him Sir Walter Raleigh.

I will tell you about it.

When Raleigh was a young man, he was one day walking along a street in London. At that time the streets were not paved, and there were no sidewalks. Raleigh was dressed in very fine style, and he wore a beautiful scarlet* cloak* thrown over his shoulders.

As he passed along, he found it hard work to keep from stepping in the mud, and soiling* his handsome new shoes. Soon he came to a puddle* of muddy* water which reached from one side of the street to the other. He could not step across. Perhaps he could jump over it.

（James Baldwin：小川芳男「名作物語 (1)」による）

＊　knight………ナイト爵位の人　　＊　scarlet………深紅色の
＊　cloakt………マント　　＊　soil………汚す
＊　puddle………水たまり　　＊　muddy………泥だらけの

1　ローリーは，勇敢で人格が高潔というだけでなく，容貌も美しく優雅であった。

2　ローリーは，非常に立派な服装をして，ロンドンの街の舗装された歩道を歩いていた。

3　ローリーは，歩いて行く中，ぬかるみに足を踏み入れないよう，また美しい新しい靴を汚さないようにするのは簡単であった。

4　ローリーは，道の片側だけに広がっている泥だらけの水たまりの場所に着いた。

5　ローリーは，泥だらけの水たまりを歩いて越すことも跳び越えることもできた。

8　次の英文の空所ア～ウに該当する語の組合せとして，最も妥当なのはどれか。

For three days Dorothy heard nothing from Oz. She felt very [ア] although her friends were very happy.

On the fourth day, to her great joy, Oz asked to see her.

"Sit down, my dear. I think I know a way to get you out of this country."

"And back to Kansas*?" she asked [イ].

"Well, I'm not sure about Kansas," said Oz, "for I don't know which way it is. But the first thing to do is to cross the desert, and then it should be easy to find your way home."

"How can I cross the desert?" she asked.

"Well, I'll tell you what I think," said the little man. "You see, I came to this country in a balloon*. You also came through the air—by a cyclone*. So I believe the best way to get across the desert will be through the air. I can't [ウ] a cyclone, but I believe I can [ウ] a balloon for us."

（L. Frank Baum：関優子「英語で読むオズの魔法使い」による）

＊　Kansas………カンザス州　　＊　balloon………気球
＊　cyclone………竜巻

	ア	イ	ウ
1	sad	excitedly	make
2	sad	quietly	stop
3	good	excitedly	stop
4	good	quietly	make
5	good	excitedly	hold

[9] 次の英文の空所ア，イに該当する語の組合せとして，最も妥当なのはどれか。

Most Japanese find a mouthful* of hot plain white rice delicious just as it is. But that is really like eating potatoes without any salt, butter or anything else to add to the flavor. In fact, rice is often eaten in combination with all kinds of toppings. The simplest is *furikak**, a powder sprinkled on top of the rice that is very [ア] with children. It can contain a variety of ingredients, such as ground dried fish, salt, roasted seaweed* and sesame* seeds. It is [イ] in small packets holding enough for one or two bowls of rice. Some people make their own healthy variety of furikaké using their favorite ingredients blended in a mixer, such as red *shiso* leaves, *daikon* giant radish* leaves, small fish, shrimp*, *katsuobushi* flakes, and dried egg.

(とよざきようこ Stuart Varnam − Atkin「「日本の衣食住」まるごと事典」による)

＊ mouthful………ひと口　＊ seaweed………海藻
＊ sesame………ゴマ　＊ radish………ダイコン
＊ shrimp………小エビ

	ア	イ
1	patient	served
2	patient	sliced
3	patient	sold
4	popular	sliced
5	popular	sold

10 A～Eの５チームが，総当たり戦で野球の試合を行った。今，試合の結果について，次のア～エのことが分かっているとき，確実にいえるのはどれか。ただし，勝率は，（勝ち数）÷（勝ち数＋負け数）で計算し，引き分けは計算には入らないものとする。

ア　Ａの勝率は7割5分であった。

イ　ＣとＤの勝率は5割であったが，勝ち数は異なった。

ウ　ＤはＢに負け，Ｃに勝った。

エ　Ｅは3敗1分けであった。

1　ＡはＣに勝った。

2　Ｂは勝率が1位であった。

3　Ｃは2勝2敗であった。

4　ＤはＥと引き分けた。

5　ＥはＢに負けた。

11 ある暗号で「アサガオ」が「7627 7625 8948 8327」，「ハイビスカス」が「7655 5327 6855 9625 7648 9625」で表されるとき，同じ暗号の法則で「5355 7632 7695 5363」と表されるのはどれか。

1 「ヒナギク」

2 「ヒマワリ」

3 「ヒメユリ」

4 「ベゴニア」

5 「ベニバナ」

12 あるクラスのA～Eの５つの班が，美術館，博物館，動物園，水族館のうち，見学する施設を各班１箇所だけ決めた。今，次のア～カのことが分かっているとき，確実にいえるのはどれか。

ア　Ａ班，Ｂ班は，美術館には行かない。

イ　Ｂ班，Ｃ班は，動物園には行かない。

ウ　Ｄ班，Ｅ班は，博物館と水族館には行かない。

エ　Ｄ班が行く施設には，Ｄ班ともう1つの班だけが行く。

オ　Ｅ班は，他の班と同じ施設には行かない。

カ　動物園に行くのは，1つの班だけである。

1　Ａ班は博物館に行く。
2　Ｂ班は水族館に行く。
3　Ｃ班は美術館に行く。
4　Ｄ班は動物園に行く。
5　Ｅ班は美術館に行く。

13　Ａ～Ｉの９人の親族関係について，次のア～オのことが分かっているとき，確実にいえるのはどれか。

ア　ＡはＩの息子である。
イ　ＢはＨの母であり，Ｇの妻である。
ウ　ＣはＧの息子であり，Ｉの夫である。
エ　ＤはＦとＨの娘である。
オ　ＥはＨの妹である。

1　ＡはＥの甥（おい）である。
2　ＣはＢの長男である。
3　ＦはＤの父親である。
4　Ｇの孫はＡだけである。
5　ＩはＨの姪（めい）である。

14　ある都市における，スタジアム，体育館，水泳場，馬術場，選手村の５つの施設の位置関係について，次のア～オのことが分かっているとき，確実にいえるのはどれか。

ア　選手村の真北に体育館がある。
イ　体育館の南西にスタジアムがあり，スタジアムの南東に馬術場がある。
ウ　選手村の北東に水泳場があり，水泳場の真南に馬術場がある。
エ　スタジアム，馬術場，選手村は一直線上にある。
オ　スタジアムから選手村までの距離は，選手村から水泳場までの距離と等しい。

1　体育館は水泳場の北西にあり，スタジアムは水泳場の南西にある。
2　馬術場は選手村の南東にあり，体育館は馬術場の真北にある。
3　水泳場から馬術場までの距離は，スタジアムから体育館までの距離より短い。

4　選手村からスタジアムまでの距離は，スタジアムから体育館までの距離より長い。

5　スタジアムから水泳場までの距離は，水泳場から馬術場までの距離と等しい。

15　A～Fの６人は，それぞれ千円札のみを１枚以上持っており，全員の所持金の合計額は，１万2,000円である。６人の所持金について，次のア～エのことが分かっているとき，確実にいえるのはどれか。

ア　Aの所持金は，Fと同額である。

イ　Bの所持金は，他の５人それぞれの所持金より多い。

ウ　Cの所持金は，Eと同額である。

エ　Eの所持金は，DとFより多い。

1　Aの所持金は，2,000円である。

2　Bの所持金は，4,000円である。

3　Cの所持金は，2,000円である。

4　Dの所持金は，2,000円である。

5　Eの所持金は，3,000円である。

16　次の図のように，一辺の長さが10cmの正三角形ABCに，辺BCを直径とする半円を描いたとき，斜線部の面積はどれか。ただし，円周率はπとする。

1　$\frac{25}{2}\sqrt{3}-\frac{25}{6}\pi\text{cm}^2$

2　$\frac{25}{4}\sqrt{3}\text{cm}^2$

3　$\frac{5}{3}\pi\text{cm}^2$

4　$\frac{25}{6}\pi\text{cm}^2$

5　$\frac{50}{3}\pi\text{cm}^2$

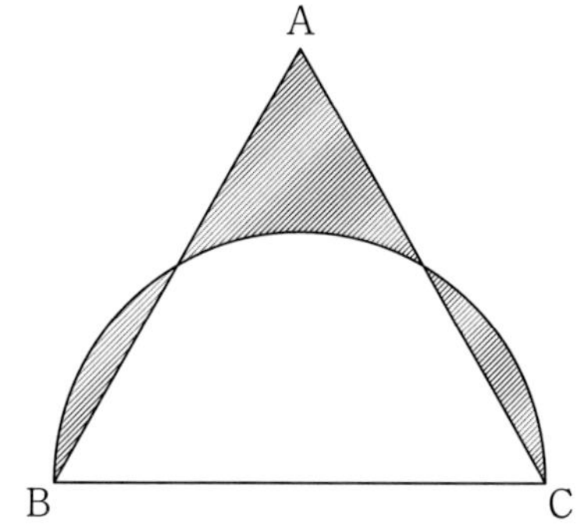

17 3で割ると1余り，5で割ると2余る2桁の自然数のうち最大のものをA，6で割ると1余り，11で割ると5余る3桁の自然数のうち最小のものをBとしたとき，AとBの和はどれか。

1　146
2　161
3　197
4　212
5　227

18 1周5.0kmのランニングコースがある。A，Bの2人が同じスタート地点から，Aは時計回りに，Bは反時計回りに，同時にスタートし，その12分後に2人は初めてすれ違った。Aが2周して出発した地点に戻るのと，Bが3周して出発した地点に戻るのが同時であったとすると，Aが1周するのに要した時間はどれか。ただし，AとBの走る速さは，それぞれ一定とする。

1　24分
2　30分
3　36分
4　40分
5　60分

19 ある製菓工場で作る菓子について，既に，ある数の注文を受けており，また，毎日一定の数の注文を新たに受ける。40人の職人が手作りすると24日間，機械12台で作ると4日間で，注文された菓子を全て作り終える。今，職人6人と機械5台で作るとき，全て作り終えるのにかかる日数はどれか。ただし，機械1台が1日に作る数は，職人1人の10倍であり，各職人及び各機械が1日に作る数は，それぞれ等しいものとする。

1　10日
2　12日
3　14日
4　16日
5　18日

20 **濃度15％の砂糖水に，水を加えて濃度9％の砂糖水にした。次に，この濃度9％の砂糖水に濃度12％の砂糖水を200g加えたところ，濃度10％の砂糖水になった。水を加える前の濃度15％の砂糖水の量はどれか。**

1　180g
2　210g
3　240g
4　270g
5　300g

21 **次の表から確実にいえるのはどれか。**

野菜の収穫量の推移

（単位　t）

区　分	平成25年	26	27	28	29
ばれいしょ	2,408,000	2,456,000	2,406,000	2,199,000	2,395,000
キャベツ	1,440,000	1,480,000	1,469,000	1,446,000	1,428,000
だいこん	1,457,000	1,452,000	1,434,000	1,362,000	1,325,000
たまねぎ	1,068,000	1,169,000	1,265,000	1,243,000	1,228,000
はくさい	906,300	914,400	894,600	888,700	880,900

1　平成27年における「ばれいしょ」の収穫量に対する「キャベツ」の収穫量の比率は，前年におけるそれを下回っている。
2　平成29年において，「キャベツ」の収穫量の対前年減少量は，「たまねぎ」の収穫量のそれを下回っている。
3　表中の各年とも，「だいこん」の収穫量は，「はくさい」の収穫量の1.5倍を上回っている。
4　平成29年において，「たまねぎ」の収穫量の対前年減少率は，「だいこん」の収穫量のそれより大きい。
5　平成25年の「はくさい」の収穫量を100としたときの平成29年のそれの指数は，95を下回っている。

22 次の表から確実にいえるのはどれか。

世界の新造船竣（しゅんこう）工量の推移

区　　分		2014年	2015	2016	2017	2018
合計（万総トン）		6,462	6,757	6,642	6,576	5,783
構成比（%）	計	100.0	100.0	100.0	100.0	100.0
	日　本	20.8	19.3	20.0	19.9	25.1
	韓　国	35.0	34.4	37.7	34.1	24.8
	中　国	35.1	37.2	33.7	36.2	40.0
	欧　州	2.0	1.5	2.3	2.5	3.2
	その他	7.1	7.6	6.3	7.3	6.9

（注）100総トン以上の船舶を対象

1　2016年から2018年までの各年のうち，日本の新造船竣工量と欧州の新造船竣工量との差が最も小さいのは，2018年である。

2　2016年の韓国の新造船竣工量の対前年増加率は，2015年のそれより大きい。

3　2018年において，韓国の新造船竣工量の対前年減少量は，中国の新造船竣工量のそれの10倍より小さい。

4　2014年から2016年までの3年における中国の新造船竣工量の1年当たりの平均は，2,300万総トンを下回っている。

5　2016年の欧州の新造船竣工量を100としたときの2018年のそれの指数は，130を上回っている。

23 次の図から確実にいえるのはどれか。

主要国の製材及び合板用材生産量の推移

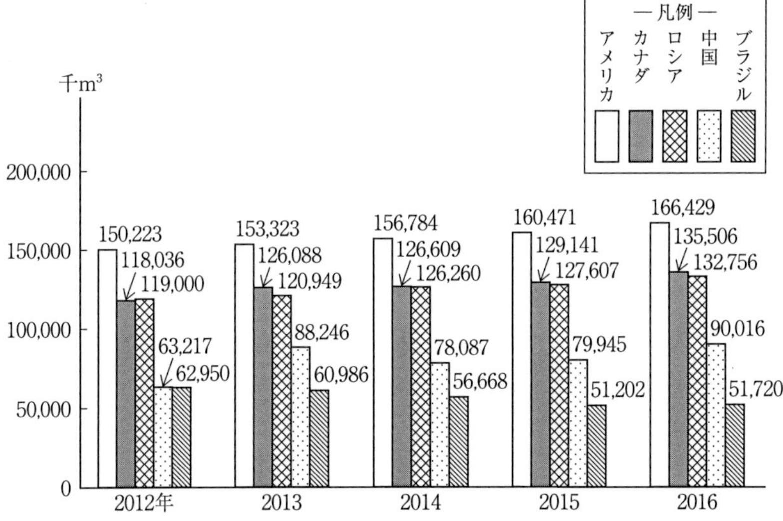

1　2012年のブラジルの製材及び合板用材生産量は，2016年のそれの1.2倍より小さい。

2　2013年の中国の製材及び合板用材生産量を100としたときの2012年のそれの指数は，70を下回っている。

3　2014年において，ロシアの製材及び合板用材生産量の対前年増加量は，カナダのそれの10倍を上回っている。

4　2015年において，アメリカの製材及び合板用材生産量の対前年増加率は，ロシアの製材及び合板用材生産量のそれより小さい。

5　2013年から2016年までの各年におけるカナダの製材及び合板用材生産量の対前年増加量の平均は，4,500千m³を上回っている。

24 **次の図から確実にいえるのはどれか。**

地域別訪日外客数の構成比の推移

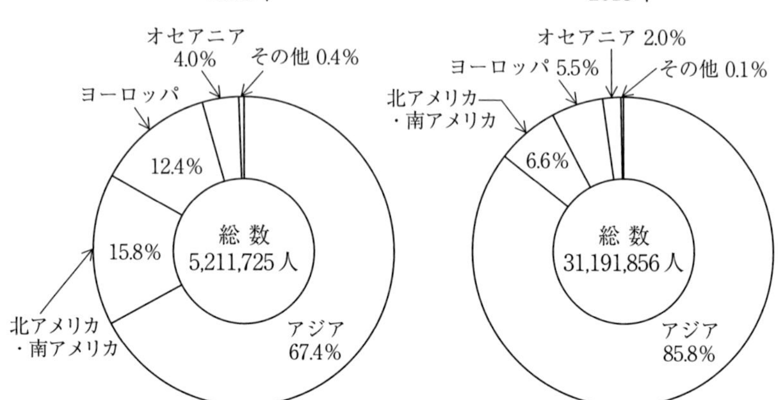

1 「アジア」の訪日外客数の2003年に対する2018年の増加数は，2018年の「北アメリカ・南アメリカ」の訪日外客数の10倍を下回っている。

2 訪日外客数の総数の2003年に対する2018年の増加数に占める「アジア」のそれの割合は，80%を超えている。

3 「北アメリカ・南アメリカ」の訪日外客数の2003年に対する2018年の増加率は，「オセアニア」の訪日外客数のそれより大きい。

4 2003年及び2018年の両年とも，「ヨーロッパ」の訪日外客数は，「オセアニア」のそれの3倍を下回っている。

5 2003年の「ヨーロッパ」の訪日外客数を100としたときの2018年のそれの指数は，300を上回っている。

25 次の図のように，折り紙の一端を折りたたみ，折り紙の２辺に平行な，点Ｐで直交する２直線で２片を切り落とした場合，残った折り紙を広げた図形はどれか。

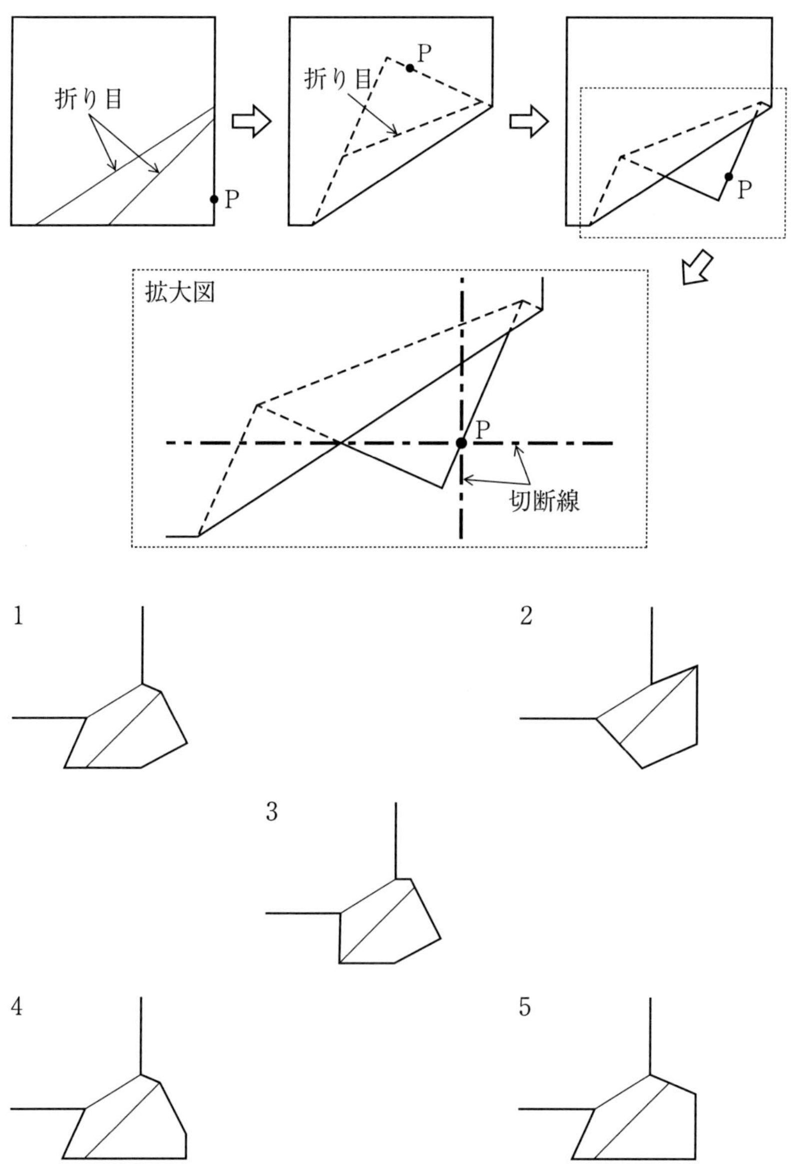

26 次の図のような，同じ大きさの正方形のパネルA，Bがあり，それぞれのパネルには同じ大きさの正方形の穴が開いている。今，2枚のパネルをずれることなく重ね合わせ，パネルBを90°ずつ回転させるとき，一致する穴の最も多い数はどれか。ただし，パネルは裏返して重ね合わせることはできないものとする。

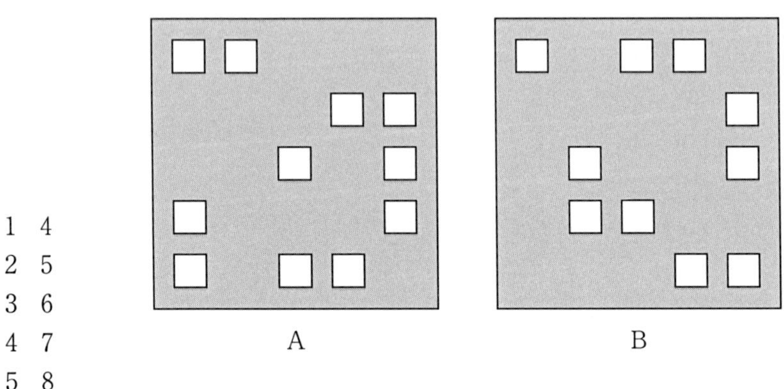

1　4
2　5
3　6
4　7
5　8

27 次の図のように，中心をOとする直径12cmの半円の円周上に点C，Dをとり，それぞれの点からの垂線が直線ABと交わる点をE，Fとする。垂線の長さがCE＝5cm，DF＝4cmのとき，直線ABを軸として斜線部分を1回転させてできる立体の体積はどれか。ただし，円周率はπとする。

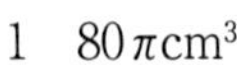

1　$80\pi cm^3$
2　$82\pi cm^3$
3　$188\pi cm^3$
4　$206\pi cm^3$
5　$224\pi cm^3$

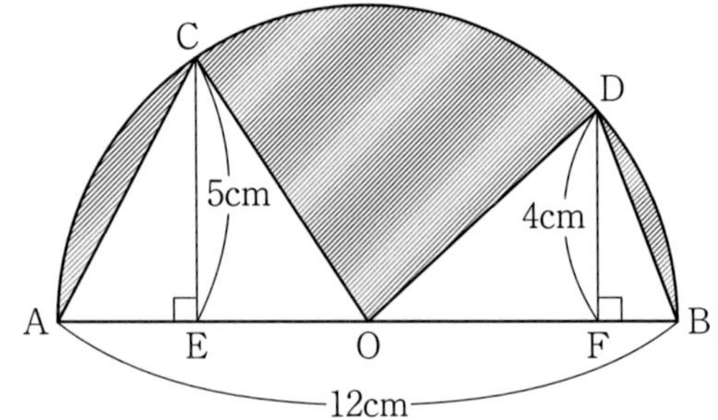

28 次の図は，台形が直線上を滑ることなく１回転したとき，その台形上の点Ｐが描く軌跡であるが，この軌跡を描くものはどれか。

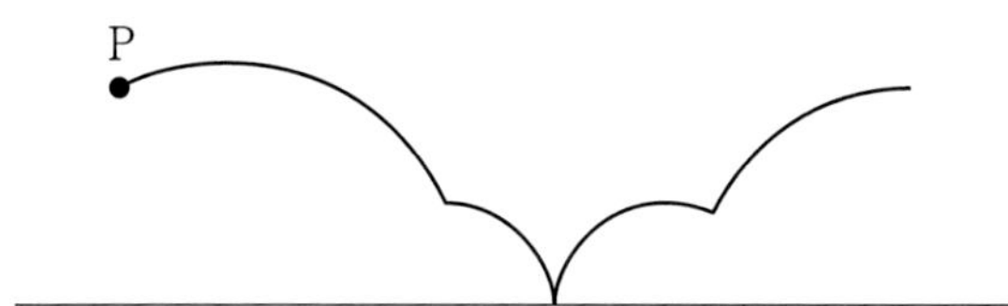

1

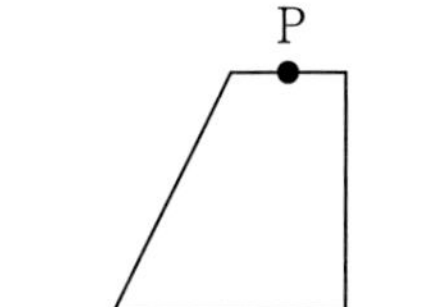

2

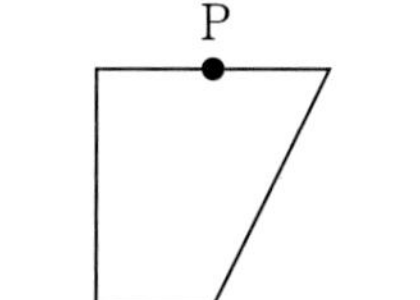

3

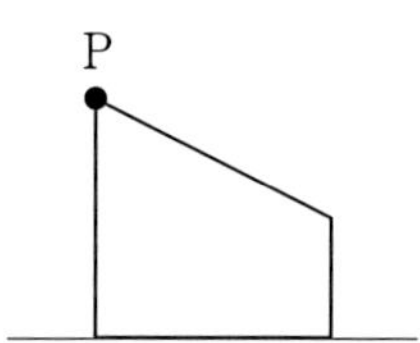

4

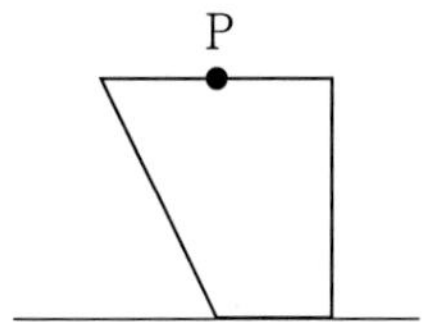

5

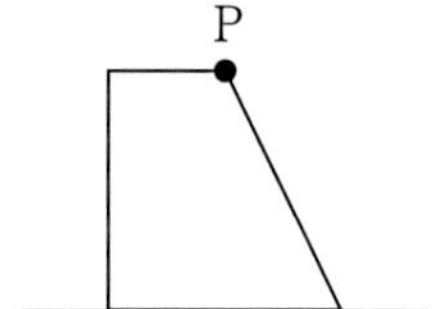

※ 問題番号［29］－［50］のうち17問を選択解答。

29 大日本帝国憲法（明治憲法）の特色に関する記述として，妥当なのはどれか。

1 明治憲法は，1889年，君主権力の強いプロイセン憲法を模範にし，民定憲法として発布された。

2 立法・行政・司法の三権は，「統帥権の総攬（そうらん）者」としての天皇に属するものであった。

3 陸海軍の指揮命令権である統治権は，議会や内閣も関与できないことから，「統治権の独立」と称せられた。

4 明治憲法下の国民の権利は，「臣民の権利」であり，それには法律の範囲内において認められるという法律の留保があった。

5 明治憲法下の政治機構において，立法権は，天皇が帝国議会の輔弼（ほひつ）をもって行い，行政権は，各国務大臣が天皇を協賛し行使されるものであった。

30 次の文は，日本国憲法前文の一部であるが，文中の空所A～Dに該当する語又は語句の組合せとして，妥当なのはどれか。

日本国民は，正当に選挙された国会における代表者を通じて行動し，われらとわれらの子孫のために，諸国民との協和による成果と，わが国全土にわたつて［　A　］のもたらす恵沢を確保し，政府の行為によつて再び［　B　］が起ることのないやうにすることを決意し，ここに主権が国民に存することを宣言し，この憲法を確定する。そもそも国政は，国民の厳粛な［　C　］によるものであつて，その権威は国民に由来し，その権力は国民の代表者がこれを行使し，その福利は国民がこれを享受する。これは人類普遍の原理であり，この憲法は，かかる原理に基くものである。われらは，これに反する一切の［　D　］，法令及び詔勅を排除する。

	A	B	C	D
1	平和	戦争の惨禍	信託	条約
2	平和	国際紛争	信任	条約
3	自由	戦争の惨禍	信任	条約
4	自由	国際紛争	信任	憲法
5	自由	戦争の惨禍	信託	憲法

31 核兵器と軍縮に関する記述として，妥当なのはどれか。

1　1963年に，アメリカ，ソ連，フランス，中国の間で，大気圏内外と地下での核実験を禁止する部分的核実験禁止条約（PTBT）が締結された。

2　1985年にソ連でフルシチョフ政権が成立すると，アメリカ・ソ連間で戦略兵器制限交渉が開始され，1987年には中距離核戦力全廃条約が成立した。

3　非人道的な兵器とされる化学兵器や生物兵器に関して，化学兵器禁止条約は1997年に発効したが，生物兵器禁止条約は現在も未発効のままである。

4　NGOである地雷禁止国際キャンペーンが運動を展開し，1997年には対人地雷全面禁止条約（オタワ条約）が採択された。

5　2013年に国連で採択された武器貿易条約は，通常兵器の国際取引，核兵器の開発，実験等を禁止している。

32 我が国の社会保障制度に関するＡ～Ｄの記述のうち，妥当なものを選んだ組合せはどれか。

A　我が国の社会保障制度は，憲法の平等権の理念に基づいて整備され，社会保険，公的扶助，社会福祉の3つの柱から成り立っている。

B　社会保険は，疾病等の場合に現金やサービスを給付する制度であり，医療保険，年金保険，雇用保険，労災保険，介護保険の5種類がある。

C　公的扶助は，生活困窮者に対して最低限度の生活を保障するものであり，生活保護法に基づいて，生活，教育，住宅，医療，介護，出産，生業，葬祭の8つの扶助が実施されている。

D　社会福祉は，社会的援助を必要とする人々に国が施設やサービスを提供するものであり，生活保護法，児童福祉法，身体障害者福祉法，知的障害者福祉法，老人福祉法，社会福祉法は福祉六法と呼ばれている。

1　A　B
2　A　C
3　A　D
4　B　C
5　B　D

33 資源・エネルギーに関する記述として，妥当なのはどれか。

1　メタンハイドレートは，頁岩の層から採掘される天然ガスのことで，アメリカでは新しい技術によって生産コストが低下している。

2　スマートグリッドとは，発電時の排熱を冷暖房や給湯等に利用し，熱効率を高めるものである。

3　レアメタルは，地球上に存在量が少ないか，技術的・経済的理由で抽出困難な金属であり，プラチナ，リチウム，ニッケル，レアアース等がある。

4　再生可能エネルギーとは，発電時に二酸化炭素を排出しないものであり，これには太陽光，地熱，風力，水力，波力，原子力等がある。

5　シェールガスとは，トウモロコシを発酵させて生産する等，動植物が由来の資源のことである。

34 源平の争乱と鎌倉幕府の成立に関する次の出来事ア～オを年代の古い順に並べたものとして，妥当なのはどれか。

ア　源頼朝らが，以仁王の令旨を受けて挙兵した。

イ　源義仲が，源範頼と義経に討たれた。

ウ　源頼朝が，奥州藤原氏を滅ぼした。

エ　源頼朝が，征夷大将軍に任じられた。

オ　源義経らが，壇の浦で平氏を滅ぼした。

1　アーイーエーオーウ

2　アーイーオーウーエ

3　アーイーオーエーウ

4　アーウーイーエーオ

5　アーウーイーオーエ

35 自由民権運動に関する記述として，妥当なのはどれか。

1　1874年に，江藤新平や副島種臣らは，国会の開設を要求する民撰議院設立の建白書を左院に提出した。

2　1874年に，板垣退助は，郷里の土佐に帰って片岡健吉らと愛国社を起こし，翌年これを中心に全国的組織として立志社が大阪で結成された。

3　1881年に，大隈重信を党首とする自由党が結成され，翌年に福地源一郎を党首とする立憲改進党が結成された。

4　1882年に，県令河野広中が不況下の農民を使った道路工事を強行し，それに反対する三島通庸ら自由党員が大量に検挙された福島事件が起こった。

5　1886年に，星亨らを中心に三大事件建白運動が起こり，翌年には大同団結運動が展開されたが，政府は集会条例を発し民権派を東京から追放した。

36　メソポタミア文明に関する記述として，妥当なのはどれか。

1　ハラッパーやモエンジョ＝ダーロ等の都市文明が栄え，これらの遺跡からは，青銅器，彩文土器及び印章が発見された。

2　象形文字のヒエログリフが発明され，墓等に刻まれるとともに，1年を365日とする太陽暦や，測地術が発達した。

3　複雑な構造をもつ大宮殿がクノッソスに建設され，オリエントの影響を受けて，青銅器文明が誕生した。

4　石造建築の都市が数多く建設され，高度な天文観測による精密な暦法や二十進法を用いた数学等が発達した。

5　シュメール人がウル・ウルク等の都市国家をたて，楔(くさび)形文字が発明されて粘土板に刻まれるとともに，六十進法や太陰暦が用いられた。

37　清に関する記述として，妥当なのはどれか。

1　ヌルハチ（太祖）は，内モンゴルのチャハル部を従えて，1636年に国号を清と改め，チンギス・ハン以来の「大ハン」の位を継承し皇帝を称した。

2　康熙帝は，漢人武将である呉三桂が起こした三藩の乱を鎮圧し，1689年にロシアとネルチンスク条約を結び，国境を画定した。

3　乾隆帝は，軍機処を設け，1727年にロシアとキャフタ条約を結び，モンゴルとの国境を画定した。

4　雍正帝は，天山山脈以北のジュンガルを滅ぼし，東トルキスタンを占領して「新しい領土」を意味する新疆(しんきょう)と名付けた。

5　光緒帝は，袁世凱により退位させられ，清は滅亡し，同時に2000年以上にわたる中国の皇帝政治は終わりを告げた。

38 次の図と文は，我が国の地図と火山に関する記述であるが，文中の空所A～Dにあてはまる地図上の位置を示すカタカナ又は火山の名称を選んだ組合せとして，妥当なのはどれか。

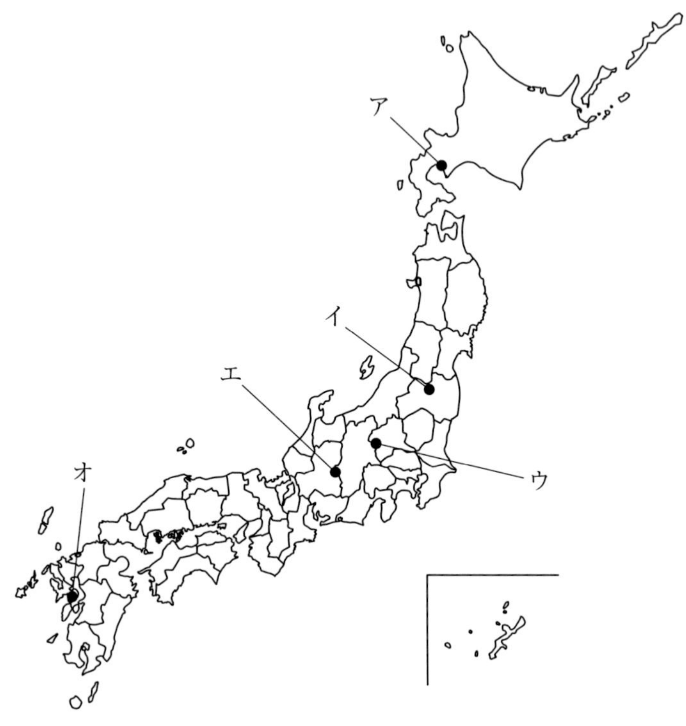

地図上［　A　］に位置している［　B　］は，2000年に23年ぶりの噴火をしたが，自治体が山周辺のハザードマップを作成しており，噴火前に住民の避難ができた。

また，地図上［　C　］に位置している［　D　］は，2014年に噴火し，多くの登山者が噴石等の犠牲となる大惨事となった。

	A	B	C	D
1	ア	有珠山	エ	御嶽山
2	イ	磐梯山	ウ	浅間山
3	ウ	浅間山	エ	御嶽山
4	エ	御嶽山	オ	雲仙岳
5	オ	雲仙岳	エ	浅間山

39 次のＡ～Ｃは，社会契約説に関する記述であるが，それぞれに該当する思想家の組合せとして，妥当なのはどれか。

Ａ　自然状態を，「万人の万人に対する戦い」とし，人々は平和を求め，自然法に従って１人の人間又は合議体に各人の自然権を譲渡するとして，「リヴァイアサン」を著した。

Ｂ　自然状態を，自然法が支配し平和だが不完全な状態とし，人々は自然権を確実にするために政府に権力を信託するとして，「統治二論」を著した。

Ｃ　自然状態を，自由・平等と平和が理想的に保たれている状態としたが，不平等な文明社会が生まれたため，人々は公共の利益をめざす一般意志への服従を契約するとして，「社会契約論」を著した。

	Ａ	Ｂ	Ｃ
1	ルソー	ロック	ホッブズ
2	ホッブズ	ヴォルテール	モンテスキュー
3	ホッブズ	ロック	ルソー
4	ロック	ホッブズ	ルソー
5	ヴォルテール	ルソー	モンテスキュー

40 質量5.0kgの物体が初速度7.0m/sで粗い水平面上を滑っていき，摩擦力を受けて静止した。このとき，物体が静止するまでに滑った距離はどれか。ただし，物体と面との間の動摩擦係数を0.25，重力加速度の大きさを9.8m/s^{2}とする。

1　1.4m
2　2.5m
3　5.0m
4　10m
5　20m

41 次の文は，電流に関する記述であるが，文中の空所ア～ウに該当する語の組合せとして，妥当なのはどれか。

電流の向きは，［　ア　］の電荷が移動する向きと定められ，自由電子の移動する向きと［　イ　］になる。電流の大きさは，ある断面を単位時間に通過する電気量で定められ，電流の単位はアンペア，電気量の単位は［　ウ　］を用いる。

	ア	イ	ウ
1	正	逆	クーロン
2	正	同じ	クーロン
3	正	逆	ボルト
4	負	同じ	ボルト
5	負	逆	クーロン

42 アンモニアに関する記述として，妥当なのはどれか。

1 気体は，無色で刺激臭があり，空気より軽い。
2 水溶液は，青色のリトマス紙を赤色に変える。
3 電離度は，濃度によらずほぼ1である。
4 空気中で塩化水素と反応し，赤褐色の煙を生じる。
5 無極性分子で，分子の形は三角すい形である。

43 物質の構成と化学結合に関する記述として，妥当なのはどれか。

1 イオン化エネルギーとは，原子から中性子を1個取り去り，1価の陽イオンにするのに必要なエネルギーをいう。
2 2族元素のアルカリ金属の原子は，イオン化エネルギーが大きく，陽イオンになりやすい。
3 17族元素のハロゲンの原子は，電子親和力が大きく，陰イオンになりやすい。
4 18族元素の希ガスの原子は，電子配置が不安定なため，ほかの原子と結合しやすい。
5 イオン結合とは，陽イオンと陰イオンの2個の原子が互いに電子を共有してできる結合をいう。

44 次のA～Eのうち，細胞の種類と発現する遺伝子の組合せとして，妥当なのはどれか。

A 筋細胞 —— アクチン
B 水晶体の細胞 —— インスリン
C 赤血球になる細胞 —— ケラチン
D だ腺細胞 —— アミラーゼ
E すい臓の細胞 —— コラーゲン

1　A　C
2　A　D
3　B　D
4　B　E
5　C　E

45 窒素の循環に関する記述として，妥当なのはどれか。

1　窒素は，生物には不可欠な元素であり，タンパク質，核酸等の有機物に含まれているが，ATPには含まれていない。

2　植物が土壌中にある硝酸イオンやアンモニウムイオンを根から吸収して，タンパク質や核酸等の有機窒素化合物をつくる働きを光合成という。

3　マメ科の植物の根に共生する根粒菌や土壌中に生息するアゾトバクター等の細菌が，大気中の窒素をアンモニウムイオンに変える働きを窒素固定という。

4　動植物の遺骸や排出物等に含まれる窒素は，菌類や細菌によって硝酸イオンに分解され，さらに，硝化菌によってアンモニウムイオンに変えられる。

5　土壌中の一部の硝酸イオンが，脱窒素細菌の働きで窒素に変えられ，大気中に戻る作用を窒素同化という。

46 地震に関する記述として，妥当なのはどれか。

1　地震の規模は，震度で表され，日本では気象庁の定めた10段階の震度階級が使われている。

2　地震による揺れの大きさは，マグニチュードで表され，マグニチュードが1大きくなると地震のエネルギーは約32倍になる。

3　余震は，本震の後に引き続き起こる地震であり，その発生回数は時間の経過とともに増加する。

4　震源では，横波のP波と縦波のS波が同時に発生するが，観測点にはP波の方が先に到達する。

5　初期微動継続時間は，P波とS波の到達時刻の差であり，震源までの距離が遠いほど長くなる。

47 次のA～Eのうち，四字熟語の読み方が正しいものを選んだ組合せとして，妥当なのはどれか。

A　三位一体　——　「さんみいったい」
B　前代未聞　——　「ぜんだいみぶん」
C　会者定離　——　「えしゃじょうり」
D　言語道断　——　「げんごどうだん」
E　千客万来　——　「せんきゃくまんらい」

1　A　C
2　A　D
3　B　D
4　B　E
5　C　E

48 ことわざ又は慣用句の意味を説明した記述として，妥当なのはどれか。

1 「顎が落ちる」とは，大いに笑うことをいう。
2 「顎が干上がる」とは，高慢な態度で人を使うことをいう。
3 「顎を出す」とは，得意になっていることをいう。
4 「顎が食い違う」とは，当てが外れることをいう。
5 「顎を外す」とは，非常に味が良いことをいう。

49 次の文は，「源氏物語」の一節であるが，文中の下線部A～Eの解釈として，妥当なのはどれか。

A手を書きたるにも，深きことはなくて，ここかしこの，点長に走り書き，そこはかとなく，B気色ばめるは，うち見るに，かどかどしく気色だちたれど，Cなほまことの筋をこまやかに書き得たるは，Dうはべの筆消えて見ゆれど，いまひとたび取り並べて見れば，なほ実になむよりける。はかなきことだにかくこそはべれ。まして人の心の，E時にあたりて気色ばめらむ，見る目の情をば，え頼むまじく思うたまへてはべる。

1　下線部Aは，「絵を描いた場合」という意味である。
2　下線部Bは，「気取っている」という意味である。
3　下線部Cは，「やはり本当の家柄を」という意味である。

4　下線部Ｄは，「師匠の筆法」という意味である。
5　下線部Ｅは，「勢いが盛んで」という意味である。

50　次のＡ～Ｅのうち，西洋音楽の作曲家とその作品の組合せとして，妥当なのはどれか。

Ａ　J. S. バッハ ――「リナルド」
Ｂ　ヘンデル ――「椿姫」
Ｃ　F. シューベルト ――「冬の旅」
Ｄ　ヴェルディ ――「ブランデンブルク協奏曲」
Ｅ　ラヴェル ――「ボレロ」

1　Ａ　Ｃ
2　Ａ　Ｄ
3　Ｂ　Ｄ
4　Ｂ　Ｅ
5　Ｃ　Ｅ

解答・解説

1　5

解説　主旨を問う問題である。「念入り」「早く」を両立させることが大事だと筆者は主張している。最後の二段落に注目しよう。

2　5

解説　主旨を問う問題である。最後に結論を述べる尾括型の文章であることに気づければ，解答は容易にできるだろう。

3　4

解説　整序問題である。Ａ「思いもよらぬ障害」→Ｄ「そんな困難～自分の判断です」→Ｃ「その一つひとつの判断が～」のように，指示語やキーワードに注目すると答えやすい。

4 4

解説 整序問題である。A「禅について」→E「西洋との対比」→B「西洋の特徴」→FDC「禅の特徴」という論理の展開を整理しよう。

5 3

解説 空欄補充問題である。「窮屈」であいまいな世界と比べ,「広い」「自由」「はっきりしている(明快な)」数字の特徴を把握しよう。

6 2

解説 空欄補充問題である。A「自由」「柔軟」の違いは分かりにくいので,Bに注目するとよい。「既にあるものをただつくる」のは「クリエイト」ではないが悪いこととはされていないので「盗作」「偽物」は適切ではない。Bが「複製」と分かれば,答えは絞られてくる。

7 1

解説 第1段落2文目の内容から,1が正しい。not only 〜 but (also) …「〜だけでなく…」。2は「舗装された」が誤り。3は「簡単であった」が誤り。4は「道の片側だけに」が誤り。5は「歩いて越すことも(できた)」が誤り。

8 1

解説 ア 「友達はとても喜んでいたが,彼女はとても悲しかった」。接続詞altoughがあり,接続詞より後ろにhappyがあるため,接続詞より前にはhappyと逆の意味の単語が入ると見当がつく。 イ 「カンザスへ戻る?」彼女はわくわくして聞いた。quietly「静かに」は文意から不適当とわかる。ウ 「竜巻は作れないけど,私たちの気球は作れると思う」。文意とウの空欄の直後に竜巻と気球という名詞があるため,stop「止める」やhold「持つ,保つ」ではなく,make「作る」が適当である。

9 5

解説 「ふりかけ」の説明をしている。 ア 「最も簡単なのはふりかけ,ご飯の上に振りかけられる子どもたちに人気のある粉です」。be popular with

～「～に人気がある」。　イ 「それはご飯1，2杯くらいには十分な小さな包みで売られています」。be sold「売られている」。

10 5

解説 条件ア～エより，以下の対戦表を作成していく。条件アより，Aチームの勝率が7割5分となるのは，3勝1敗0分の場合だけである。また，条件イより，勝率が5割となるのは2勝2敗0分，1勝1敗2分のいずれかであり，CチームとDチームの勝ち数は異なるので，一方が2勝2敗0分，他方が1勝1敗2分となる。さらに，条件ウ，エより，対戦表は以下のようになる。

<table>
<tr><th></th><th>A</th><th>B</th><th>C</th><th>D</th><th>E</th><th>勝－敗－分</th><th>勝率</th></tr>
<tr><td>A</td><td></td><td></td><td></td><td></td><td></td><td>3－1－0</td><td>7割5分</td></tr>
<tr><td>B</td><td></td><td></td><td></td><td>○</td><td></td><td></td><td></td></tr>
<tr><td>C</td><td></td><td></td><td></td><td>×</td><td></td><td rowspan="2">2－2－0
または
1－1－2</td><td>5割</td></tr>
<tr><td>D</td><td></td><td>×</td><td>○</td><td></td><td></td><td>5割</td></tr>
<tr><td>E</td><td></td><td></td><td></td><td></td><td></td><td>0－3－1</td><td></td></tr>
</table>

ここで，Aチームには引き分けがなく，Eチームには勝ちがないので，AチームとEチームの対戦では，Aチームが勝ったことになる。また，この時点でDチームの対戦成績のうち決まっていないのはAチームとEチームとの対戦であるが，Aチームには引き分けがないので，Dチームが2回引き分けることはなくなり，対戦成績は2勝2敗0分と決まる。すると，Cチームの対戦成績は1勝1敗2分と決まる。すると，CチームはAチームと引き分けることはないので，CチームはAチームに勝ち，残ったBチームとEチームとは引き分けたことになる。次に，Aチームについて，残ったBチームとDチームに勝ったことがわかる。次に，Eチームについて，残ったBチームとDチームに負けたことがわかる。以上より，対戦表は以下のようになる。

	A	B	C	D	E	勝－敗－分	勝率
A		○	×	○	○	3－1－0	7割5分
B	×		△	○	○	2－1－1	6割6分6厘
C	○	△		×	△	1－1－2	5割
D	×	×	○		○	2－2－0	5割
E	×	×	△	×		0－3－1	0割

1：誤り。AはCに負けている。　2：誤り。Bの勝率は2位である。　3：誤り。Cの対戦成績は1勝1敗2分である。　4：誤り。DはEに勝っている。　5：正しい。EはBに負けている。

11 2

解説 「アサガオ」は「7627　7625　8948　8327」,「ハイビスカス」は「7655　5327　6855　7648　9625」と表すことから，カタカナ1字に4つの数字が対応していると推測できる。よって，以下の五十音表に対応する数字を入れていく。ただし，濁点や半濁点のついたものは除く。

	ア	カ	サ	タ	ナ	ハ	マ	ヤ	ラ	ワ
ア	7627	7648	7625			7655				
イ	5327									
ウ			9625							
エ										
オ	8327									

ここで，段に注目すると，ア段に対応する4つの数字のうち，前の2つの数字はいずれも7と6であり，これらの差は7－6＝1となる。同様に考えると，イ段に対応する前の2つの数字の差は5－3＝2となり，オ段に対応する前の2つの数字の差は8－3＝5となる。このことから，ウ段に対応する前の2つの数字の差は3，エ段に対応する前の2つの数字の差は4になると予測できる。一方，行に注目すると，ア行に対応する後ろの2つの数字の差は2－7＝－5，カ行では4－8＝－4，サ行では2－5＝－3，ハ行では5－5＝0となることから，タ行では－2，ナ行では－1，マ行では1，ヤ行では2，ラ行では3，ワ行では4になると予測できる。ここまでをまとめると，以下のようになる。

段	ア	イ	ウ	エ	オ
前の2つの数字の差	1	2	3	4	5

行	ア	カ	サ	タ	ナ	ハ	マ	ヤ	ラ	ワ
後ろの2つの数字の差	－5	－4	－3	－2	－1	0	1	2	3	4

よって，「5355」は「ヒ」，「7632」は「マ」，「7695」は「ワ」，「5363」は「リ」と直せるので，「ヒマワリ」となる。

12 **3**

解説 条件ア～カをもとに，以下の表を作成する。ただし，行くことが確定した場合は○，行かないことが確定した場合は×とする。まず，条件ア～ウより，以下のように×をつけることができる。また，条件エよりＤ班が行く施設に行く班の数は2，条件オよりＥ班が行く施設に行く班の数は1，条件カより動物園へ行く班の数は1となる。

	美術館	博物館	動物園	水族館	班の数
A	×				
B	×		×		
C			×		
D		×		×	2
E		×		×	1
班の数			1		

ここで，Ｄ班は他にもう1つの班と同じ施設に行くので，1つの班しか行かない動物園へ行くことはないため，残った美術館へ行くことが決まる。すると，Ｅ班は他の班と同じ施設には行かないので，美術館へは行かず，残った動物園へ行くことが決まる。すると，動物園へ行く1つの班が決まったので，Ａ班は動物園へ行かないことが決まる。また，Ｄ班と一緒に美術館へ行ったのは，残ったＣ班と決まる。ここまでで，表は以下のようになる。

	美術館	博物館	動物園	水族館	班の数
A	×		×		
B	×		×		
C	○	×	×	×	2
D	○	×	×	×	2
E	×	×	○	×	1
班の数	2		1		

1：誤り。Ａ班は博物館と水族館のどちらへ行くか，決まっていない。　2：誤り。Ｂ班は博物館と水族館のどちらへ行くか，決まっていない。　3：正しい。Ｃ班が美術館へ行くことは決まっている。　4：誤り。Ｄ班が行くのは美術館である。　5：誤り。Ｅ班が行くのは動物園である。

13 1

解説 条件ア～オより，以下の家系図が作成できる。ただし，男性の場合は○，女性の場合は□，性別が分からない場合は△で囲うものとする。

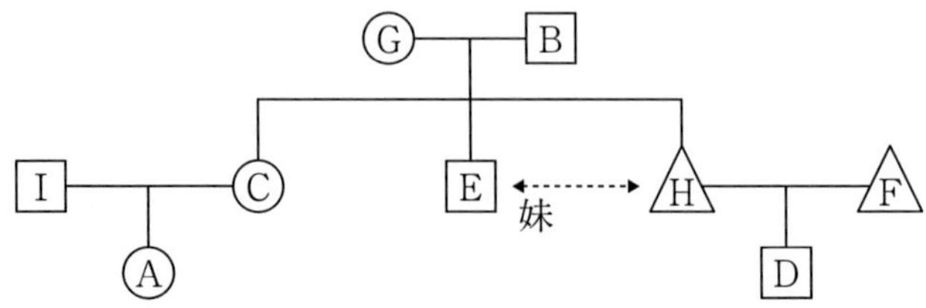

1：正しい。Eの兄弟姉妹の息子がAなので，「AはEの甥である」は確実にいえる。　2：誤り。Hの性別が不明であり，CとEのどちらが先に生まれたかが分からないので，「CはBの長男である」は確実にはいえない。　3：誤り。Fの性別が不明なので，「FはDの父親である」は確実にはいえない。　4：誤り。Gの孫はAの他にDがいる。　5：誤り。IはHの義兄弟姉妹である。

14 5

解説 条件ア～オより，5つの施設の位置関係は以下のようになる。なお，条件アより「選手村の真北に体育館」があり，条件イより「体育館の南西にスタジアム」がある場合，選手村，体育館，スタジアムの3つがなす角度は45°となるなど，角度についても記入する。

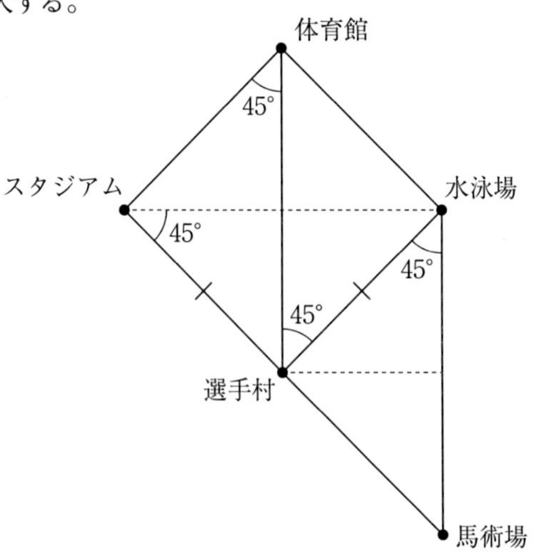

すると，いくつかの直角二等辺三角形ができるので，これを踏まえてそれぞれの選択肢を考える。

1：誤り。体育館は水泳場の北西にあるが，スタジアムは水泳場の真西にある。　2：誤り。馬術場は選手村の南東にあるが，体育館は馬術場の真北にはない。　3：誤り。水泳場から馬術場までの距離は，スタジアムから体育館までの距離より長い。　4：誤り。体育館の南西にスタジアムがあり，スタジアムの南東に選手村があり，選手村の真北に体育館があるので，体育館，スタジアム，選手村を結ぶ三角形は直角二等辺三角形となる。よって，選手村からスタジアムまでの距離は，スタジアムから体育館までの距離と等しい。　5：正しい。水泳場，馬術場，スタジアムを結ぶ三角形は直角二等辺三角形となるので，スタジアムから水泳場までの距離は，水泳場から馬術場までの距離と等しい。

15　3

解説　A～Fの6人の所持金の合計額は1万2,000円であり，6人とも千円札のみを持っているので，千円札の合計枚数は12枚となる。よって，それぞれの所持金を考える際には，それぞれの持っている千円札の枚数を考えればよいことになり，それぞれの持つ千円札の枚数をa，b，c，d，e，f枚とすると$a+b+c+d+e+f=12$…①が成り立つ。次に，条件アより$a=f$となる。また，条件イより，$b>a$，c，d，e，fとなる。さらに，条件ウより$c=e$となる。条件エより，$e>d$，fとなる。これらをまとめると，$b>c(=e)>a(=f)$，dとなり，大小関係が不明なのはdと$a(=f)$のみである。よって，以下のように場合分けして考える。

(1)　$d>a(=f)$の場合

それぞれの大小関係は，$b>c(=e)>d>a(=f)$となるので，千円札の枚数の組合せは4種類必要となる。例えば，$b=4$，$c=e=3$，$d=2$，$a=f=1$とすると，$a+b+c+d+\mathrm{e}+f=14$となるので，式①の条件を満たさず，これ以上千円札の枚数を小さくできないため，不適である。

(2)　$d=a(=f)$の場合

それぞれの大小関係は，$b>c(=e)>a(=d=f)$となるので，千円札の枚数の組合せは3種類必要となる。例えば，$b=5$，$c=e=2$，$a=d=f=1$とすると，$a+b+c+d+e+f=12$となるため，式①を満たすことになる。その他に式①を満たす千円札の枚数の組合せは考えられないので，(2)が正しい場合は$b=5$，$c=e=2$，$a=d=f=1$となる。

(3)　$d<a(=f)$の場合

それぞれの大小関係は，$b>c(=e)>a(=f)>d$となるので，千円札の枚数の組合せは4種類必要となる。例えば，$b=4$，$c=e=3$，$a=f=2$，$d=1$とすると，$a+b+c+d+e+f=15$となるため，式①の条件を満たさず，これ以上千円札の枚数を小さくできないため，不適である。
よって，(2) の場合しか考えられず，$b=5$，$c=e=2$，$a=d=f=1$となるので，それぞれの所持金は，Aが1,000円，Bが5,000円，Cが2,000円，Dが1,000円，Eが2,000円，Fが1,000円となる。
1：誤り。Aの所持金は1,000円である。　2：誤り。Bの所持金は5,000円である。　3：正しい。Cの所持金は2,000円である。　4：誤り。Dの所持金は1,000円である。　5：誤り。Eの所持金は2,000円である。

16 4

解説 以下の図のように，斜線部の図形をⅠ～Ⅲに分け，それぞれの面積を考える。また，半円の中心をOとし，点Oと点D，および点Oと点Eを線分で結ぶ。

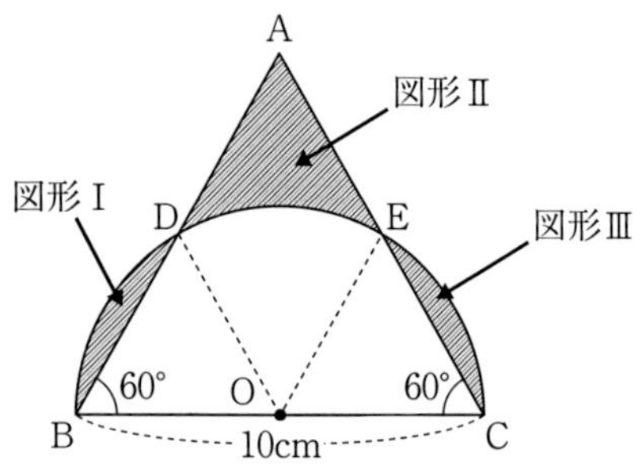

(1) 図形Ⅰ
ΔOBDにおいて，半円の半径より，辺OB＝辺OD＝5〔cm〕となるので，ΔOBDは二等辺三角形である。すると，ΔABCは正三角形なので，∠OBD＝∠ODB＝60°となり，∠BOD＝180°－60°－60°＝60°となるので，ΔOBDは1辺の長さが5cmの正三角形ということになり，三平方の定理より，高さは$\sqrt{5^2-\left(\frac{5}{2}\right)^2}=\frac{5}{2}\sqrt{5}$〔cm〕となる。ここで，図形Ⅰの面積は，扇形OBDの面積からΔOBDの面積を引いたものになるので，$\left(5^2\pi\times\frac{60°}{360°}\right)-\left(5\times\frac{5}{2}\sqrt{5}\times\frac{1}{2}\right)=\frac{25}{6}\pi-\frac{25}{4}\sqrt{5}$〔cm^2〕となる。
(2) 図形Ⅲ
図形Ⅰと同様に考えると，ΔOCE≡ΔOBDとなるので，図形Ⅲの面積は$\frac{25}{6}\pi-\frac{25}{4}\sqrt{5}$〔cm^2〕となる。
(3) 図形Ⅱ
図形Ⅱの面積は，ΔABCの面積から，ΔOBD，ΔOCE，扇形ODEの面積を引いたものになる。ΔOBD≡ΔOCEより，∠DOE＝180°－60°－60°＝60°となるので，扇形ODE≡扇形OBDとなる。また，ΔABCの高さは，三平方の定理より$\sqrt{10^2-5^2}=5\sqrt{5}$〔cm〕となる。よって，図形Ⅱの面積は，$\left(10\times5\sqrt{5}\times\frac{1}{2}\right)-\left(\frac{25}{4}\sqrt{5}\right)\times2-\left(\frac{25}{6}\pi\right)=\frac{25}{2}\sqrt{5}-\frac{25}{6}\pi$〔cm^2〕となる。

したがって，斜線部の面積は，$\left(\frac{25}{6}\pi-\frac{25}{4}\sqrt{5}\right)\times2+\left(\frac{25}{2}\sqrt{5}-\frac{25}{6}\pi\right)=\frac{25}{6}\pi$〔cm^2〕となる。

17 4

解説 (割られる数)＝(割る数)×(商)＋(余り) より，(割られる数)－(余り)＝(割る数)×(商) となるので，(割られる数)－(余り)＝(割る数の倍数) が成り立つ。よって，問題文より「A－1＝(3の倍数)」…①，「A－2＝(5の倍数)」…②が成り立つ。また，(公倍数)＝(最小公倍数の倍数) が成り立ち，3と5の最小公倍数は15より，(A－1)(A－2)＝(15の倍数) となる。ここで，Aは2桁の自然数であり，条件①，②を満たす最大の数なので，A＝99，98，97，…という順に大きな2桁の自然数から当てはめていく。すると，A＝99のとき (99－1)(99－2)＝9,506≠(15の倍数)，A＝98のとき (98－1)(98－2)＝9,312≠(15の倍数)，A＝97のとき (97－1)(97－2)＝9,120＝(15の倍数) となるので，A＝97が該当する。次に，Bについても同様に考えると，「B－1＝(6の倍数)」…③，「B－5＝(11の倍数)」…④が成り立つので，「(B－1)(B－5)＝(66の倍数)」が成り立つ。また，Bは3桁の自然数であり，条件③，④を満たす最小の数なので，B＝100，101，102，…という順に小さな3桁の自然数から当てはめていくが，66の倍数の一の位の数は奇数にはならないため，(偶数)×(偶数)＝(66の倍数) とする必要があるので，Bは奇数になることを考慮する。すると，B＝101のとき (101－1)(101－5)＝9,600≠(66の倍数)，B＝103のとき (103－1)(103－5)＝9,996≠(66の倍数)，B＝105のとき (105－1)(105－5)＝10,400≠(66の倍数)，…，B＝115のとき (115－1)(115－5)＝12,540＝(66の倍数) となるので，B＝115が該当する。したがって，AとBの和は，97＋115＝212となる。

18 2

解説 (距離)＝(速さ)×(時間) と表せる。Aの走る速さをa〔km/分〕，Bの走る速さをb〔km/分〕とすると，AとBの速さを合計した速さで，5.0km

のランニングコースを1周するのに12分かかったことになるので，$(a+b)\times 12=5.0$…①が成り立つ。また，Aが2周するのにかかった時間と，Bが3周するのにかかった時間が等しいので，$(時間)=\left(\frac{距離}{速さ}\right)$より，$\frac{5.0\times 2}{a}=\frac{5.0\times 3}{b}$が成り立ち，$b=\frac{3}{2}a$となる。これを式①に代入すると，$\left(a+\frac{3}{2}a\right)\times 12=5.0$，$\frac{5}{2}a=\frac{5.0}{12}$，$a=\frac{1}{6}$〔km/分〕となる。よって，Aが1周するのに要した時間をt〔分〕とすると，$\frac{1}{6}\times t=5.0$が成り立つので，$t=30$〔分〕となる。

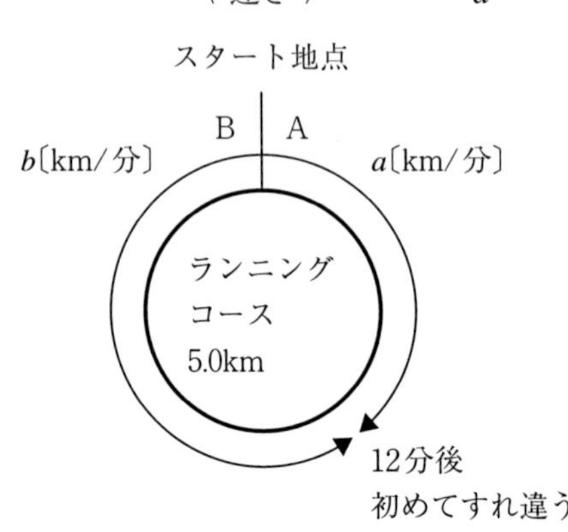

19 2

解説 職人1人の仕事の速さをx〔個/日〕とすると，機械1台の仕事の速さは$10x$〔個/日〕と表せる。すると，40人の職人の仕事の速さは$40x$〔個/日〕，12台の機械の仕事の速さは$120x$〔個/日〕，職人6人と機械5台の仕事の速さは$6x+5\times 10x=56x$〔個/日〕と表せる。さらに，職人6人と機械5台のときにかかる日数をt〔日〕とする。ここまでをまとめると，以下の表のようになる。

	仕事の速さ〔個/日〕	日数〔日〕
職人：40人	$40x$	24
機械：12台	$120x$	4
職人：6人 機械：5台	$56x$	t
職人：1人	x	
機械：1台	$10x$	

ここで，$x=1$とおき，40人の職人の仕事の速さを40〔個/日〕，12台の機械の仕事の速さを120〔個/日〕，職人6人と機械5台の仕事の速さを56〔個/日〕とする。さらに，既に注文を受けている数をa〔個〕，新たに受ける注文

の数をb〔個／日〕とすると，職人40人でつくる場合は作り終えるのに24日かかるので，$\left(\dfrac{\text{作る数〔個〕}}{\text{仕事の速さ〔個／日〕}}\right)=$（作り終えるのにかかる日数〔日〕）より，$\dfrac{a+24b}{40}=24$が成り立ち，これを整理すると$a+24b=960$…①となる。同様に考えると，機械12台で作る場合は，$\dfrac{a+4b}{120}=4$が成り立ち，これを整理すると$a+4b=480$…②となる。式①，②を連立方程式として解くと，$a=384$〔個〕，$b=24$〔個／日〕となる。よって，職人６人と機械５台で作る場合は，$\dfrac{a+bt}{56}=\dfrac{384+24t}{56}=t$が成り立ち，これを解くと$t=12$〔日〕となる。

20 **3**

解説 （濃度）$=\left(\dfrac{\text{砂糖の量}}{\text{砂糖水の量}}\times 100\right)$より，水を加える前の濃度15％の砂糖水の量を$x$〔g〕とすると，含まれる砂糖の量は$\dfrac{15}{100}x$〔g〕，水の量は$x-\dfrac{15}{100}x=\dfrac{85}{100}x$〔g〕と表せる。次に，濃度を９％にするために水を$y$〔g〕加えたとすると，砂糖水の量は$x+y$〔g〕，砂糖の量は変化せず，水の量は$\dfrac{85}{100}x+y$〔g〕となる。さらに，濃度12％の砂糖水200gに含まれる砂糖の量は$200\times\dfrac{12}{100}=24$〔g〕，水の量は$200-24=176$〔g〕より，最終的にできた濃度10％の砂糖水の量は$x+y+200$〔g〕，これに含まれる砂糖の量は$\dfrac{15}{100}x+24$〔g〕，水の量は$\dfrac{85}{100}x+y+176$〔g〕となる。ここまでをまとめると，以下の表のようになる。

	砂糖水の量〔g〕	砂糖の量〔g〕	水の量〔g〕	濃度〔％〕
はじめ	x	$\dfrac{15}{100}x$	$\dfrac{85}{100}x$	15
水を加える	$x+y$	$\dfrac{15}{100}x$	$\dfrac{85}{100}x+y$	9
砂糖水を加える	$x+y+200$	$\dfrac{15}{100}x+24$	$\dfrac{85}{100}x+y+176$	10

ここで，濃度９％の砂糖水について，$\dfrac{\frac{15}{100}x}{x+y}\times 100=9$が成り立ち，これを

整理すると$y=\frac{2}{3}x$…①となる。また，濃度10％の砂糖水について，$\frac{\frac{15}{100}x+24}{x+y+200}\times 100=10$が成り立ち，これを整理すると$x-2y+80=0$…②となる。式①を②に代入すると，$x=240$〔g〕となる。したがって，水を加える前の濃度15％の砂糖水の量は240gとなる。

21 3

解説 1：誤り。(平成27年における「ばれいしょ」の収穫量に対する「キャベツ」の収穫量の比率)＝$\frac{平成27年における「キャベツ」の収穫量}{平成27年における「ばれいしょ」の収穫量}=\frac{1,469,000}{2,406,000}$ ≒0.611，(平成26年における「ばれいしょ」の収穫量に対する「キャベツ」の収穫量の比率)＝$\frac{1,480,000}{2,456,000}$≒0.603となる。よって，平成27年における「ばれいしょ」の収穫量に対する「キャベツ」の収穫量の比率は，前年のそれを上回っている。　2：誤り。(平成29年における「キャベツ」の対前年減少量)＝(平成28年における「キャベツ」の収穫量)－(平成29年における「キャベツ」の収穫量)＝1,446,000－1,428,000＝18,000〔t〕，(平成29年における「たまねぎ」の対前年減少量)＝1,243,000－1,228,000＝15,000〔t〕となる。よって，平成29年における「キャベツ」の対前年減少量は，「たまねぎ」のそれを上回っている。　3：正しい。(平成25年における「はくさい」の収穫量の1.5倍)＝906,300×1.5＝1,359,450〔t〕＜(平成25年における「だいこん」の収穫量) 1,457,000〔t〕，(平成26年における「はくさい」の収穫量の1.5倍)＝914,400×1.5＝1,371,600〔t〕＜(平成26年における「だいこん」の収穫量) 1,452,000〔t〕，(平成27年における「はくさい」の収穫量の1.5倍)＝894,600×1.5＝1,341,900〔t〕＜(平成27年における「だいこん」の収穫量) 1,434,000〔t〕，(平成28年における「はくさい」の収穫量の1.5倍)＝888,700×1.5＝1,333,050〔t〕＜(平成28年における「だいこん」の収穫量) 1,362,000〔t〕，(平成29年における「はくさい」の収穫量の1.5倍)＝880,900×1.5＝1,321,350〔t〕＜(平成29年における「だいこん」の収穫量) 1,325,000〔t〕となる。よって，各年とも「だいこん」の収穫量は，「はくさい」の収穫量の1.5倍を上回っている。
4：誤り。(平成29年における「たまねぎ」の対前年減少率)＝$\left(100-\frac{平成29年における「たまねぎ」の収穫量}{平成28年における「たまねぎ」の収穫量}\times 100\right)=\left(100-\frac{1,228,000}{1,243,000}\times 100\right)=$

$\left(100-\frac{1,228}{1,243}\times 100\right)$，(平成29年における「だいこん」の対前年減少率)＝$\left(100-\frac{1,325,000}{1,362,000}\times 100\right)=\left(100-\frac{1,325}{1,362}\times 100\right)$となる。ここで，$\frac{1,228}{1,243}$と$\frac{1,325}{1,362}$の大小を比較すると，$\frac{1,228}{1,243}\fallingdotseq 0.988$，$\frac{1,325}{1,362}\fallingdotseq 0.973$より，$\frac{1,228}{1,243}>\frac{1,325}{1,362}$となるので，$\left(100-\frac{1,228}{1,243}\times 100\right)<\left(100-\frac{1,325}{1,362}\times 100\right)$と判断できる。よって，平成29年における「たまねぎ」の対前年減少率は，「だいこん」の収穫量のそれより小さい。　5：誤り。平成25年の「はくさい」の収穫量を100とすると，平成29年のそれの指数は$\frac{880,900}{906,300}\times 100\fallingdotseq 97.2$より，95を上回っている。

22　**2**

解説　1：誤り。(2018年の日本と欧州の新造船竣工量の差)＝$5,783\times(0.251-0.032)=5,783\times 0.219\fallingdotseq 1,266$〔万総トン〕，(2017年の日本と欧州の新造船竣工量の差)＝$6,576\times(0.199-0.025)=6,576\times 0.174\fallingdotseq 1,144$〔万総トン〕となる。よって，2018年の日本と欧州の新造船竣工量の差は，2017年のそれより大きいので，2018年の日本と欧州の新造船竣工量の差が最も小さいわけではない。　2：正しい。(2016年の韓国の新造船竣工量の対前年増加率)＝$\left(\frac{\text{2016年の韓国の新造船竣工量}}{\text{2015年の韓国の新造船竣工量}}\times 100-100\right)=\left(\frac{6,642\times 0.377}{6,757\times 0.344}\times 100-100\right)$，(2015年の韓国の新造船竣工量の対前年増加率)＝$\left(\frac{6,757\times 0.344}{6,462\times 0.350}\times 100-100\right)$となる。ここで，$\frac{6,642\times 0.377}{6,757\times 0.344}$と$\frac{6,757\times 0.344}{6,462\times 0.350}$の大小を比較すると，$\frac{6,642\times 0.377}{6,757\times 0.344}\fallingdotseq 1.08$，$\frac{6,757\times 0.344}{6,462\times 0.350}\fallingdotseq 1.03$より，$\frac{6,642\times 0.377}{6,757\times 0.344}>\frac{6,757\times 0.344}{6,462\times 0.350}$となるので，$\left(\frac{6,642\times 0.377}{6,757\times 0.344}\times 100-100\right)>\left(\frac{6,757\times 0.344}{6,462\times 0.350}\times 100-100\right)$と判断できる。よって，2016年の韓国の新造船竣工量の対前年増加率は，2015年のそれより大きい。　3：誤り。(2018年の韓国の新造船竣工量の対前年減少量)＝$(6,576\times 0.341)-(5,783\times 0.248)\fallingdotseq 808$〔万総トン〕，(2018年の中国の新造船竣工量の対前年減少量の10倍)＝$\{(6,576\times 0.362)-(5,783\times 0.400)\}\times 10\fallingdotseq 680$〔万総トン〕となる。よって，2018年の韓国の新造船竣工量の対前年減少量は，中国の新造船竣工量のそれの10倍より大きい。　4：誤り。(2014年から2016年までの3年における中国の新造船竣工量の1年当たりの平均)＝

$\dfrac{(6{,}462 \times 0.351) + (6{,}757 \times 0.372) + (6{,}642 \times 0.337)}{3} \fallingdotseq \dfrac{2{,}268 + 2{,}514 + 2{,}238}{3} =$ 2,340〔万総トン〕となる。よって，2014年から2016年までの3年における中国の新造船竣工量の1年当たりの平均は，2,300万総トンを上回っている。
5：誤り。2016年の欧州の新造船竣工量を100としたときの2018年のそれの指数は，$\dfrac{5{,}783 \times 0.032}{6{,}642 \times 0.023} \times 100 \fallingdotseq 121.1$となるので，130を下回っている。

23 3

解説 1：誤り。(2016年のブラジルの製材及び合板用材生産量の1.2倍) $= 51{,}720 \times 1.2 = 62{,}064$〔千$m^3$〕＜(2012年のブラジルの製材及び合板用材生産量) 62,950〔千m^3〕より，2012年のブラジルの製材及び合板用材生産量は，2016年のそれの1.2倍より大きい。 2：誤り。2013年の中国の製材及び合板用材生産量を100としたとき，2012年のそれの指数は$\dfrac{63{,}217}{88{,}246} \times 100 \fallingdotseq 71.6$となるので，70を上回っている。 3：正しい。(2014年のロシアの製材及び合板用材生産量の対前年増加量) $= 126{,}260 - 120{,}949 = 5{,}311$〔千$m^3$〕，(2014年のカナダの製材及び合板用材生産量の対前年増加量の10倍) $= (126{,}609 - 126{,}088) \times 10 = 5{,}210$となるので，2014年のロシアの製材及び合板用材生産量の対前年増加量は，カナダのそれの10倍を上回っている。 4：誤り。(2015年のアメリカの製材及び合板用材生産量の対前年増加率) $= \left(\dfrac{160{,}471}{156{,}784} \times 100 - 100\right)$，(2015年のロシアの製材及び合板用材生産量の対前年増加率) $= \left(\dfrac{127{,}607}{126{,}260} \times 100 - 100\right)$となる。ここで，$\dfrac{160{,}471}{156{,}784}$と$\dfrac{127{,}607}{126{,}260}$の大小を比較すると，$\dfrac{160{,}471}{156{,}784} \fallingdotseq 1.02$，$\dfrac{127{,}607}{126{,}260} \fallingdotseq 1.01$より，$\dfrac{160{,}471}{156{,}784} > \dfrac{127{,}607}{126{,}260}$となるので，$\left(\dfrac{160{,}471}{156{,}784} \times 100 - 100\right) > \left(\dfrac{127{,}607}{126{,}260} \times 100 - 100\right)$と判断できる。よって，2015年のアメリカの製材及び合板用材生産量の対前年増加率は，ロシアの製材及び合板用材生産量のそれより大きい。 5：誤り。(2013年から2016年までの各年におけるカナダの製材及び合板用材生産量の対前年増加量の平均) $=$
$\dfrac{(126{,}088 - 118{,}036) + (126{,}609 - 126{,}088) + (129{,}141 - 126{,}609) + (135{,}506 - 129{,}141)}{4}$
$= \dfrac{8{,}052 + 521 + 2{,}532 + 6{,}365}{4} = 4{,}367.5$〔千$m^3$〕となるので，4,500千$m^3$を下

回っている。

24 2

解説 1：誤り。(「アジア」の訪日外客数の2003年に対する2018年の増加数) = (31,191,856 × 0.858) − (5,211,725 × 0.674) ≒ 26,762,612 − 3,512,703 = 23,249,909〔人〕, (2018年の「北アメリカ・南アメリカ」の訪日外客数の10倍) = 31,191,856 × 0.066 × 10 ≒ 20,586,625〔人〕となる。よって,「アジア」の訪日外客数の2003年に対する2018年の増加数は, 2018年の「北アメリカ・南アメリカ」の訪日外客数の10倍を上回っている。 2：正しい。(訪日外客数の総数の2003年に対する2018年の増加数) = 31,191,856 − 5,211,725 = 25,980,131〔人〕となり, 1より, (「アジア」の訪日外客数の2003年に対する2018年の増加数) ≒ 23,249,909〔人〕となる。よって, (訪日外客数の総数の2003年に対する2018年の増加数に占める「アジア」のそれの割合) = $\frac{23,249,909}{25,980,131} \times 100 \fallingdotseq 89.5$〔%〕となるので, 80%を超えている。 3：誤り。(「北アメリカ・南アメリカ」の訪日外客数の2003年に対する2018年の増加率) = $\left(\frac{31,191,856 \times 0.066}{5,211,725 \times 0.158} \times 100 - 100\right)$, (「オセアニア」の訪日外客数の2003年に対する2018年の増加率) = $\left(\frac{31,191,856 \times 0.020}{5,211,725 \times 0.040} \times 100 - 100\right)$と表せる。ここで, $\frac{0.066}{0.158}$と, $\frac{0.020}{0.040}$の大小を比較すると, $\frac{0.066}{0.158} < \frac{0.020}{0.040}$となるので, $\left(\frac{31,191,856 \times 0.066}{5,211,725 \times 0.158} \times 100 - 100\right) < \left(\frac{31,191,856 \times 0.020}{5,211,725 \times 0.040} \times 100 - 100\right)$と判断できる。よって,「北アメリカ・南アメリカ」の訪日外客数の2003年に対する2018年の増加率は,「オセアニア」の訪日外客数のそれより小さい。 4：誤り。(2003年の「ヨーロッパ」の訪日外客数) = 5,211,725 × 0.124〔人〕, (2003年の「オセアニア」の訪日外客数の3倍) = 5,211,725 × 0.040 × 3 = 5,211,725 × 0.120〔人〕となる。ここで, (5,211,725 × 0.124) > (5,211,725 × 0.120) より, (2003年の「ヨーロッパ」の訪日外客数) は (2003年の「オセアニア」の訪日外客数の3倍) を上回っているため, この時点で誤りと判断できる。 5：誤り。2003年の「ヨーロッパ」の訪日外客数を100とすると, 2018年のそれの指数は$\frac{31,191,856 \times 0.055}{5,211,725 \times 0.124} \times 100 \fallingdotseq 265.5$となるので, 300を下回っている。

25 1

解説 便宜上，問題文の3つの折り紙の図を図A～Cとする。また，問題文の「拡大図」を点Pで直交する2直線で切り落としたとき，出来上がった4つの三角形を①～④とする。さらに，「拡大図」を切り落とさなかった場合，折り紙を図Bの状態に折り戻したものを図B′，図Aの状態に折り戻したものを図A′とし，それぞれの図で三角形①～④がどの位置に対応しているかを考えると以下のようになる。

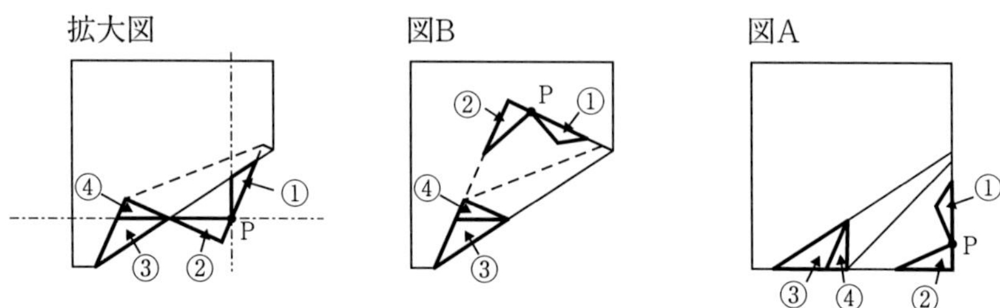

ここで，最終的に三角形①～③は切り落とされ，三角形④は残ることから，三角形①～③を切り落とした後の折り紙は以下のようになる。

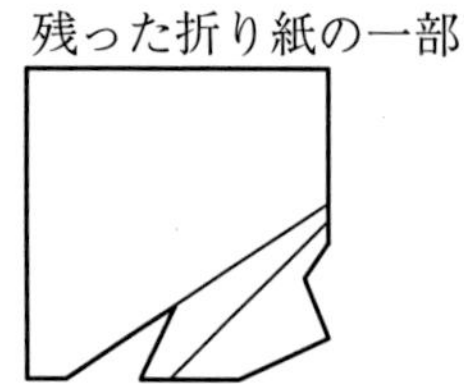

すると，選択肢4と5は，三角形②の部分が切り取られていないので誤りとなる。また，選択肢2と3は，三角形④の部分が残っていないので誤りとなる。したがって，選択肢1が正解となる。

26 **3**

解説 問題文のパネルＡにある正方形の穴を，それぞれ①～⑪とする。

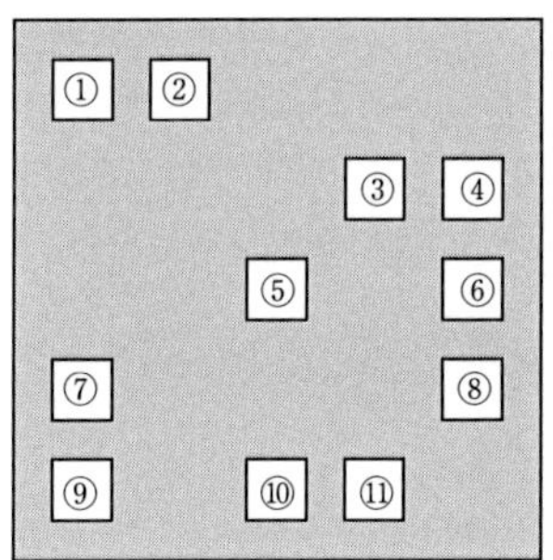

次に，パネルB，およびこれを時計回りに90～270°回転させたものを図Ⅰ～Ⅳとし，パネルＡの正方形の穴と一致するものについては，その番号を記す。

図Ⅰ パネルB

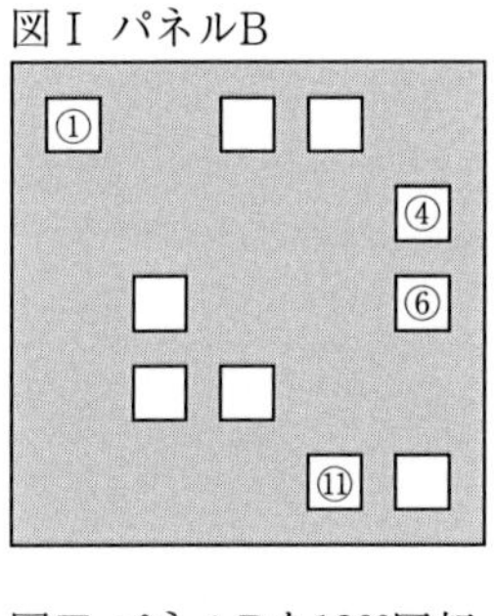

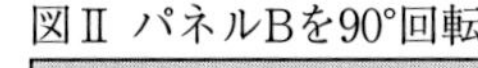

図Ⅱ パネルBを90°回転

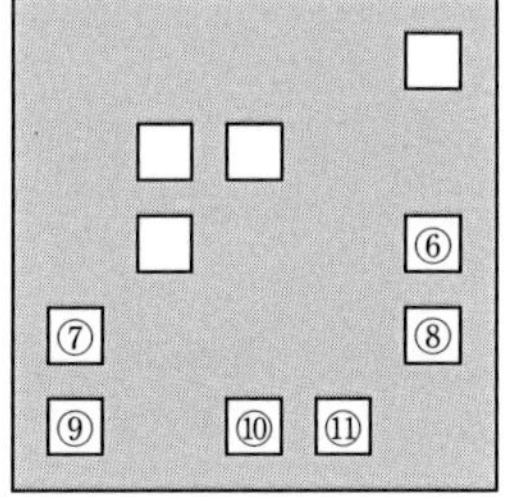

図Ⅲ パネルBを180°回転

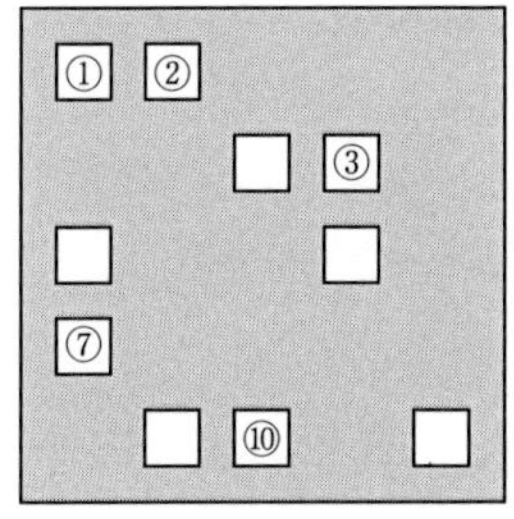

図Ⅳ パネルBを270°回転

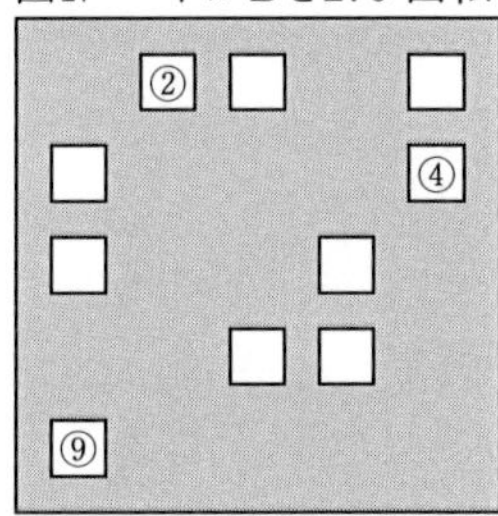

したがって，一致する穴が最も多いのは図Ⅱの場合であり，一致する穴の数は6個である。

27 4

解説 問題文にある直径12cmの半円を，直線ABを軸として1回転させると，半径6cmの球となる。また，ΔACE，ΔOCE，ΔODF，ΔBDFを直線ABを軸として1回転させると，それぞれ円すいとなる。よって，半径6cmの球の体積から，これらの4つの円すいの体積を引いたものが，斜線部分を1回転させてできる立体の体積となる。それぞれの体積は，以下のようになる。

(1) 半径6cmの球の体積

$\frac{4}{3}\pi \times 6^3 = 288\pi$〔$cm^3$〕となる。

(2) ΔOCEを回転させてできた円すいの体積

半円の半径なので辺OC＝6cmであり，三平方の定理より，辺OE＝$\sqrt{6^2-5^2}$＝$\sqrt{11}$〔cm〕となる。よって，ΔOCEを回転させてできた円すいは，半径5cm，高さ$\sqrt{11}$cmとなるので，体積は$5^2\pi \times \sqrt{11} \times \frac{1}{3} = \frac{25\sqrt{11}}{3}\pi$〔$cm^3$〕となる。

(3) ΔACEを回転させてできた円すいの体積

(2)より，辺AE＝辺OA－辺OE＝$6-\sqrt{11}$〔cm〕となる。よって，ΔACEを回転させてできた円すいは，半径5cm，高さ$6-\sqrt{11}$〔cm〕となるので，体積は$5^2\pi \times (6-\sqrt{11}) \times \frac{1}{3} = \frac{25}{3}(6-\sqrt{11})\pi$〔$cm^3$〕となる。

(4) ΔODFを回転させてできた円すいの体積

三平方の定理より，辺OF＝$\sqrt{6^2-4^2} = 2\sqrt{5}$〔cm〕となる。よって，ΔODFを回転させてできた円すいは，半径4cm，高さ$2\sqrt{5}$〔cm〕となるので，体積は$4^2\pi \times 2\sqrt{5} \times \frac{1}{3} = \frac{32\sqrt{5}}{3}\pi$〔$cm^3$〕となる。

(5) ΔBDFを回転させてできた円すいの体積

(4)より，辺BF＝辺OB－辺OF＝$6-2\sqrt{5}$〔cm〕となる。よって，ΔBDFを回転させてできた円すいは，半径4cm，高さ$6-2\sqrt{5}$〔cm〕となるので，体積は$4^2\pi \times (6-2\sqrt{5}) \times \frac{1}{3} = \frac{16}{3}(6-2\sqrt{5})\pi$〔$cm^3$〕となる。

したがって，斜線部分を回転させてできる立体の体積は，$288\pi - \left\{\frac{25\sqrt{11}}{3}\pi + \frac{25}{3}(6-\sqrt{11})\pi + \frac{32\sqrt{5}}{3}\pi + \frac{16}{3}(6-2\sqrt{5})\pi\right\} = 288\pi - (50\pi + 32\pi) = 206\pi$〔$cm^3$〕となる。

28 4

解説 問題文の図より，求める台形を直線上で1回転させると，動点Pの軌跡は合計4つの円弧を描くことがわかる。ここで，動点Pが台形の頂点に存在する場合，その台形を1回転させることで動点Pの軌跡が描く円弧は合計3つとなるはずなので，本問では動点Pは台形の頂点には存在しないことになる。よって，この時点で選択肢3と5は誤りとなる。次に，以下の図のように動点Pが描く軌跡となる円弧を含む扇形の中心をそれぞれA～Dとすると，これらは求める台形の回転の中心となる頂点と一致する。また，それぞれの扇形の中心角の大きさは，求める台形の回転の中心となる頂点の外角と等しくなる。よって，それぞれの扇形の中心角から求める台形を考察し，選択肢のうち該当するものを選ぶことになる。

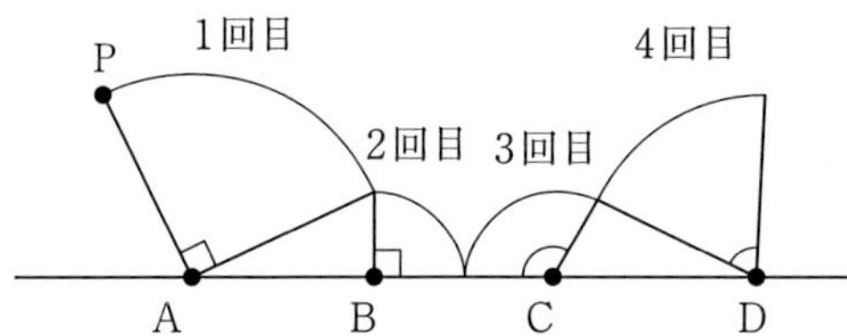

(1) 1回目の回転

1回目の回転のときに動点Pが描いた円弧からは，左端の扇形が求められる。この扇形の中心角の大きさは90°と考えられるので，求める台形の1回目の回転の中心となる頂点の外角は90°となる。すると，選択肢2は誤りとなる。

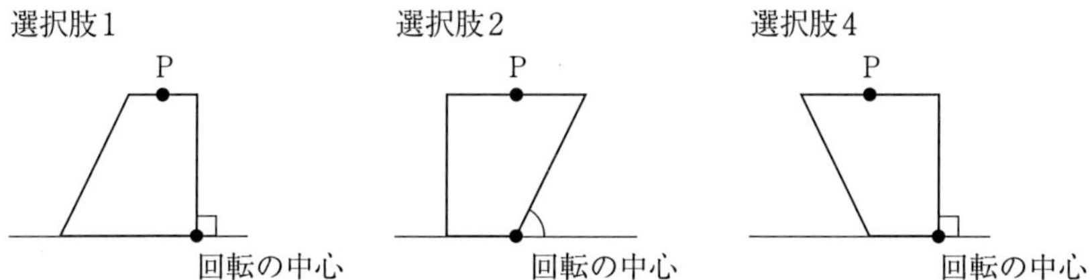

(2) 2回目の回転

2回目の回転のときに動点Pが描いた円弧からは，左から2番目の扇形が求められる。この扇形の中心角の大きさも90°と考えられるので，求める台形の2回目の回転の中心となる頂点の外角も90°となる。以下に，1回だけ右方向に転がした後の選択肢1，4の台形の様子を示す。すると，残った選択肢1と4はいずれもこの条件を満たすことになる。

選択肢1

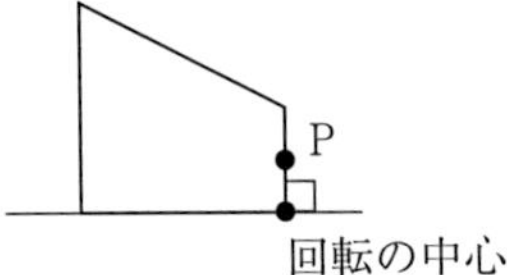

選択肢4

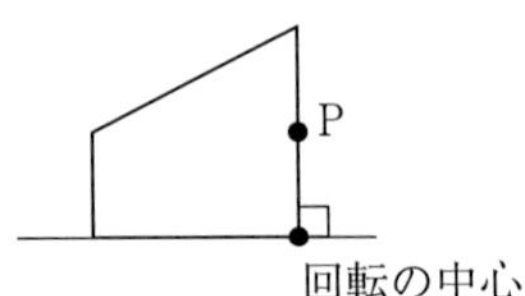

(3) 3回目の回転

3回目の回転のときに動点Pが描いた円弧から求めた扇形の中心角の大きさは，90°より大きくなるので，求める台形の3回目の回転の中心となる頂点の外角も90°より大きくなる。以下に，右方向に2回だけ転がした後の選択肢1，4の台形の様子を示す。すると，選択肢4はこの条件を満たすが，選択肢1は誤りとなる。

選択肢1

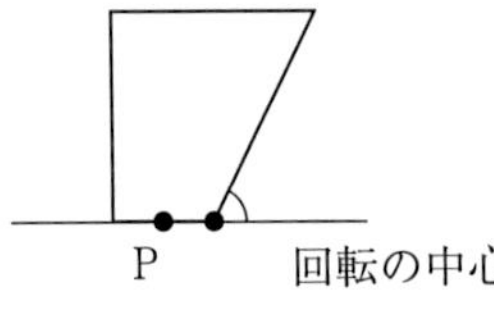

選択肢4

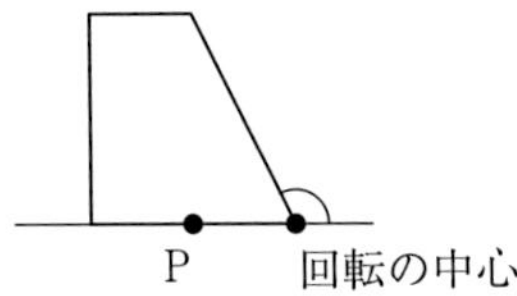

したがって，選択肢4が正解となる。

29　4

解説 1：明治憲法は欽定憲法（君主が制定した憲法）である。　2：統帥権ではなく，「統治権の総覧者」。　3：統治権ではなく，「統帥権の独立」。統帥権とは軍隊の最高指揮監督権のことである。　4：正しい。　5：立法権は帝国議会の協賛をもって行い，行政権は国務各大臣が輔弼して行使されるものであった。

30　5

解説 A：憲法前文には「自由のもたらす恵沢を確保し」とある。　B：日本国憲法の起草は，第二次大戦の敗戦から間もない，GHQの間接統治下で行われた。　C：国政は間接民主制によることを宣言する一節である。　D：現行憲法と基本原理を全く異にする憲法改正は認められないことを示す一節と解されている。

31 4

解説 1：1963年にPTBTに加盟したのは米ソ英の3か国。仏中は現在に至るまで未加盟。なお，PTBTは地下核実験を禁止していない。地下核実験に関しては，1996年に包括的核実験禁止条約に盛り込まれたが，いまだに発効していない。　2：1985年にソ連で成立したのはゴルバチョフ政権である。戦略兵器制限交渉の開始は1969年であり，フルシチョフの失脚後の出来事である。3：生物兵器禁止条約は，1975年に発効した。　4：正しい。　5：武器貿易条約は通常兵器の国際取引を規制するに過ぎないし，核兵器に関する条約でもない。

32 4

解説 A：日本の社会保障制度は憲法の社会権の理念に基づき，公衆衛生を含めた4本柱によって成立している。　B：正しい。　C：正しい。　D：福祉六法には社会福祉法は含まれず，母子及び父子並びに寡婦福祉法が含まれている。

33 3

解説 1：シェールガスに関する記述。メタンハイドレートは，メタンガスが水分子と結びついてできた氷状の物質で，火を近づけると燃えるため「燃える氷」とも呼ばれる。石炭や石油を燃やすよりCO_2の排出量が少なく，次世代のエネルギー資源と期待されている。　2：コジェネレーションに関する記述。スマートグリッドとは，次世代送電網のことである。　3：正しい。　4：再生可能エネルギーとは，枯渇しないエネルギーのことで，燃焼すればCO_2を生じるバイオマスも含まれる。一方，原発の燃料であるウランは枯渇性エネルギーであるため，原子力は含まれない。　5：バイオマスに関する記述。

34 2

解説 アは1180年，イは1184年，ウは1189年，エは1192年，オは1185年の出来事である。年代の古い順に並べると，ア→イ→オ→ウ→エとなる。妥当なのは2である。

35 1

解説 1：妥当である。　2：板垣退助が1874年に土佐で起こしたのが立志社であり，翌年立志社を中心に大阪で結成されたのが愛国社である。 3：自由党の党首は板垣退助であり，立憲改進党の党首が大隈重信である。福地源一郎が結成したのは，立憲帝政党である。 4：道路工事を強行した県令が三島通庸であり，反対し検挙された自由党員が河野広中である。 5：1886年に星亨らが起こしたのが大同団結運動であり，翌年に展開されたのが三大事件建白運動である。なお，三大事件建白書を元老院に提出したのは，片岡健吉である。

36 5

解説 1はインダス文明，2はエジプト文明，3はエーゲ文明の1つであるクレタ文明（ミノア文明），4はマヤ文明についての記述である。メソポタミア文明についての記述は5である。

37 2

解説 1：内モンゴルのチャハル部を従え1636年に国号を清と改めたのは，ヌルハチ（太祖）ではなく2代皇帝のホンタイジ（太宗）である。 2：妥当である。 3：ロシアとキャフタ条約を結んだのは，乾隆帝ではなく雍正帝である。 4：ジュンガルを滅ぼし東トルキスタンを占領したのは，雍正帝ではなく乾隆帝である。 5：袁世凱により退位させられた清朝最後の皇帝は，光緒帝ではなく宣統帝である。

38 1

解説 2000年3月に23年ぶりに噴火したのは，北海道の有珠山である。有珠山は1977年に噴火したが，ほぼ30年ごとに噴火すること，直前に地震が頻発することが知られていたので，住民に噴火への備えもあり，ハザードマップを活用して避難することができ，犠牲者を出さなかった。Aにはア，Bには有珠山が該当する。2014年9月に噴火し，死者・行方不明者63人にのぼる戦後最悪の火山災害となったのは，長野・岐阜県にまたがる御嶽山である。Cにはエ，Dには御嶽山が該当する。妥当な組合せは1である。

39 3

解説 A：ロックが社会契約に反した政府に対する人民の抵抗権を認めた

のに対し，ホッブズの政治理論は絶対王政を正当化するものだった。　B：『統治二論』は『市民政府二論』などとも呼ばれている。　C：ルソーは直接民主制を理想とした。また，『人間不平等起源論』なども有名。

40 4

解説 計算に用いる文字を入れて簡単に図を示す。

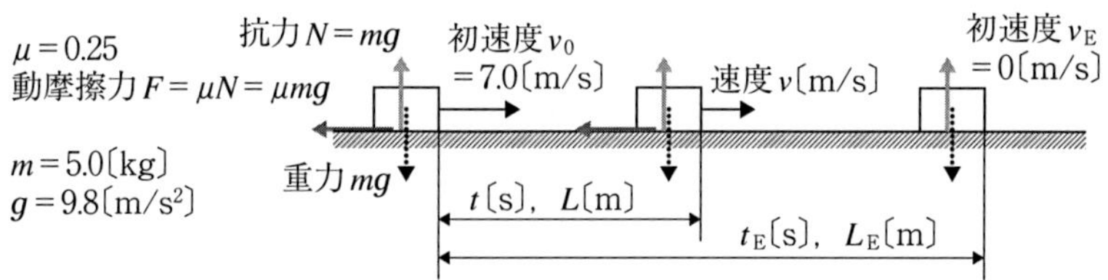

粗い水平面上の物体には重力mgがかかり，水平面からは抗力$N = mg$が働く。物体が運動している時進行方向とは逆の方向に動摩擦力$F = \mu N = \mu mg$が働く。加速度はμgである。この条件で初速度$v_0 = 7.0$〔m/s〕からt〔s〕後の速度$v = v_0 - \mu gt$〔m/s〕であり，移動距離$L = v_0 t - \left(\frac{1}{2}\right)\mu gt^2$〔m〕と表される。物体が静止した時$v_E = 0$〔m/s〕となるので$v_E = 0 = v_0 - \mu g t_E$

整理して，$t_E = \frac{v_0}{\mu g}$となる。これより静止位置までの移動距離$L_E = v_0 t_E - \left(\frac{1}{2}\right)\mu g t_E{}^2 = v_0 \frac{v_0}{\mu g} - \left(\frac{1}{2}\right)\mu g\left(\frac{v_0}{\mu g}\right)^2 = \frac{v_0{}^2}{\mu g} - \left(\frac{1}{2}\right)\frac{v_0{}^2}{\mu g} = \left(\frac{1}{2}\right)\frac{v_0{}^2}{\mu g} = \left(\frac{1}{2}\right) \times \frac{7.0^2}{(0.25 \times 9.8)} = 10$〔m〕となる。4が該当する。

41 1

解説 電流の向きは正，電荷の移動する向きとしている。実際には電子が移動しているがその負電荷を持つ電子の移動する向きと逆方向としている。電流の大きさは単位時間〔s〕に断面を通過するその電気量；電荷量（クーロン）としてアンペア；〔A = C/s〕で示される。以上から，組合せは1が該当する。

42 1

解説 1：正しい。空気の平均分子量28.8に対し，アンモニアの分子量は17なので，アンモニアは空気より軽い気体である。　2：誤り。アンモニアの水溶液は塩基性なので，青色のリトマス紙は変化させず，赤色のリトマス紙を青色に変える。　3：誤り。アンモニアの水溶液は弱塩基性なので，電離度は1よりも著しく小さい。　4：誤り。「赤褐色の煙」ではなく，「塩化アンモニウムの白煙」とすると正しい記述となる。　5：誤り。「無極性分子」ではなく，「極性分子」とすると正しい記述となる。

43 3

解説 1：誤り。「中性子」ではなく，「最外殻電子」とすると正しい記述となる。　2：誤り。2族元素はアルカリ土類金属である。また，イオン化エネルギーが大きいと，陽イオンになりにくい。　3：正しい。電子親和力とは，原子が電子を1個受け取り1価の陰イオンになるときに放出されるエネルギーのことである。ハロゲン原子の電子親和力は大きいので，1価の陰イオンになりやすい。　4：誤り。希ガス原子は，電子配置が安定なので，ほかの原子と結合しにくい。　5：誤り。イオン結合とは，陽イオンと陰イオンの間で電気的な引力がはたらくことで形成されるものである。

44 2

解説 A：正しい。アクチンというタンパク質は，筋収縮などに関与しているので，その遺伝子は筋細胞で発現する。　B：誤り。インスリンというタンパク質は，すい臓のランゲルハンス島のB細胞から分泌されるので，その遺伝子は水晶体の細胞では発現しない。　C：誤り。ケラチンというタンパク質は，細胞接着などに関与しているので，その遺伝子は赤血球になる細胞では発現しない。　D：正しい。アミラーゼというタンパク質は，口腔にてデンプンを分解するはたらきをもっているので，その遺伝子はだ腺細胞で発現する。　E：誤り。コラーゲンというタンパク質は，皮膚などを構成しているため，その遺伝子はすい臓の細胞では発現しない。

45 3

解説 1：誤り。ATPを構成するアデニンには，窒素が含まれている。
2：誤り。「光合成」ではなく，「窒素同化」とすると正しい記述となる。　3：正しい。根粒菌やアゾトバクターは，窒素固定細菌と呼ばれる。　4：「硝酸イオン」と「アンモニウムイオン」を入れ替えると，正しい記述となる。　5：「窒素同化」ではなく，「脱窒」とすると正しい記述となる。

46 5

解説 地震による揺れの大きさは震度，地震の規模はマグニチュードで表すので1と2は誤り。余震の数は本震からの時間の経過とともに減少するので3は誤り。P波は縦波，S波は横波なので4は誤り。P波の方がS波よりも伝わる速度が速いため，震源からの距離が大きい程初期微動継続時間は長くなる。よって5が正しい。

47 1

解説 B:「ぜんだいみもん」が正しい。　D:「ごんごどうだん」が正しい。E:「せんきゃくばんらい」が正しい。

48 4

解説 1:「顎が落ちる」は，食物の味が非常によいこと。　2:「顎が干上がる」は，生計が立ち行かなくなること。　3:「顎を出す」は，疲れ切っていること。　5:「顎を外す」は，大笑いすること。

49 2

解説 「A字を書いても，深い意図はなくて，あちこちを，書き流すように走り書きして，どことなく，B気取っている書は，ぱっと見ると，才気走り気がきいているけれど，Cやはりまことの筆法で細心の注意を払って書くことのできた書は，D見た目のうまさは目につかないが，今一度取り並べて見ると，やはり実直な書がよい。ちょっとしたことでもこのようである。まして人の心の，Eその場限りで気取っている，見た目の風情は当てにできないと思っております」が大意。

50 5

解説 歌劇「リナルド」はヘンデル，オペラ「椿姫」はヴェルディ，「ブランデンブルク協奏曲」はバッハの作品である。他にもベートヴェン，モーツァルト，ショパンなど著名な作曲家の代表曲は覚えておきたい。

令和元年度　教養試験 実施問題

1 次の文の主旨として，最も妥当なのはどれか。

翻訳はいかようにすべきものか，その標準は人によって各(おのおの)異なろうから，もとより一概にいうことはできぬ。されば，自分は，自分が従来やって来た方法について述べることとする。一体，欧文はただ読むと何でもないが，よく味おうて見ると，自ら一種の音調があって，声を出して読むと抑揚が整うている。すなわち音楽的(ミュージカル)である。だから，人が読むのを聞いていてもなかなかにおもしろい。実際文章の意味は，黙読した方がよくわかるけれど，自分のおぼつかない知識で充分にわからぬ所も，声を出して読むとおもしろく感ぜられる。これは確かに欧文の一特質である。

ところが，日本の文章にはこの調子がない。一体にだらだらして，黙読するには差しつかえないが，声を出して読むとすこぶる単調(モノトナス)だ。ただに抑揚などが明らかでないのみか，元来読み方ができていないのだから，声を出して読むには不適当である。

けれども，いやしくも外国文を翻訳しようとするからには，必ずやその文調をも移さねばならぬと，これが自分が翻訳するについて，まず形の上の標準とした一つであった。

（二葉亭四迷「平凡　他六篇」による）

1　翻訳をどのようにすべきか，その標準は人によって異なるから，一概にはいえない。

2　欧文はただ読むと何でもないが，よく味わってみると一種の音調があって，音楽的である。

3　欧文はおぼつかない知識でもわかるようになるので，声を出して読むようにしている。

4　日本の文章は，黙読するには差しつかえないが，声を出して読むとすこぶる単調である。

5　外国文を翻訳するにあたっては，その文調を移さなければならないということを，形の上の標準の一つとしている。

2 次の文の主旨として，最も妥当なのはどれか。

これからの時代を担っていく子供たちには，これまでに築き上げてきた人間社会のよい部分を正しく継承してもらい，その上に立ってさらによい方向への発展を実現していってもらわなくてはならない。

そのためにしている真摯な作業が教育である。大人が一丸となって全力投球をしなくてはならない分野だ。他人に一〇〇パーセント任せて分業的にやっていけるものではない。教育に積極的に関与するのは，自分に子供があるとかないとかには関係なく，人間社会の存続を願うメンバーの一人としての重要な義務の一つである。

長期的な観点に立って人間社会の将来をよく考えた上で，真面目に取り組むべき問題である。一時的に子供のためになるからといって，軽はずみな考えの下に手を触れてはいけない。子供が楽しみながら教育を受けられる環境やシステムをつくるのは重要であるが，単に子供を喜ばすという発想は厳に慎む必要がある。磨けば玉になる可能性を持った才能を，甘やかして駄目にしてしまうからである。常に大所高所からの視点で考えていかなくてはならない。

したがって，金儲けの一つの手段としての思いつきや考えから始めるのは，もっての外である。事業として考えるときは，もちろん収益性についての見通しをきちんと計画する必要はあるが，それは事業を維持し継続していくために必要な限度に限るべきだ。事業を進めていくときの考え方は，あくまでも将来を担っていく世代が幸せになるかどうかを基準にしなくてはならない。

（山﨑武也「本物の生き方」による）

1　子供たちには，人間社会のよい部分を正しく継承してもらい，さらによい方向への発展を実現してもらわなくてはならない。

2　教育は，大人が一丸となって全力投球をしなくてはならない分野であり，他人に任せて分業的にやっていけるものではない。

3　子供が楽しみながら教育を受けられる環境やシステムをつくるのは重要であるが，単に子供を喜ばすという発想は慎む必要がある。

4　教育を金儲けの一つの手段としての思いつきや考えから始めるのは，もっての外である。

5　事業を進めていくときの考え方は，あくまでも将来を担っていく世代が幸せになるかどうかが基準となる。

3 次の短文Ａ～Ｆの配列順序として，最も妥当なのはどれか。

A　弁証法とは通常，矛盾の論理であるといわれています。

B　それは矛盾的な構造を自己のうちに含むものであり，したがってわれわれは矛盾律に固執することなく，むしろ矛盾が実在していることを認めねばならない，というのが弁証法論理を主張する人たちのふつうの意見です。

C　すなわちそこでは，「AはBであって，同時にBでないということはできない」という矛盾律が絶対的な原則として立てられているのです。

D　ところが，これに対して弁証法論理では，現実の具体的な事柄についてはこのような矛盾律は必ずしも成立しない，と考えられています。

E　ふつうの形式論理学では矛盾というものを認めず，矛盾したことを主張すれば，その主張は成り立たないと考えられています。

F　現実の事柄は決して形式論理的に割り切れるものではない。

（岩崎武雄「正しく考えるために」による）

1　A－B－D－C－F－E
2　A－C－E－F－D－B
3　A－D－F－B－C－E
4　A－E－C－D－F－B
5　A－F－B－E－D－C

4 次の短文Ａ～Ｆの配列順序として，最も妥当なのはどれか。

A　ケータイメールやツイッターは，独断の誹（そし）りを覚悟で言えば，「思考の断片化」を促進するという危険性を持っているのではないかと，私は思っている。

B　まったく違った内容であろうが，それにも返信をする。

C　誰かからのメールが届くと，打てば響くようにそれに返信をする。

D　すぐまた別の友人からのメールが届く。

E　それはすなわち，〈自己へ向かう〉という大切な時間を奪ってしまうものでもある。

F　そのような間髪を容（い）れず多くのメールへ対応するという習慣は，私たちから一つのことをじっくり考えるという習慣を奪ってしまう危険性を持っている。

（永田和宏「知の体力」による）

1　A－C－D－B－F－E
2　A－C－E－D－F－B
3　A－E－B－C－D－F
4　A－E－D－F－C－B
5　A－F－C－D－B－E

5　次の文の空所A，Bに該当する語の組合せとして，最も妥当なのはどれか。

自分に自信が持てないという方もいらっしゃると思います。けれども，自信というものに［　A　］を求めではいけません。じつは自信に確たる裏づけはいらないのです。自信というのは，自分の中に今なお眠っている能力を最大限に信じることです。それができれば，ゆったりと構えていられるのではないでしょうか。

それにはまず，自信があるかのような身体状況を先に作ってしまうことです。具体的には，重心が下にあって，気持ちが落ち着いていて，呼吸も深い状態。意識はへその少し下にある身体の中心部・丹田（たんでん）に置く。

「不動心」という言葉があります。どんなに周辺が動いていたとしても定まっていて，意識が体の軸にある状態を言います。車に軸がひとつ通っていると，でこぼこ道でも前に進めるように，心の軸がしっかり定まっていれば，外側の出来事にとらわれることなく，自分を信じて冷静に判断できる状態でいられるものです。

子どもというのは，［　A　］はなくとも自信がありそうに見えませんか。子どもは重心も低いし勘もいい。ところが大人になると，［　B　］をあまりに奉（たてまつ）るから，重心が上にあがってしまう。どんどん勘が鈍くなってきて，それを言葉と計算でごまかすのが大人です。

（玄侑宗久「流れにまかせて生きる」による）

	A	B
1	地位	評価
2	地位	思考
3	根拠	実績
4	根拠	思考
5	根拠	評価

6 次の文の空所A，Bに該当する語の組合せとして，最も妥当なのはどれか。

幼児において比喩は既知から未知へ飛躍する翼のようなものである。子供が大人に比べておもしろい詩的表現にすぐれているのも，言葉を知らないからやむなく，あり合わせの語を使って言いあらわそうとする，それがたくまずして，詩的比喩に近いものになるのだ。

綽名(あだな)をつけるのも比喩作用によることが多い。だれでもはじめから綽名があるのではない。新しい命名をしようとしてまず発動するのが比喩本能である。黒ブチの眼鏡をかけているから，トンボだというのは，［ A ］比喩ともいうべきものである。見た目の印象が基本になっている。それに対して，無形の比喩ともいうべきものがあって，関係の類似による命名を行なう。たとえば，ナフタリン。ナフタリンは虫が好かない。したがって，いやな奴をナフタリンと呼ぶというようなのがそれである。

おもしろい綽名はかなり創造性を秘めているように思われる。さらに注意すべきは，その命名にかなり［ B ］のあることである。偶然についた綽名であっても，いかにもうまくつけたと感心することがすくなくない。あまりうれしくない綽名を頂戴した先生が転勤して，こんどはもうすこしましなものにしてほしいと思っていても，いざつけられてみると，前のとほとんど同じだということがよくあるという。綽名命名の基礎には相当はっきりした共通要素があるに違いない。

（外山滋比古「知的創造のヒント」による）

	A	B
1	外形的	普遍性
2	外形的	流動性
3	抽象的	普遍性
4	直観的	日常性
5	直観的	流動性

7 次の英文中に述べられていることと一致するものとして，最も妥当なのはどれか。

A Prickly* Porcupine* came wandering* along one day, looking for a place to live.

He found a family of Snakes living in a warm cave, and asked them to let him come in.

The Snakes consented, though much against their will, and the Porcupine crept into their home. But they soon found that his sharp quills* stuck into them, and hurt them, and they wished they had never let him in.

"Dear Porcupine, please go away," they said; "you are so large and so prickly."

But the Porcupine was very rude, and said. "O no. If you do not like it here, you can go away. I find it very nice."

（市川又彦「全訳イソップ物語（Ⅱ）」による）

＊ prickly………とげだらけの　　＊ porcupine………ヤマアラシ
＊ wandering………歩き回る　　＊ quills………（ヤマアラシの）針

1　ヤマアラシは，ヘビたちが涼しい穴に住んでいたので，自分も入らせてほしいと頼んだ。

2　ヘビたちは，自分たちが住んでいる穴にヤマアラシが入ることを不本意ながら承諾した。

3　ヘビたちは，ヤマアラシが穴に入ってからしばらく考えたのち，穴が狭くなるので入れなければ良かったと思った。

4　ヘビたちは，ヤマアラシの身体は小さいものの，とげだらけなので出て行ってほしいと言った。

5　ヤマアラシは，ヘビたちの穴が気に入ったので，ずっと一緒に暮らしたいとお願いした。

8 次の英文の空所ア，イに該当する語の組合せとして，最も妥当なのはどれか。

The old proverb* "A rolling stone gathers no moss*" means different things to different people.

Originally, the proverb saw the growth of "moss" as a [ア] trait*. It meant that someone who settled in one place could accumulate positive attributes like culture, experience, knowledge and skills. Only by staying in one place, in one situation, or in one place and taking responsibility could one develop the important characteristics of human beings. If one was constantly in motion, jumping from place to place or job to job, that person would end up producing nothing of significance.

In the newer interpretation, "moss" is symbolic of stagnation* and lack of ingenuity*. In this understanding of the proverb, remaining mobile and agile* and trying new things [イ] a person from getting "rusty*" or "bogged down." This constant motion keeps people sharp and open to new potentials. That's the meaning that the rock group intended when they named themselves The Rolling Stones.

（Rebecca Milner「ビジネスで使える英語のことわざ・名言100」による）

＊ proverb………ことわざ　　＊ moss………コケ
＊ trait………特質　　＊ stagnation………停滞
＊ ingenuity………工夫　　＊ agile………機敏に
＊ rusty………さびついた

	ア	イ
1	desirable	advance
2	miserable	keep
3	negative	keep
4	desirable	prevent
5	miserable	prevent

9 **次の日本語のことわざ又は慣用句と英文との組合せA～Eのうち，双方の意味が類似するものを選んだ組合せとして，妥当なのはどれか。**

A　蝦(えび)で鯛を釣る　―― To give a pea for a bean.
B　三つ子の魂百まで　―― Spare the rod and spoil the child.
C　早いが勝ち　―― Look before you leap.
D　蛇の道は蛇　―― Set a thief to catch a thief.
E　朱に交われば赤くなる　―― Birds of a feather flock together.

1　A　C
2　A　D
3　B　D
4　B　E
5　C　E

10　A～Eの5チームが，バスケットボールの試合を総当たり戦で2回行った。今，2回の総当たり戦の結果について，次のア～エのことが分かっているとき，確実にいえるのはどれか。ただし，引き分けた試合はなかった。

ア　Aは全てのチームに負け，勝った試合は2試合のみであった。
イ　BはAとCに負けなかった。
ウ　Cが負けた試合は5試合であった。
エ　Eが負けた試合はなかった。

1　AはDとの対戦で2試合とも負けた。
2　Bは5敗した。
3　CはAとの対戦で1勝1敗であった。
4　Dは4勝した。
5　DはCとの対戦で2試合とも勝った。

11　ある暗号で「いぬ」が「23，12，20」，「ねこ」が「24，26，7」で表されるとき，同じ暗号の法則で「21，12，3」と表されるのはどれか。

1「らいおん」
2「きつね」
3「くま」
4「しか」
5「ぶた」

12　森で少年達が虫取りをしたところ，採れた昆虫は，カナブン，カブトムシ，カミキリムシ，クワガタムシの4種であった。今，次のア～ウのことが分かっているとき，確実にいえるのはどれか。

ア　カナブンを採った者は，カブトムシとカミキリムシも採った。
イ　カブトムシを採っていない者は，カミキリムシを採った。
ウ　カミキリムシを採った者は，クワガタムシを採っていない。

1　カナブンとクワガタムシを採った者がいる。
2　カブトムシとカミキリムシを採った者は，カナブンを採った。
3　カミキリムシを採っていない者は，クワガタムシを採った。
4　クワガタムシを採った者は，カブトムシを採っていない。
5　クワガタムシを採った者は，カナブンを採っていない。

13 ビンに500mlのしょうゆが入っている。このしょうゆを350mlと150mlの空の容器を使って250mlずつに分けることにした。最少の回数で分けるには，何回の移替え操作が必要か。ただし，しょうゆはビンに戻してもよく，ビンと容器との間及び容器と容器との間でしょうゆを移すごとに1回の操作と数えるものとする。

1　7回
2　9回
3　11回
4　13回
5　15回

14 A～Cの3本の棒が板の上に立てられており，Aの棒には中央に穴の開いた大きさの異なる3枚の円盤が下から大きい順に積み重ねられている。次のア，イのルールに従って，この3枚の円盤を全てCの棒に移すには，最低何回の移動が必要か。

ア　円盤は1回に1枚だけ他の2本の棒のいずれかに移し替えることとする。
イ　小さい円盤の上に大きい円盤を重ねることはできない。

1　5回
2　6回
3　7回
4　8回
5　11回

15 **下の図のような各階1～6号室の客室がある3階建てのホテルに，A～Gの7人が宿泊している。今，次のア～オのことが分かっているとき，確実にいえるのはどれか。ただし，1～3階の客室の配置は同じものとし，1人1室に宿泊しているものとする。**

ア　Aは西側の角の客室に宿泊し，同じ階にCとFが宿泊している。

イ　Cは東側の角の客室に宿泊し，真上の客室と廊下をはさんで真向かいの客室は空室である。

ウ　Dは4号室に宿泊し，真下の客室にはEが宿泊している。

エ　Eは東側の角の客室に宿泊し，別の階にBとGが宿泊している。

オ　Gは西側の角の客室に宿泊し，真下の客室にはBが宿泊している。

各階平面図

1　Aは2階の1号室に宿泊している。

2　Bは1階の3号室に宿泊している。

3　Cは1階の6号室に宿泊している。

4　Fは3階の2号室に宿泊している。

5　Gは2階の3号室に宿泊している。

16 **次の図のように，三角形ABCの辺AB上に点D，辺BC上に点E及び点Fがあり，AC＝AF＝DF＝DE＝BEである。今，∠BAC＝100°であるとき，∠ABCの大きさはどれか。**

1　16°

2　17°

3　18°

4　19°

5　20°

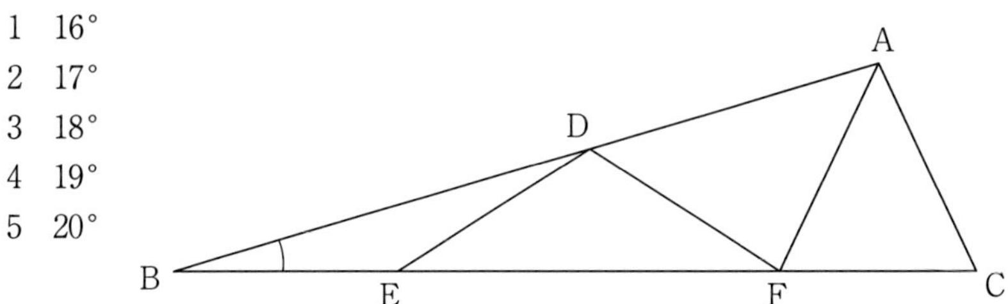

17 1から100までの自然数のうち，偶数の総和はどれか。

1　2,450
2　2,500
3　2,525
4　2,550
5　2,600

18 8両編成の普通列車が，長さ356mの鉄橋を渡り始めてから全ての車両が渡り終わるまでに25秒を要した。この普通列車が，普通列車の1.4倍の速さで走る12両編成の急行列車と完全にすれ違うまでに7.5秒を要したとき，車両1両の長さはどれか。ただし，車両1両の長さは全て同じであり，普通列車と急行列車は常に一定の速度で走っているものとする。

1　17m
2　18m
3　19m
4　20m
5　21m

19 3人でじゃんけんをして，負けた人は順に抜け，勝者が1人に決まるまで繰り返し行う。あいこも1回と数えるとき，2回目で勝者が決まる確率はどれか。

1　$\frac{1}{3}$

2　$\frac{2}{3}$

3　$\frac{1}{9}$

4　$\frac{2}{9}$

5　$\frac{4}{9}$

20 $3x^2-21x-63<0$ を満たす整数 x は，全部で何個か。

1　6個
2　9個
3　12個
4　15個
5　18個

21 次の表から確実にいえるのはどれか。

水産加工品のうち食用加工品の生産量の推移（全国）

（単位　t）

区分	平成26年	27	28	29
ねり製品	531,982	530,137	514,397	505,116
冷凍食品	263,164	258,481	253,851	248,443
塩蔵品	191,121	184,655	171,171	166,340
塩干品	162,353	164,566	156,310	148,119
節製品	88,770	83,833	81,523	81,061

1　平成28年において，「ねり製品」の生産量の対前年減少量は，「冷凍食品」のそれの3倍を上回っている。
2　平成26年から平成29年までの4年の「ねり製品」の生産量の1年当たりの平均は，52万tを下回っている。
3　平成27年における「節製品」の生産量の対前年減少率は，6%を超えている。
4　平成26年の「塩干品」の生産量を100としたときの平成29年のそれの指数は，90を下回っている。
5　平成27年における「塩蔵品」の生産量に対する「節製品」の生産量の比率は，平成29年におけるそれを上回っている。

22 次の表から確実にいえるのはどれか。

輸送機関別国内貨物輸送量の対前年度増加率の推移

（単位　%）

区分	平成24年度	25	26	27	28
鉄道	6.2	4.2	△1.5	△0.5	2.0
自動車	△2.9	△0.5	△0.7	△0.6	2.1
内航海運	1.4	3.4	△2.4	△1.0	△0.3
航空	1.8	5.7	2.4	△1.0	△2.2

（注）△は，マイナスを示す。

1　平成28年度の自動車の国内貨物輸送量は，平成24年度のそれの1.1倍を上回っている。
2　平成24年度の航空の国内貨物輸送量を100としたときの平成27年度のそれの指数は，110を下回っている。
3　表中の各年度のうち，鉄道の国内貨物輸送量が最も多いのは，平成24年度である。
4　平成26年度において，自動車の国内貨物輸送量の対前年度減少量は，内航海運の国内貨物輸送量のそれを下回っている。
5　鉄道の国内貨物輸送量の平成25年度に対する平成27年度の減少率は，内航海運の国内貨物輸送量のそれより大きい。

23 **次の図から確実にいえるのはどれか。**

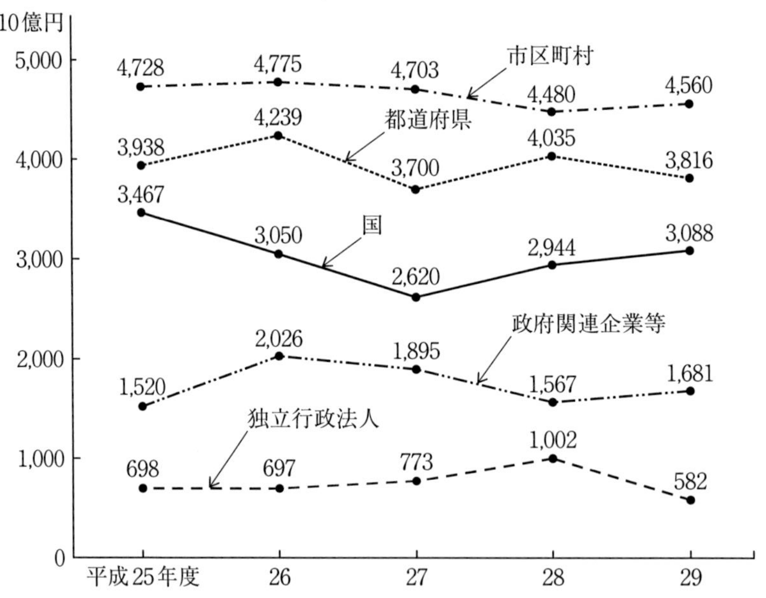

1　平成25年度から平成29年度までにおける5年度の市区町村の請負契約額の1年度当たりの平均は，4兆7,000億円を上回っている。
2　平成25年度の政府関連企業等の請負契約額を100としたときの平成27年度のそれの指数は，120を下回っている。

3　平成26年度において，図中の5つの区分の公共機関の請負契約額の合計に占める都道府県のそれの割合は，25％を下回っている。
4　平成29年度において，国の請負契約額の対前年度増加額は，市区町村のそれの2倍を上回っている。
5　平成27年度における独立行政法人の請負契約額の対前年度増加率は，12％を下回っている。

24　次の図から確実にいえるのはどれか。

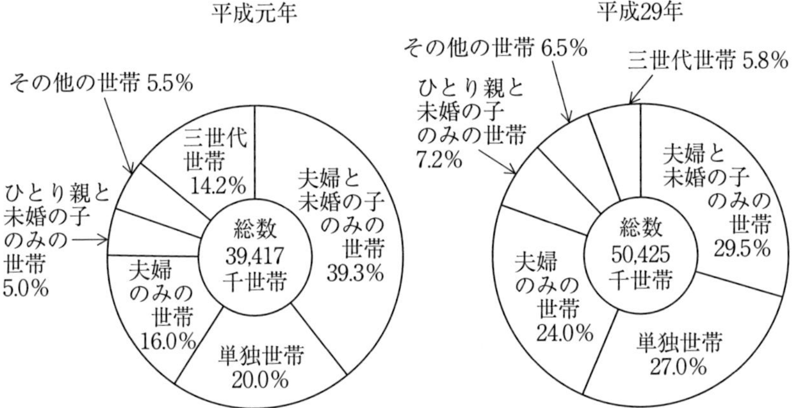

1　図中の両年とも，「夫婦と未婚の子のみの世帯」の世帯数と「ひとり親と未婚の子のみの世帯」の世帯数との計は，1,800万世帯を上回っている。
2　「単独世帯」の世帯数の平成元年に対する平成29年の増加数は，平成元年の「三世代世帯」の世帯数を上回っている。
3　平成元年の「夫婦のみの世帯」の世帯数を100としたときの平成29年のそれの指数は，200を上回っている。
4　「ひとり親と未婚の子のみの世帯」の世帯数の平成元年に対する平成29年の増加率は，「単独世帯」の世帯数のそれの1.2倍より大きい。
5　図中の両年とも，「単独世帯」の世帯数は，「ひとり親と未婚の子のみの世帯」の世帯数の4倍を上回っている。

25 次の図のように，同じ大きさの正方形を2個並べ，両端の辺を延長した直線とそれぞれの正方形の頂点を通る直線を結んだ台形ABCDがある。辺ABの長さが28cm，辺CDの長さが21cmであるとき，台形ABCDの面積はどれか。

1　294 cm^2
2　420 cm^2
3　483 cm^2
4　546 cm^2
5　609 cm^2

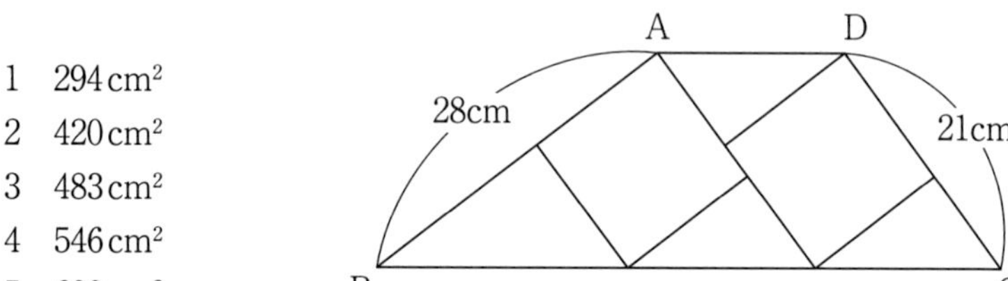

26 正六角形を対角線によって分割する。今，分割されてできた図形の個数が最大であるとき，対角線の本数と分割されてできた図形の個数の積はどれか。

1　192
2　216
3　225
4　324
5　432

27 次の図のように，底面の半径が3cmの円すいを平面上に置き，頂点Oを中心として滑ることなく転がした。円すいが4回転したところで元の位置に戻ったとき，円すいの母線の長さはどれか。

1　6cm
2　9cm
3　12cm
4　15cm
5　18cm

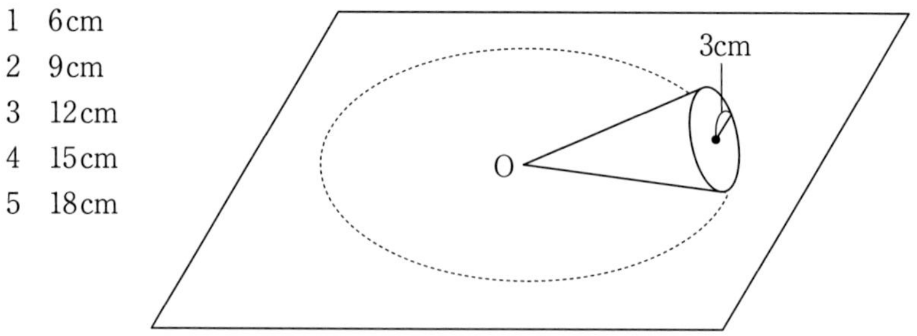

28 次の図のように，辺ABの長さが3cm，辺BCの長さが4cmの長方形ABCDが，直線P－P′上を矢印の方向に滑ることなく1回転した。このとき，頂点Aが描いた軌跡と直線P－P′で囲まれた部分の面積はどれか。ただし，円周率はπとする。

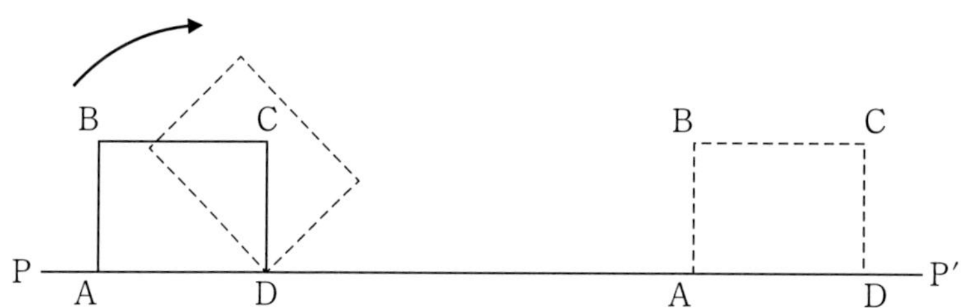

1　$8\pi + 6\text{cm}^2$
2　$8\pi + 12\text{cm}^2$
3　$12.5\pi\text{cm}^2$
4　$12.5\pi + 6\text{cm}^2$
5　$12.5\pi + 12\text{cm}^2$

※　問題番号［29］－［50］のうち17問を選択解答。

29 次の文は，我が国の憲法改正の手続に関する記述であるが，文中の空所A～Dに該当する語又は語句の組合せとして，妥当なのはどれか。

日本国憲法は，「この憲法の改正は，各議院の［A］の3分の2以上の賛成で，国会が，これを発議し，国民に提案してその承認を経なければならない。この承認には，特別の国民投票又は国会の定める選挙の際行はれる投票において，その［B］の賛成を必要とする。憲法改正について前項の承認を経たときは，［C］は，国民の名で，この憲法と一体を成すものとして，直ちにこれを公布する。」と規定している。

このように通常の法律よりも改正手続が厳格である憲法を［D］という。

	A	B	C	D
1	総議員	3分の1以上	内閣	軟性憲法
2	総議員	過半数	天皇	硬性憲法
3	総議員	3分の2以上	天皇	軟性憲法
4	出席議員	過半数	天皇	硬性憲法
5	出席議員	3分の2以上	内閣	軟性憲法

30 国際法に関する記述として，妥当なのはどれか。

1 国際法は，適用時に着目すると，国家領域等について定めた国際人道法と，捕虜の取扱い等について定めた平時国際法とに分類される。

2 国際法は，形式に着目すると，不文の国際慣習法と成文の条約とに分類され，国際慣習法が条約化されることはない。

3 国際刑事裁判所は，重大な非人道行為を犯した個人を裁くため，イタリアのローマに設置された裁判所であり，日本やアメリカ等が加盟している。

4 国際司法裁判所は，国家間の紛争を解決する目的で設置されたが，当事国の同意がなければ，裁判を始めることができない。

5 サン・ピエールは，自然法の立場から国際社会にも法が存在することを説き，国際法の基礎を確立して，国際法の父と呼ばれた。

31 アメリカ又はイギリスの政治体制に関する記述として，妥当なのはどれか。

1 アメリカの野党は，「影の内閣」を組織し，連邦議会での論戦を通して，次の選挙での政権交代に備えている。

2 イギリスの最高裁判所は，違憲法令審査権を行使することができるが，アメリカの連邦最高裁判所は，違憲法令審査権を行使することができない。

3 アメリカの大統領は，間接選挙によって4年間の任期で選ばれ，連邦議会の解散権や連邦議会が可決した法案への拒否権をもっている。

4 イギリスの議会は，貴族等の終身議員からなる上院（貴族院）と，国民が選挙で選んだ議員からなる下院（庶民院）によって構成され，下院に対する上院優位の原則が確立している。

5 アメリカの連邦議会は，各州2名の代表からなる上院と，各州から人口に比例して選出された議員からなる下院によって構成され，上院は，大統領が締結した条約に対する同意権をもっている。

32 我が国の租税に関する記述として，妥当なのはどれか。

1 租税には，国に納める国税と地方公共団体に納める地方税とがあり，国税には所得税や相続税，地方税には自動車税や市区町村民税がある。

2 消費税は，所得にかかわらず消費額に一律に課税されるため，高所得者ほど所得に占める税負担の割合が重くなるという逆進性の問題がある。

3　租税には，納税者と税負担者が同一である直接税と両者が異なる間接税とがあり，直接税には法人税，間接税には贈与税がある。

4　戦後の日本は，シャウプ勧告に基づき，消費税やたばこ税等の間接税を中心とした税制である。

5　租税には，公平性の基準として，所得の多い人ほど多くを負担する水平的公平と，同じ所得額の人は等しい負担をする垂直的公平の考え方がある。

33　地球環境問題への取組に関する記述として，妥当なのはどれか。

1　京都議定書は，1997年に開催された地球温暖化防止京都会議で採択されたもので，先進国の温室効果ガス排出量の具体的な削減目標等を定めている。

2　バーゼル条約は，1992年に開催された国連環境開発会議で採択されたもので，地球温暖化の防止に関する条約である。

3　モントリオール議定書は，2010年に開催された生物多様性条約締約国会議で採択されたもので，遺伝子資源の利用と公正な利益配分のルール等を定めている。

4　ラムサール条約は，1971年に採択されたもので，絶滅のおそれのある野生動植物の種の国際的取引を規制する条約である。

5　ワシントン条約は，1973年に採択されたもので，水鳥の生息地として国際的に重要な湿地とその動植物の保全を目的とする条約である。

34　次の文は，前九年合戦及び後三年合戦に関する記述であるが，文中の空所A～Dに該当する語又は人物名の組合せとして，妥当なのはどれか。

前九年合戦とは，陸奥の豪族［　A　］が反乱を起こした際，［　B　］らが，出羽の豪族［　C　］の支援を受けて，これを鎮圧したことをいう。

後三年合戦とは，陸奥守であった［　B　］が，［　C　］一族の争いに介入し，［　D　］を助けて，これを鎮圧したことをいう。

これらの戦いを通じて，源氏は東国の武士との主従関係を強めた。

	A	B	C	D
1	安倍氏	源義家	清原氏	藤原清衡
2	清原氏	源義家	安倍氏	藤原基衡
3	清原氏	源頼信	安倍氏	藤原清衡
4	清原氏	源頼信	安倍氏	藤原基衡
5	安倍氏	源頼信	清原氏	藤原清衡

35 第二次世界大戦後，我が国に置かれた連合国軍最高司令官総司令部（GHQ）に関する記述として，妥当なのはどれか。

1 GHQは，1948年に幣原内閣に対して予算の均衡，徴税の強化，物価の統制等の経済安定九原則の実行を指令し，翌年来日したGHQ財政顧問のドッジは赤字を許さない超均衡予算を作成させた。

2 GHQは，東久邇宮内閣に対して女性の解放，教育の自由主義化，経済の民主化等の五大改革を指令し，1945年の衆議院議員選挙法改正により婦人参政権が初めて実現した。

3 GHQは，鈴木内閣に対して三井，三菱，住友，安田等の15財閥の解体を指令し，1947年に制定された過度経済力集中排除法により指定を受けた325社の全てが分割された。

4 労働組合法が1945年に制定されたことにより，全国組織の労働組合が結成され，労働争議が頻発したが，GHQは，労働組合の育成に力を入れていたため，吉田内閣打倒を掲げる二・一ゼネストを中止させなかった。

5 第1次吉田内閣は，GHQの勧告を受けて，1946年に自作農創設特別措置法を制定し，安い価格で農地を小作人に売り渡す第二次農地改革を進めたため，寄生地主制が解体されて多くの自作農が生まれた。

36 第一次世界大戦に関する記述として，妥当なのはどれか。

1 イギリスは，三国同盟の一員だったが，ロンドン秘密条約で領土獲得の約束を取り付けて，協商国側に立って参戦した。

2 イタリアは，フランス，ロシアとの間でフサイン・マクマホン協定を結び，3国間でオスマン帝国の領土を分割することを約束した。

3 オーストリアは，1914年6月，帝位継承者夫妻がボスニアのサライェヴォで暗殺されたことをきっかけに，ロシアの支持を得て，翌月セルビアに宣戦した。

4 ドイツは，1919年6月に調印されたヴェルサイユ条約で，軍備の制限，ラインラントの非武装化，巨額の賠償金等が課され，全ての植民地を失った上，アルザス・ロレーヌをフランスへ返還した。

5 ロシアは，メンシェヴィキが武装蜂起して，ソヴィエト政権を樹立すると，ドイツと単独講和に踏み切り，ブレスト・リトフスク条約を締結して戦線から離脱した。

37 **次の文は，東南アジア・南アジア諸国の独立に関する記述であるが，文中の空所A～Cに該当する人物名の組合せとして，妥当なのはどれか。**

ベトナムでは，1945年にベトナム独立同盟の［ A ］を大統領とするベトナム民主共和国が独立を宣言した。

インドネシアでは，［ B ］が独立を宣言し，大統領となった。1949年にオランダはインドネシア共和国の独立を承認した。

インドでは，1947年にヒンドゥー教徒を中心とするインド連邦とムスリムを中心とするパキスタンが分離独立し，［ C ］がインド連邦の初代首相となった。

	A	B	C
1	バオダイ	スカルノ	ネルー
2	ホー・チ・ミン	スハルト	ガンディー
3	ホー・チ・ミン	スカルノ	ネルー
4	ゴ・ディン・ジエム	スハルト	ガンディー
5	ゴ・ディン・ジエム	スカルノ	ジンナー

38 **次の文は，海岸の地形に関する記述であるが，文中の空所A～Dに該当する語又は地名の組合せとして，妥当なのはどれか。**

海岸の地形は，［ A ］海岸と［ B ］海岸に分けることができる。

［ A ］海岸は，土地の沈降や海面の上昇によってつくられたもので，［ C ］のようなリアス海岸が形成されることがある。

一方，［ B ］海岸は，土地の隆起や海面の低下によって，海底が水面上に現われたもので，九十九里浜（千葉県）のような海岸平野や［ D ］のような海岸段丘が形成されることがある。

	A	B	C	D
1	離水	沈水	英虞湾（三重県）	室戸岬（高知県）
2	離水	沈水	室戸岬（高知県）	英虞湾（三重県）
3	離水	沈水	三陸海岸（東北地方）	英虞湾（三重県）
4	沈水	離水	英虞湾（三重県）	室戸岬（高知県）
5	沈水	離水	室戸岬（高知県）	英虞湾（三重県）

39 幕末の思想家に関する記述として，妥当なのはどれか。

1　高野長英は，杉田玄白とともにオランダ語の医学書を「解体新書」として翻訳・出版した。

2　渡辺崋山は，前野良沢とともに，松下村塾をつくり，国際情勢についての知識も得て，幕府の鎖国政策を批判したため，処罰された。

3　佐久間象山は，アヘン戦争における清の敗戦に衝撃を受けて，「東洋道徳，西洋芸術」という言葉を残し，開国論を主張した。

4　横井小楠は，天皇を尊崇して諸外国を排斥すべきであるという尊王攘夷論を唱えた。

5　吉田松陰は，天皇に忠誠を尽くすべきという一君万民論を説き，尚歯会で多くの門人を育てた。

40 次の図は，エネルギー変換の例であるが，図中の空所A～Cに該当する語の組合せとして，妥当なのはどれか。

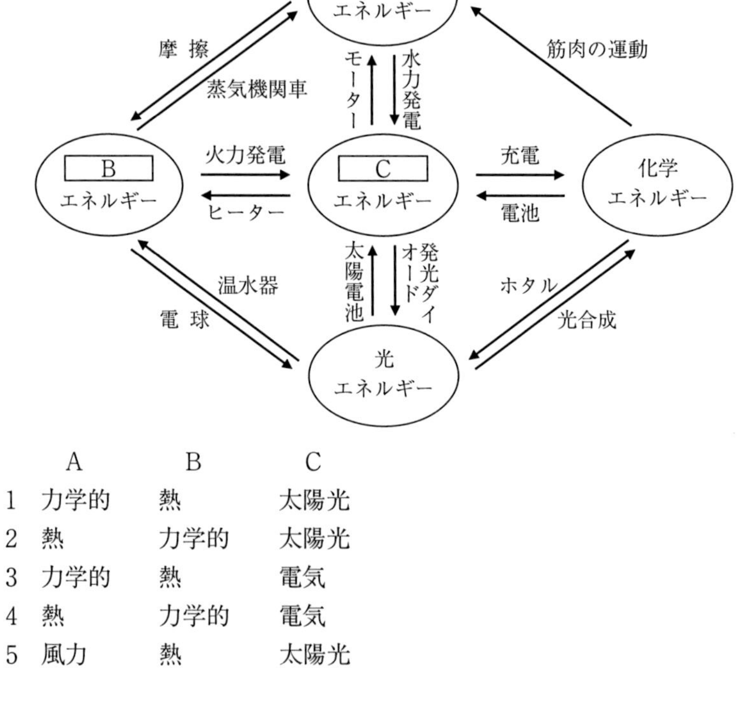

	A	B	C
1	力学的	熱	太陽光
2	熱	力学的	太陽光
3	力学的	熱	電気
4	熱	力学的	電気
5	風力	熱	太陽光

41 導体の両端に20Vの電圧を加えたときに500mAの電流が流れた。この導体の抵抗値R〔Ω〕と，この導体の両端に24Vの電圧を加えたときに流れる電流I〔mA〕の組合せとして，妥当なのはどれか。

	R	I
1	0.04Ω	600mA
2	0.04Ω	960mA
3	4Ω	600mA
4	40Ω	600mA
5	40Ω	960mA

42 メタンに関する記述として，妥当なのはどれか。

1　化学式C_2H_4の有機化合物である。
2　大気中にメタンハイドレートとして多量に存在する。
3　天然ガスの主成分で，燃料として都市ガスに使用される。
4　無色で特有のにおいをもつ可燃性の気体である。
5　温室効果ガスの1つで，空気より重い。

43 次の図のような蒸留装置に関する記述として，妥当でないのはどれか。

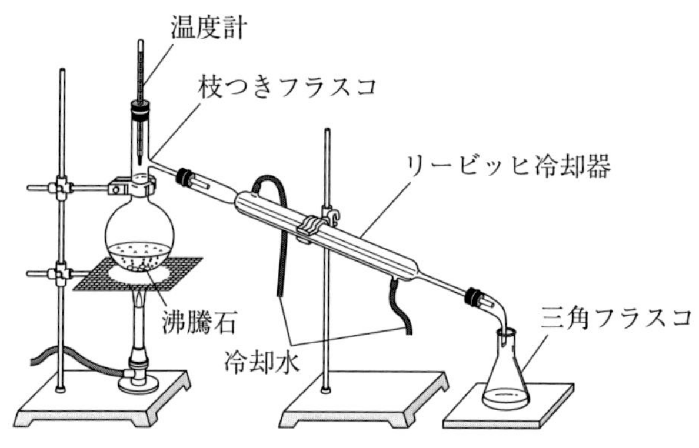

1　冷却水はリービッヒ冷却器の上から下へ流す。
2　液量は枝つきフラスコの半分以下にする。
3　枝つきフラスコに沸騰石を入れる。
4　温度計の球部は枝つきフラスコの枝の付け根の位置に合わせる。
5　三角フラスコは密栓しない。

44 体内環境の維持に関する記述として，妥当なのはどれか。

1 ヒトの神経系には脳と脊髄からなる末梢（しょう）神経系と，そこから出て体中に伸びる中枢神経系がある。

2 自律神経系と内分泌系の働きは，脳の一部である中脳の視床下部などによって調節されている。

3 自律神経系は交感神経と副交感神経からなり，多くの器官には両方の神経が分布し，対抗的に作用してその働きを調節している。

4 ヒトの小脳は，頭部のほぼ中央にあり，視床と視床下部にわかれ，視床下部の下に垂れ下がるように脳下垂体がある。

5 ニューロンは，体内の特定の細胞でつくられ，血液中に分泌されて体内のほかの場所に運ばれ，特定の器官の働きを調節する物質である。

45 生態系に関する記述として，妥当なのはどれか。

1 生態系を構成する生物は，大きく分解者と消費者に分けられる。

2 植物や藻類など有機物から無機物をつくる独立栄養生物を分解者という。

3 非生物的環境が生物に影響を及ぼすことを作用という。

4 生物の遺骸などから始まる食物連鎖を食物網という。

5 栄養段階が上位のものほど必ず個体数が多くなる。

46 次の文は，地質構造に関する記述であるが，文中の空所A～Cに該当する語の組合せとして，妥当なのはどれか。

断層は，地殻に働く力の性質の違いから，正断層，逆断層，［　A　］に分けられる。正断層は，地層に［　B　］力が働き，上盤が下にずれる。

地層が波状に変形した構造を褶曲（しゅうきょく）といい，波の谷にあたる部分を［　C　］という。

	A	B	C
1	活断層	圧縮する	向斜
2	活断層	引っ張る	背斜
3	横ずれ断層	圧縮する	向斜
4	横ずれ断層	圧縮する	背斜
5	横ずれ断層	引っ張る	向斜

47 下線部の漢字の用いられ方として，正しいものはどれか。

1　辞書を改定する。
2　訳文を原文と対称する。
3　気温の格差を調べる。
4　適性な価格を調べる。
5　多くの人にチラシを配布する。

48 次のことわざ又は慣用句の組合せＡ～Ｄのうち，双方の空所に入る漢字が同じものを選んだ組合せとして，妥当なのはどれか。

A　□雲の志　——　□鵠(こく)を得る
B　□鍋を提げる　——　得□に帆を揚げる
C　□屋の白袴　——　□陰矢の如し
D　微に入り□を穿(うが)つ　——　□工は流流仕上げを御覧じろ

1　A　B
2　A　C
3　A　D
4　B　C
5　B　D

49 次の文は，「おくのほそ道」の一節であるが，文中の下線部Ａ～Ｅの解釈として，妥当なのはどれか。

ₐとかくして越え行くままに，阿武隈(あぶくま)川を渡る。左に会津根(あひづね)高く，ᴮ右に岩(いは)城(き)・相馬(さうま)・三春(みはる)の庄，常陸(ひたち)・下野(しもつけ)の地をさかひて山つらなる。影沼(かげぬま)といふ所を行くに，今日は空曇りて物影うつらず。須賀(すか)川の駅に等窮(とうきゅう)といふものを尋ねて，四，五日とどめらる。まづ，「白河(しらかは)の関いかに越えつるや。」と問ふ。「長途の苦しみ，身心つかれ，かつは風景に魂うばはれ，ᶜ懐旧に腸(はらわた)を断ちて，はかばかしう思ひめぐらさず。

　　ᴰ風流の初めやおくの田植うた

ᴱむげに越えんもさすがに。」と語れば，脇・第三とつづけて三巻となしぬ。

1　下線部Ａは，「とにかく白河の関を越えたいので，阿武隈川を渡る」という意味である。

2　下線部Bは，「右には岩城・相馬・三春の庄，常陸・下野の地が栄えて山々が連なっている」という意味である。

3　下線部Cは，「昔のつらく悲しいことを思い出したので，十分に白河の関の越え方を考えることもできなかった」という意味である。

4　下線部Dは，「奥州に入ったところで，田植え歌を聞いたが，これが今度の旅の最初の風流であった」という意味である。

5　下線部Eは，「むやみに白河の関を越えるようなことはさすがに無理なことである」という意味である。

50　次のA～Cは，江戸時代の美術作品であるが，それぞれに該当する作者名の組合せとして，妥当なのはどれか。

A　紅白梅図屛風(びょうぶ)

B　東海道五十三次

C　見返り美人図

	A	B	C
1	尾形光琳	十返舎一九	喜多川歌麿
2	尾形光琳	歌川広重	菱川師宣
3	俵屋宗達	十返舎一九	葛飾北斎
4	俵屋宗達	歌川広重	喜多川歌麿
5	俵屋宗達	十返舎一九	菱川師宣

解答・解説

1　5

解説　1：第一段落の部分要旨である。　2：第一段落の部分要旨である。3：第一段落の部分要旨である。　4：第二段落の部分要旨である。　5：翻訳について述べており，全体の主旨と考えられる。

2　1

解説　1：冒頭で全体の主旨を述べている。　2：第二段落の部分要旨である。　3：第三段落の部分要旨である。　4：第四段落の部分要旨である。

5：第四段落の部分要旨である。

3 4

解説 整序問題である。CはEの言い換えであり，これらは「形式論理学」に触れている。一方B，D，Fはそれらと矛盾する「弁証法論理」に触れているため，選択肢は（C，E）（B，D，F）がグループになっている2か4に絞られる。言い換えの接続詞「すなわち」，逆接の接続詞「ところが」に注目すれば，正しい順番が分かる。

4 1

解説 整序問題である。メールに返信する→また別のメールが届く→それにも返信するという順序が分かれば，C→D→Bの順序が見えてくる。

5 4

解説 最初の空欄Aの直後に「自信に確たる裏づけはいらない」とあり，A＝「確たる裏づけ」＝〈根拠〉であると読み取れる。また重心が「丹田」にあれば自信を保てるが，Bを奉ると重心が上にあがってしまう，とある。ここでのBは丹田より上，すなわち頭脳で行う行為と考えられ，選択肢の中では〈思考〉が適切である。

6 1

解説 空欄補充問題である。Aは「見た目の印象」から〈外形的〉と判断する。Bは転勤しても似た綽名がつけられることから，変わらない＝〈普遍性〉がある，と考えられる。

7 2

解説 第3段落の内容から，2が正しい。consent「同意する」。against the will「意に反して」。1は「涼しい」が誤り。3は「穴が狭くなるので」が誤り。4は「小さいものの」が誤り。5は「ずっと一緒に暮らしたい」が誤り。

8 4

解説 「転がる石には苔が生えぬ」ということわざの2つの解釈が書かれている。苔の成長は，望ましい特徴で，住まいや職業を転々とする人は成功できないという解釈。より新しい解釈としては，機敏にいつも動きまわる人は，能力を錆びつかせたり行き詰まることがない。desirable「望ましい」。prevent～from…「～が…するのを妨げる」。

9 2

解説 A:「インゲン豆をもらおうとしてエンドウ豆をおくる」→「蝦で鯛を釣る」。 B:「むちを惜しむと子供がだめになる」→「かわいい子には旅をさせよ」。 C:「跳ぶ前に見よ」→「ころばぬ先の杖」。 D:「泥棒に泥棒を捕らえさせよ」→「蛇の道は蛇」。 E:「同じ羽の鳥は一緒に集まる」→「類は友を呼ぶ」。

10 3

解説 ア～エをまとめると右表のようになる。よって，確実に言えるのは，AがCともDとも1勝1敗だったということである。

表	対戦相手					対戦相手						
	A	B	C	D	E	A	B	C	D	E	勝	負
A	＼	×	×	○	×	＼	×	○	×	×	2	6
B	○	＼	○		×	○	＼	○		×		
C	○	×	＼	○	×	×	×	＼	○	×	3	5
D	×		×	＼	×	○		×	＼	×		
E	○	○	○	○	＼	○	○	○	○	＼	8	0

故に，最も妥当な選択肢は3。

11 2

解説 暗号解読は下表を使う。

A	B	C	D	E	F	G	H	I	J	K	L	M
26	25	24	23	22	21	20	19	18	17	16	15	14

N	O	P	Q	R	S	T	U	V	W	X	Y	Z
13	12	11	10	9	8	7	6	5	4	3	2	1

「いぬ」はDOGだから「23，12，20」
「ねこ」はCATだから「24，26，7」
よって，「21，12，3」はFOXだから「きつね」
故に最も妥当な選択肢は2。

12 5

解説 クワガタムシ，カナブン，カブトムシ，カミキリムシを採ったか採っていないかで，全部で，$2^4 = 16$〔通り〕の組合せがある（表①）。

表①　1：採った　0：採っていない

クワガタムシ	**1**	0	**1**	0	**1**	0	**1**	0	1	0	1	0	1	0	1	0
カナブン	1	1	0	0	1	1	0	0	1	1	0	0	1	1	0	0
カブトムシ	1	1	1	1	**0**	**0**	0	0	1	1	1	1	**0**	**0**	**0**	**0**
カミキリムシ	1	1	1	1	1	1	1	1	**0**	**0**	0	0	**0**	**0**	**0**	**0**

この中からア～ウに当てはまらないものを除くと表②になる。よって，確実に言えるのは選択肢5。

表②

クワガタムシ	0	0	0	1	0
カナブン	1	0	0	0	0
カブトムシ	1	1	0	1	1
カミキリムシ	1	1	1	0	0

13 2

解説 350mlの容器をA，150mlの容器をBとする。ビン→A（350ml）→B（150ml）→ビン，A（200ml）→B（150ml）→ビン，A→B（50ml），このBに50ml入っている状態で，ビン→A（350ml）→B（50ml + 100ml）→ビン。これでAに250ml，ビンにも250mlのしょうゆが入っていることになる。よって，9回。故に最も妥当な選択肢は2。

14 3

解説 1回目は小をCに移動させる。2回目は中をBに移動させる。3回目は小をBに移動させる。4回目は大をCに移動させる。5回目は小をAに移動させる。6回目は中をCに移動させる。7回目は小をCに移動させる。7回で終了するから，最も妥当な選択肢は3。

15 3

解説 客室の各階を図1のように表すことにする。エ，オより，(1階｜2階｜3階)＝(B｜G｜E)と(E｜B｜G)の2つの場合が考えられるが，Eが3階だとウに矛盾する（Dが4階になる）から，(1階｜2階｜3階)＝(E｜B｜G)と決まる。これにウを考慮すると，(1階｜2階｜3階)＝(E（4号室）｜B，D（4号室）｜G)と決まる。また，ア，イより，A，C，Fは1階か2階であることが分かるが，2階と考えると，図2のようになり，3階のGに関してオが成り立たない。以上より，図3のことが決まる。ここで，B，F，Gに関しては，図3に示した2つの客室がそれぞれ考えられる。よって，「Cは1階の6号室に宿泊している。」ことが確実にいえる。

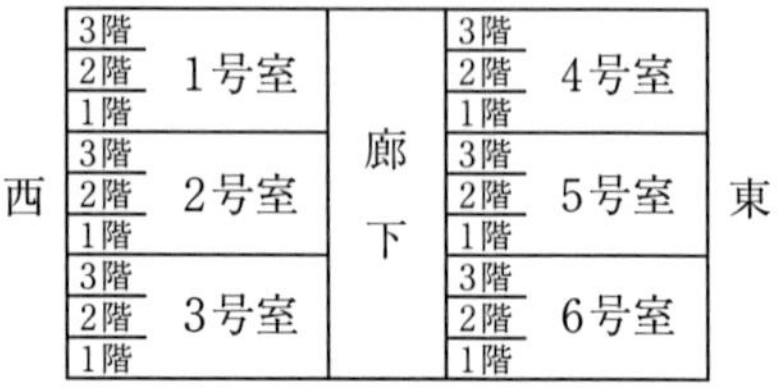

各階平面図

図1

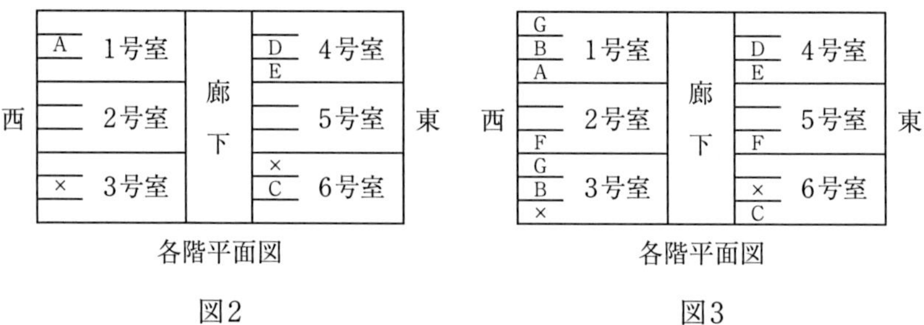

各階平面図

図2

各階平面図

図3

16 1

解説 ∠DFE＝∠DEF＝2∠B

∠FAD＝∠FDA＝∠B＋2∠B＝3∠B

∠C＝∠AFC＝3∠B＋∠B＝4∠B

よって，△ABCにおいて，∠B＋∠C＋100°＝5∠B＋100°＝180°

故に，∠B＝16°　従って，最も妥当な選択肢は1。

17 4

解説 $100 \div 2 = 50$〔項〕より，題意を満たす値は初項2，公差2の等差数列の，初項から第50項までの和だから，$(2+100) \times 50 \div 2 = 2550$
よって，最も妥当な選択肢は4。

18 2

解説 列車1両の長さをxmとすると，
題意より普通列車の秒速は，$(8x+356) \div 25$だから，
$20x = (8x+356) \div 25 \times 7.5 \times (1+1.4)$
よって，$x = 18$〔m〕
故に最も妥当な選択肢は2。

19 1

解説 2回目まであるからグー，チョキ，パーの出し方は全部で，
$3^{3 \times 2} = 3^6$（$= 729$）〔通り〕
1回目があいこで題意を満たす場合の数は，$(6+3) \times (3 \times 3)$（$= 81$）〔通り〕
よってその確率は，$\dfrac{9 \times 3 \times 3}{3^6} = \dfrac{1}{9}$
1回目で1人負けて題意を満たす確率は，$\dfrac{3 \times 3}{3^3} \times \dfrac{3 \times 2}{3 \times 3} = \dfrac{2}{9}$
よって題意を満たす確率は，$\dfrac{1}{9} + \dfrac{2}{9} = \dfrac{1}{3}$
故に最も妥当な選択肢は1。

20 3

解説 与式より，$x^2 - 7x - 21 < 0$　よって，$\dfrac{7-\sqrt{133}}{2} < x < \dfrac{7+\sqrt{133}}{2}$
ここで，$\sqrt{133} \fallingdotseq 11.5326$
だから，$-2.266\cdots < x < 9.266\cdots$　xは整数なので，$-2 \leqq x \leqq 9$より，題意を満たす個数は12個ある。
故に最も妥当な選択肢は3。

21 1

解説 各選択肢の数値を計算し，表にまとめると下表のようになる。

表

	平成26年	平成27年	平成28年	平成29年	合計	平均
ねり製品	531982	530137	514397	505116	2081632	520408
対前年増減			−15740			
冷凍食品	263164	258481	253851	248443		
対前年増減			−4630			
(3倍)			−13890			
塩蔵品	191121	184655	171171	166340		
塩干品	162353	164566	156310	148119		
(指数)	100			91.23268		
節製品	88770	83833	81523	81061		
対前年減少率		−5.561564				
対塩蔵品比		45.3998		48.73211		

よって，確実に言えるのは選択肢1。

22 2

解説 各選択肢の数値を計算し，表にまとめると下表のようになる。選択肢4は量そのものについての記述なので，比率しか載っていない本問ではその妥当性自体が不明である。

表

	(平成23年)	平成24年	平成25年	平成26年	平成27年	平成28年
鉄道		6.2	4.2	−1.5	−0.5	2
	100	106.2	110.66	109.0005	108.4555	110.6246
対25減少率					−1.9925	
自動車		−2.9	−0.5	−0.7	−0.6	2.1
	100	97.1	96.6145	95.9382	95.36257	97.36518
(対24比)		100				100.2731
内航海運		1.4	3.4	−2.4	−1	−0.3
	100	101.4	104.8476	102.3313	101.3079	101.004
対25減少率					−3.376	
航空		1.8	5.7	2.4	−1	−2.2
	100	101.8	107.6026	110.1851	109.0832	106.6834
(指数)		100			107.1544	

よって，最も妥当な選択肢は2。

23 5

解説 各選択肢の数値を計算し，表にまとめると下表のようになる。

表

	平成25年度	26	27	28	29	合計	平均
市区町村	4728	4775	4703	4480	4560	23246	4649.2
対前年増加額					80		
(2倍)					**160**		
都道府県	3938	4239	3700	4035	3816	19728	
対全体比		28.66707					
国	3467	3050	2620	2944	3088	15169	
対前年増加額					144		
政府関連	1520	2026	1895	1567	1681	8689	
(指数)	100		124.6711				
独立行法	698	697	773	1002	582	3752	
合計		14787				70584	総合計
対前年増加率			10.90387				

よって，確実に言えるのは選択肢5。

24 2

解説 各選択肢の数値を計算し，表にまとめると右表のようになる。

表

		平成元年	平成29年
	総数	39417	50425
①夫婦と未婚の子のみ	割合	39.3	29.5
	世帯数	15491	14875
②単独世帯	割合	20	27
	世帯数	7883	13615
③夫婦のみの世帯	割合	16	24
	世帯数	6307	12102
④ひとり親と未婚の子のみ	割合	5	7.2
	世帯数	1971	3631
⑤その他の世帯	割合	5.5	6.5
	世帯数	2168	3278
⑥三世代世帯	割合	14.2	5.8
	世帯数	5597	2925
①＋④		17462	18506
②増加数			5732
③指数		100	191.882
②増加率			72.71343
1.2倍			87.25612
④増加率			84.22121
④×4		7884	14524

よって，確実に言えるのは選択肢2。

25 4

解説 図において，正方形の1辺の長さを$x$cmとし，$DC - x = y$〔cm〕とすると，BCを底辺とする3つの三角形のうち，真ん中と左の三角形は相似であり，その比は，$(28 - x) : x = x : y = x : (21 - x)$ だから，

$(28 - x)(21 - x) = x^2$ より，

$x = 12$〔cm〕　$y = 9$〔cm〕

よって，台形ABCDの面積は

$$2x^2 + \frac{1}{2}xy \times 3 + \frac{1}{2}xy \times \left(\frac{4}{3}\right)^2 = 288 + 162 + 96 = 546 \text{〔cm}^2\text{〕}$$

故に最も妥当な選択肢は4。

26 2

解説 題意を満たす図形を描くと右図のようになる。分割されてできた図形の個数は，24個ある。（例えば，6個の小正三角形は4個ずつに分割されているから，$6 \times 4 = 24$〔個〕など，数え方は自分で好きなように数えれば良い）
また，対角線は，$3 \times 3 = 9$〔本〕あるので，
題意を満たす数は，$24 \times 9 = 216$
よって，最も妥当な選択肢は2。

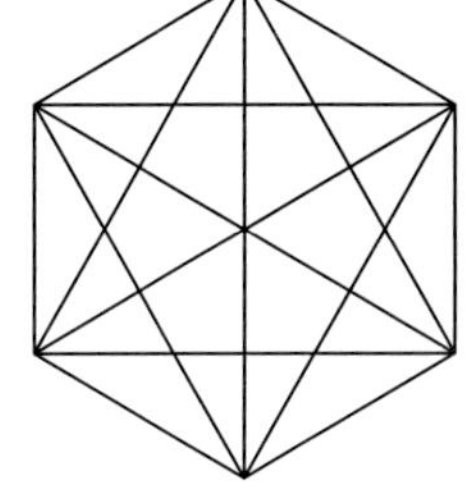

27 3

解説 母線の長さをR〔cm〕とすると題意より，$2\pi R = 3 \times 2\pi \times 4$
よって，$R = 12$〔cm〕　故に最も妥当な選択肢は3

28 5

解説 図より，

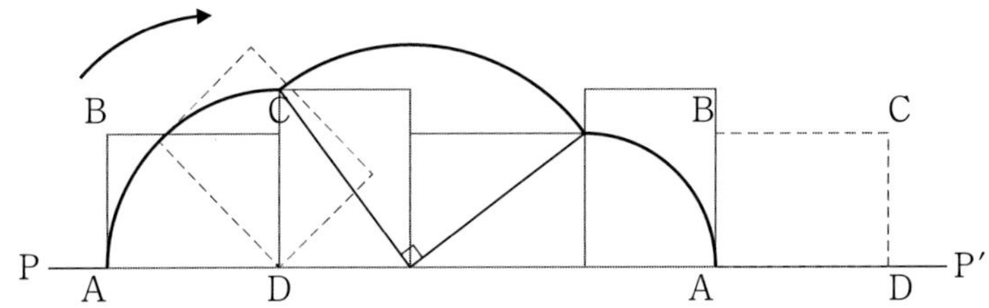

$\frac{1}{4}(3^2 + 5^2 + 4^2)\pi + 3 \times 4 = 12.5\pi + 12$〔cm²〕

29 2

解説 日本国憲法第96条の規定に関する問題。　A：衆議院と参議院でそれぞれ総議員の3分の2以上の賛成を要する。　B：国民投票法（日本国憲法改正手続法）では，有効投票の過半数の賛成で憲法改正が実現することとされている。　C：法律や政令，条約の公布も天皇の国事行為。　D：硬性憲法の対義語で，改正要件が通常の法律と変わらない憲法を軟性憲法という。

30 4

解説 1：国際人道法とは，戦争などで負傷した兵士や一般市民らの人道的扱いに関する法律。それに，適用時に注目すると，国際法は平時国際法と戦時国際法に分類される。 2：かつては国際慣習法だったものが条約化されることはある。 3：国際刑事裁判所は，オランダのハーグにあるし，アメリカは未加盟。 4：正しい。 5：サン・ピエールではなく，グロティウス。サン・ピエールは『永久平和論』を著した。

31 5

解説 1：「影の内閣」を組織するのは，イギリスの野党。 2：「イギリスの最高裁判所」と「アメリカの連邦最高裁判所」を入れかえれば，正しい記述。 3：アメリカ大統領は，連邦議会の解散権を持たない。連邦議会も大統領に対する不信任決議権を持たない。 4：上院に対する下院優越の原則が確立している。上院に実質的権限はない。 5：正しい。上院は連邦政府高官らの任命に対する同意権や弾劾裁判権も持っている。

32 1

解説 1：正しい。 2：消費税は低所得者ほど所得に占める税負担の割合が重くなる。これを逆進性という。 3：贈与税も直接税である。間接税の例は，消費税やたばこ税，酒税等がある。 4：シャウプ勧告に基づき，戦後の税体系は，所得税をはじめとする，直接税を中心としたものとされた。5：水平的公平と垂直的公平を入れかえれば，正しい記述。

33 1

解説 1：正しい。地球温暖化防止京都会議は気候変動枠組条約第3回締約国会議（COP3）の別称。 2：バーゼル条約ではなく，気候変動枠組条約。バーゼル条約は，有害廃棄物の越境移動を規制する条約。 3：モントリオール議定書ではなく，名古屋議定書。モントリオール議定書はオゾン層の破壊物質であるフロンの規制に関する議定書。 4：ラムサール条約ではなく，ワシントン条約。 5：ワシントン条約ではなく，ラムサール条約。

34 1

解説 前九年合戦とは，陸奥の豪族Ａ（安倍氏）が反乱を起こした際，陸奥守・鎮守府将軍の源頼義は，子のＢ（源義家）とともに，出羽の豪族Ｃ（清原氏）の支援を受けて，安倍氏を滅ぼした合戦をいう。後三年合戦とは，陸奥・出羽で大きな勢力を持ったＢ（清原氏）一族に内紛が起こると，陸奥守・鎮守府将軍となったＢ（源義家）が，Ｄ（藤原清衡）を助けて，内紛に介入し清原氏を滅ぼした合戦をいう。この結果，藤原清衡は安倍・清原両氏の支配地を継承し，平泉を拠点に東北全域を支配した。源義家は東国武士の棟梁として主従関係を強化した。

35 5

解説 1：幣原内閣ではなく，吉田内閣の政策。　2：東久邇宮内閣ではなく，幣原内閣での政策。　3：鈴木内閣ではなく，幣原内閣の政策。　4：二・一ゼネストは，予定日の前日にGHQから中止命令が出されたことを受けて不発に終わった。

36 4

解説 1：イギリスは，三国同盟の一員であったが，1904年の英仏協商，1907年の英露協商を経て三国の協力関係により協商国側に立った。　2：フサイン・マクマホン協定は，イギリスのエジプト高等弁務官マクマホンが，メッカの実力者のフセインにアラブ諸国のオスマン帝国からの独立を支持することを約束した書簡のこと。英仏露の間でオスマン帝国領の分割を約束した協定は，サイクス・ピコ協定である。イタリアは両協定に関係していない。3：オーストリアがセルビアに参戦したとき，ロシアではなく，ドイツの支持を得ている。　5：1917年レーニン指導下のボリシェビキを中心とするロシア革命により帝政が崩壊し，1918年ロシア・ソヴィエト連邦社会主義共和国が成立した。1922年，これを中心にソヴィエト社会主義共和国連邦が成立した。

37 3

解説 ベトナムでは，1945年の戦後直後にベトナム独立同盟のホー・チ・ミンを大統領とするベトナム民主共和国の独立を宣言したが，フランスはこれを認めなかった。インドネシアでは，1945年8月，スカルノを指導者としてインドネシア共和国の成立が宣言したことに対し，オランダは武力での介入をしたが失敗した。1949年インドネシア共和国は独立を達成し，スカルノが初代大統領となった。インドでは，1947年ヒンドゥー教を主体とするインド連邦とイスラーム教徒によるパキスタンの2国に分かれて独立した。その後1950年にインド連邦の初代首相のネルーによって憲法を発布し，共和国となった。

38 4

解説 沈水海岸は，土地が沈降するかあるいは海面が上昇することによって生じる。リアス海岸，フィヨルドが代表例である。一方で，離水海岸は，土地が隆起するかあるいは海水面が低下して海底であったところが地表に出ることによって生じる地形である。代表例は海岸平野や海岸段丘。英虞湾，三陸海岸はリアス海岸，室戸岬は海岸段丘が見られる。いずれも短期間で形成される地形ではなく，特に海面の上昇である海進や海退は，間氷期や氷河期における気温の差異に起因する氷河性海面変動によって生じるものである。

39 3

解説 1：「解体新書」を出版したのは，高野長英ではなく，前野良沢と杉田玄白である。　2：吉田松陰の叔父玉木文之進の私塾の名を受けて，吉田松陰は松下村塾を開いた。　4：横井小楠は，開国論者で，尊王攘夷論は，前期の水戸学で主張され，藤田幽谷・東湖親子や会沢安らの学者が唱えた。5：尚歯会は，江戸時代後期の蘭学者の団体。先駆的洋学者の渡辺崋山，高野長英らが所属した。

40 3

解説 光エネルギーから考えてみる。光エネルギーを太陽電池で変換して得られるものは電気エネルギーである。逆に電気エネルギーによって発光ダイオードは光を発する。Cは電気と考えられる。電気エネルギーをヒーターで変換して得られるのは熱である。火力発電は熱エネルギーを電気エネルギーに変えている。Bは熱と考えられる。電気エネルギーをモーターで変換して得られるのは物理的な力；力学的エネルギーである。逆に水の力学的エネルギーを水力発電で変換して電気エネルギーを得ている。Aは力学的エネルギーと考えられる。化学エネルギーとの関係も矛盾しない。組合せは3が該当する。

41 4

解説 オームの法則は，電圧をV〔V〕，電流をI〔A〕，抵抗をR〔Ω〕として$V=IR$で表される。$V=20$〔V〕，$I=500$〔mA〕$=\frac{500}{1000}$〔A〕のとき

$R=\frac{200}{\frac{500}{1000}}=40$〔Ω〕となる。

したがって$V=24$〔V〕としたときには$I=\frac{24}{40}=0.6$〔A〕$=600$〔mA〕となる。4が該当する。

42 3

解説 1：メタンは最も炭素数の小さい炭化水素でありCを1つだけ持つ。したがってCH_4が化学式である。記述は妥当ではない。　2：メタンハイドレートが近年新たなエネルギー源として注目されている。メタンハイドレートは，低温，高圧下で水分子がかご状の構造をとってその中にメタンを取り込んでいるものであり見た目は氷のような様相である。海底に埋蔵されている。大気中ではそれを形成する条件はあり得ない。記述は妥当ではない。　3：天然ガスは地表条件で気体となる地下に存在するものの総称であるが，通常“天然ガス”と言うと燃料として用いるものを指す。その主成分はメタンであり，そのほかエタン，プロパンなども含む。配管を通してこれを各家庭に供給する“都市ガス”はこの天然ガスを原料としている。記述は妥当と考えられる。　4：メタンは無色，無臭である。上記の燃料として用いるガスは漏れた際に知覚できるように意図的に臭いをつけている。記述は妥当ではない。　5：メタンも温室効果ガスの1つである。その分子量は〔CH_4〕$\rightarrow 12+1\times 4=16$であり，空気の平均分子量29よりも小さく，空気より軽い。記述は妥当ではない。妥当な記述は3が該当する。

43 1

解説 1：リービッヒ冷却器の目的は内部を通る管内を冷やすことにある。したがってその内部の管と水が効率よく，最大限接触するようにすべきである。そのためには水を通す管内に気泡/気相ができたりしないようにする。また図のようにして下から冷却水を導入して上に流すことで冷却器の出口で最終的に最も温度の低い冷却水で内管を冷やすことができる。記述は妥当ではない。　2：フラスコ内では加熱し沸騰すると内液が気泡も含んで体積が増す。

またいろいろ準備しても突沸を生じる危険もある。フラスコに液を入れすぎるとそうした際に事故になる恐れがある。液量をフラスコの半分以下にするのは正しい考え方である。記述は妥当と考えられる。　3：内液の突沸は気泡を含んで液が瞬時に膨らみ危険である。沸騰石を入れて突沸を防ぐのは正しい考え方である。記述は妥当と考えられる。　4：設置する温度計はフラスコから蒸発して冷却器に入っていく蒸気の温度を知ることが目的である。したがってその測定点である球部は枝の付け根の位置に合わせるのが正しい。記述は妥当と考えられる。　5：留出してきた液を受ける三角フラスコを密栓すると入ってきた液の体積分の気体を逃がすことができない。フラスコ側も蒸気の発生速度は必ずしも一定ではない。突沸などの際には大きく変動する。そうした変動を吸収するためにも三角フラスコは密栓してはならない。記述は妥当と考えられる。妥当でない記述は1が該当する。

44 3

解説 脳と脊髄からなるのは中枢神経系であり，ここから出て体中に伸びるのが末梢神経系であるから，1は誤り。視床下部は間脳にあるため，2は誤り。4は小脳ではなく，間脳についての説明であるから誤り。5はニューロンではなくホルモンについての説明であるから誤り。

45 3

解説 生態系を構成する生物は生産者，分解者，消費者の3つに大きく分けられるため，1は誤り。植物や藻類は，無機物から有機物を作る独立栄養生物であり，生産者というため，2は誤り。被食者と捕食者の複雑なつながりのことを食物網といい，生物の遺骸だけでなく，生産者や一次消費者などから始まることもある。よって4は誤り。栄養段階が上位の個体数は必ずしも多くなるとはいえないため，5は誤り。例えば，アリとアリクイの関係において，アリクイ1個体が1日に捕食するアリは数万匹である。この集団において，栄養段階が上位のアリクイはアリの個体数よりも少ない方が食料確保に有利である。

46 5

解説 断層は，正断層，逆断層，横ずれ断層に分けられる。正断層では上盤がずれ落ちる。断層に，走向に垂直な向きの側方に引っ張る力が働くことで発生すると考えられる。逆断層は上盤が下盤に乗り上げる。断層の走向に垂直な向きに押されることで発生すると考えられる。横ずれ断層は断層の走向と平行な向きに力がかかることで発生すると考えられる。褶曲はできた地層に力が加わりゆっくり変形して波を打つような形状になったものである。地表側に盛り上がったところ（山），背中を丸めたように見えるところを背斜と言い，反対に下向きに曲がったところ（谷）を向斜という。組合せは5が該当する。

47 5

解説 1：「改訂」が正しい。　2：「対照」が正しい。　3：「較差」が正しい。　4：「適正」が正しい。

48 5

解説 A：「青雲の志」「正鵠を射る」が正しい。　B：「手鍋を提げる」「得手に帆を上げる」で正解。　C：「紺屋の白袴」「光陰矢の如し」が正しい。D：「微に入り細を穿つ」「細工は流流仕上げを御覧じろ」で正解。

49 4

解説 1は「こうして（白河の関を）越えて行くうちに，阿武隈川を渡る」と解釈する。2は「右には岩城・相馬・三春の庄があり，常陸・下野との国ざかいに山々が連なっている」と解釈する。3は「古歌や故事が思い出されて胸がいっぱいになり，大した句を思いつけない」と解釈する。5は「無駄に（何の句も詠まずに）越えるのも，やはり（そうはいかない）」と解釈する。

50 2

解説 A：「紅白梅図屏風」は尾形光琳の作。光琳は17世紀後半から18世紀にかけて活躍した琳派を代表する絵師。斬新な構図や画面展開で独自の様式を確立した。　B：「東海道五十三次」は歌川広重（本姓・安藤）の作。広重はゴッホやモネなどにも影響を与えた江戸後期の浮世絵師。特に風景画に優れ，東海道五十三次をはじめ，諸国風景や江戸名所を数多く描いた。
C：「見返り美人図」は菱川師宣の作。師宣は江戸前期の浮世絵師。版本の挿絵・絵本を多く描き，独自の美人様式を確立した。また，歌舞伎や吉原の風俗などを肉筆画として制作，浮世絵の開祖とされる。

第3部

論作文試験対策

- 論作文対策
- 実施課題例の分析

人物試験　論作文対策

POINT

Ⅰ.「論作文試験」とはなにか

(1)「論作文試験」を実施する目的

かつて18世紀フランスの博物学者，ビュフォンは「文は人なり」と言った。その人の知識・教養・思考力・思考方法・人間性などを知るには，その人が書いた文章を見るのが最良の方法であるという意味だ。

知識の質・量を調べる筆記試験の教養試験だけでは，判定しがたい受験生の資質をより正確にとらえるため，あるいは受験生の公務員としての適性を判断するため，多角的な観点から考査・評価を行う必要がある。

そのため論作文試験は，公務員試験のみならず，一般企業でも重視されているわけだが，とりわけ公務員の場合は，行政の中核にあって多様な諸事務を処理して国民に奉仕するという職務柄，人物試験とともに近年は一層重視されているのが現状だ。しかも，この傾向は，今後もさらに強くなると予想される。

同じ国語を使って，同じように制限された字数，時間の中で同じテーマの論作文を書いても，その論作文はまったく違ったものになる。おそらく学校で，同じ先生に同じように文章指導を受けたとしても，そうなるだろう。その違いのなかにおのずと受験生の姿が浮かび上がってくることになる。

採用側からみた論作文試験の意義をまとめると，次のようになる。

① 公務員としての資質を探る

公務員というのは，文字どおり公に従事するもの。地域住民に直接に接する機会も多い。民間企業の場合は，新入社員研修が何ヶ月もかけて行われることもあるが，公務員の場合は，ほとんどが短期間のうちに現場の真っ只中に入ることになる。したがって自立性や創造力などの資質を備えた人物が求められるわけで，論作文試験を通じて，そのような資質を判定することができる。

② 総合的な知識・理解力を知る

論作文試験によって，公務員として必要な言語能力・文章表現能力を判定することや，公務員として職務を遂行するのにふさわしい基礎的な知識の理解度や実践への応用力を試すことができる。

換言すれば，日本語を文章として正しく表現するための常識や，これまでの学校教育などで得た政治や経済などの一般常識を今後の実践の中でどれほど生かすことができるか，などの総合的な知識・理解力の判定をもしようということである。

③ 思考過程・論理の構成力を知る

教養試験は，一般知識分野であれ一般知能分野であれ，その出題の質が総括的・分散的になりがちである。いわば「広く浅く」が出題の基本となりやすいわけだ。これでは受験生の思考過程や論理の構成力を判定することは不可能だ。その点，論作文試験ではひとつの重要な課題に対する奥深さを判定しやすい。

④ 受験生の人柄・人間性の判定

人物試験（面接）と同様に，受験生の人格・人柄を判定しやすい。これは，文章の内容からばかりではなく，文章の書き方，誤字・脱字の有無，制限字数への配慮，文字の丁寧さなどからも判断される。

(2)「論作文試験」の実施状況

公務員試験全体における人物重視の傾向とあいまって，論作文試験も重視される傾向にある。地方公務員の場合，試験を実施する都道府県・市町村などによって異なるが，行政事務関係はほぼ実施している。

(3) 字数制限と時間制限

最も一般的な字数は1,000～1,200字程度である。最も少ないところが600字，最大が2,000字と大きく開きがある。

時間制限は，60～90分，あるいは120分というのが一般的だ。この時間は，けっして充分なものではない。試しにストップウォッチで計ってみるといいが，他人の論作文を清書するだけでも，600字の場合なら約15分程度かかる。

テーマに即して，しかも用字・用語に気を配ってということになると，かなりのスピードが要求されるわけである。情報を整理し，簡潔に説明できる力を養う必要があるだろう。

(4) 「論作文試験」の評価の基準

採用試験の答案として書く論作文なので，その評価基準を意識して書くことも大切といえる。しかし，公務員試験における論作文の評価の基準は，いずれの都道府県などでも公表していないし，今後もそれを期待することはなかなか難しいだろう。

ただ，過去のデータなどから手掛りとなるものはあるので，ここではそれらを参考に，一般的な評価基準を考えてみよう。

形式的な面からの評価	①　表記法に問題はないか。
	②　文脈に応じて適切な語句が使われているか。
	③　文（センテンス）の構造，語句の照応などに問題はないか。
内容的な面からの評価	①　テーマを的確に把握しているか。
	②　自分の考え方やものの見方をまとめ，テーマや論旨が明確に表現されているか。
	③　内容がよく整理され，段落の設定や論作文の構成に問題はないか。
総合的な面からの評価	①　公務員に必要な洞察力や創造力，あるいは常識や基礎学力は十分であるか。
	②　ものの見方や考え方が，公務員として望ましい方向にあるか。

おおよそ以上のような評価の視点が考えられるが，これらはあらゆるテーマに対して共通しているということではない。それぞれのテーマによってそのポイントの移動があり，また，実施する自治体などによっても，このうちのどれに重点を置くかが異なってくる。

ただ，一般的に言えることは，企業の採用試験などの場合，その多くは総合的な評価が重視され形式的な面はあまり重視されないが，公務員採用試験における論作文は，形式的な面も軽んじてはならないということである。なぜなら，公務員は採用後に公の文書を取り扱うわけで，それらには一定のフォーマットがあるものが多いからだ。これへの適応能力が試されるのは当然である。

(5)「論作文試験」の出題傾向

公務員試験の場合，出題の傾向をこれまでのテーマから見るのは難しい。一定の傾向がないからだ。

ここ数年の例を見ると，「公務員となるにあたって」「公務員に求められる倫理観について」など，将来への抱負や心構え，公務員観に関するものから，「私が目指す●●県のまちづくり」「▲▲の魅力を挙げ，他地域の人々に▲▲を発信・セールスせよ」など，具体的なプランとアクションを挙げさせるところもあり，その種類まさに千差万別といえる。

いずれにせよ，今までの自己体験，あるいは身近な事件を通して得た信条や生活観，自然観などを語らせ，その観点や感性から，公務員としての適性を知ろうとするものであることに変わりはないようだ。

Ⅱ.「論作文試験」の事前準備

(1) 試験の目的を理解する

論作文試験の意義や評価の目的については前に述べたが，試験の準備を進めるためには，まずそれについてよく考え，理解を深めておく必要がある。その理解が，自分なりの準備方法を導きだしてくれるはずだ。

例えば，あなたに好きなひとがいたとする。ラブレター（あるいはメール）を書きたいのだが，あいにく文章は苦手だ。文章の上手い友人に代筆を頼む手もあるが，これでは真心は通じないだろう。そこで，便せんいっぱいに「好きだ，好きだ，好きだ，好きだ，好きだ，好きだ」とだけ書いたとする。それで十分に情熱を伝えることができるし，場合によっては，どんな名文を書き連ねるよりも最高のラブレターになることだってある。あるいはサインペンで用紙いっぱいに一言「好き」と大書して送ってもいい。個人対個人間のラブレターなら，それでもいいのである。つまり，その目的が，「好き」という恋心を相手にだけわかってもらうことにあるからだ。

文章の長さにしてもそうで，例えばこんな文がある。

「一筆啓上　火の用心　おせん泣かすな　馬肥やせ」

これは徳川家康の家臣である本多作左衛門重次が，妻に宛てた短い手紙である。「一筆啓上」は「拝啓」に当たる意味で，「おせん泣かすな」は重次の唯一の子どもであるお仙（仙千代）を「泣かしたりせず，しっかりと育てなさい」と我が子をとても大事にしていたことが伺える。さらに，「馬肥やせ」は武将の家には欠くことのできない馬について「いざという時のために餌をしっかり与えて大事にしてくれ」と妻へアドバイスしている。短いながらもこの文面全体には，家族への愛情や心配，家の主としての責任感などがにじみ出ているかのようだ。

世の中にはもっと短い手紙もある。フランスの文豪ヴィクトル・ユーゴーは『レ・ミゼラブル』を出版した際にその売れ行きが心配になり，出版社に対して「？」と書いただけの手紙を送った。すると出版社からは「！」という返事が届いたという。意味がおわかりだろうか。これは，「売れ行きはどうか？」「すごく売れていますよ！」というやりとりである。前提になる状況と目的によっては，「？」や「！」ひとつが，千万の言葉よりも，意思と感情を的確に相手に伝達することもあるのだ。

しかし，論作文試験の場合はどうだろうか。「公務員を志望した動機」というテーマを出されて，「私は公務員になりたい，私は公務員になりたい，私は公務員になりたい，……」と600字分書いても，評価されることはないだろう。

つまり論作文というのは，何度もいうように，人物試験を兼ねあわせて実施されるものである。この意義や目的を忘れてはいけない。しかも公務員採用試験の場合と民間企業の場合では，求められているものに違いもある。

民間企業の場合でも業種によって違いがある。ということは，それぞれの意義や目的によって，対策や準備方法も違ってくるということである。これを理解した上で，自分なりの準備方法を見つけることが大切なのだ。

(2) 文章を書く習慣を身につける

多くの人は「かしこまった文章を書くのが苦手」だという。携帯電話やパソコンで気楽なメールを頻繁にしている現在では，特にそうだという。論作文試験の準備としては，まずこの苦手意識を取り除くことが必要だろう。

文章を書くということは，習慣がついてしまえばそれほど辛いものではない。習慣をつけるという意味では，第一に日記を書くこと，第二に手紙を書くのがよい。

① 「日記」を書いて筆力をつける

実際にやってみればわかることだが，日記を半年間書き続けると，自分でも驚くほど筆力が身に付く。筆力というのは「文章を書く力」で，豊かな表現力・構成力，あるいはスピードを意味している。日記は他人に見せるものではないので，自由に書ける。材料は身辺雑事・雑感が主なので，いくらでもあるはず。この「自由に書ける」「材料がある」ということが，文章に慣れるためには大切なことなのだ。パソコンを使ってブログで長い文章を書くのも悪くはないが，本番試験はキーボードが使えるわけではないので，リズムが変わると書けない可能性もある。やはり紙にペンで書くべきだろう。

② 「手紙」を書いてみる

手紙は，他人に用件や意思や感情を伝えるものである。最初から他人に読んでもらうことを目的にしている。ここが日記とは根本的に違う。つまり，読み手を意識して書かなければならないわけだ。そのために，一定の形式を踏まなければならないこともあるし，逆に，相手や時と場合によって形式をはずすこともある。感情を全面的に表わすこともあるし，抑えることもある。文章を書く場合，この読み手を想定して形式や感情を制御していくということは大切な要件である。手紙を書くことによって，このコツに慣れてくるわけだ。

「おっはよー，元気い（^_^）？　今日もめっちゃ寒いけど……」

「拝啓，朝夕はめっきり肌寒さを覚える今日このごろですが，皆々様におかれましては，いかがお過ごしかと……」

手紙は，具体的に相手（読み手）を想定できるので，書く習慣がつけば，このような「書き分ける」能力も自然と身についてくる。つまり，文章のTPOといったものがわかってくるのである。

③ 新聞や雑誌のコラムを写してみる

新聞や雑誌のコラムなどを写したりするのも，文章に慣れる王道の手段。最初は，とにかく書き写すだけでいい。ひたすら，書き写すのだ。

ペン習字などもお手本を書き写すが，それと同じだと思えばいい。ペン習字と違うのは，文字面をなぞるのではなく，別の原稿用紙などに書き写す点だ。

とにかく，こうして書き写すことをしていると，まず文章のリズムがわかってくる。ことばづかいや送り仮名の要領も身につく。文の構成法も，なんとなく理解できてくる。実際，かつての作家の文章修業は，こうして模写をすることから始めたという。

私たちが日本語を話す場合，文法をいちいち考えているわけではないだろう。接続詞や助詞も自然に口をついて出ている。文章も本来，こうならなければならないのである。そのためには書き写す作業が一番いいわけで，これも実際にやってみると，効果がよくわかる。

なぜ，新聞や雑誌のコラムがよいかといえば，これらはマスメディア用の文章だからである。不特定多数の読み手を想定して書かれているために，一般的なルールに即して書かれていて，無難な表現であり，クセがない。公務員試験の論作文では，この点も大切なことなのだ。

たとえば雨の音は，一般的に「ポツリ，ポツリ」「パラ，パラ」「ザァ，ザァ」などと書く。ありふれた表現だが，裏を返せばありふれているだけに，だれにでも雨の音だとわかるはず。「朝から，あぶないな，と思っていたら，峠への途中でパラ，パラとやってきた……」という文章があれば，この「パラ，パラ」は雨だと想像しやすいだろう。

一方，「シイ，シイ」「ピチ，ピチ」「トン，トン」「バタ，バタ」，雨の音をこう表現しても決して悪いということはない。実際，聞き方によっては，こう聞こえるときもある。しかし「朝から，あぶないな，と思っていたら，峠への途中でシイ，シイとやってきた……」では，一般的には「シイ，シイ」が雨だとはわからない。

論作文は，作家になるための素質を見るためのものではないから，やはり後者ではマズイのである。受験論作文の練習に書き写す場合は，マスコミのコラムなどがよいというのは，そういうわけだ。

④ 考えを正確に文章化する

頭の中では論理的に構成されていても，それを文章に表現するのは意外に難しい。主語が落ちているために内容がつかめなかったり，語彙が貧弱で，述べたいことがうまく表現できなかったり，思いあまって言葉足らずという文章を書く人は非常に多い。文章は，記録であると同時に伝達手段である。メモをとるのとは違うのだ。

論理的にわかりやすい文章を書くには，言葉を選び，文法を考え，文脈を整え，結論と課題を比較してみる……，という訓練を続けることが大切だ。しかし，この場合，一人でやっていたのでは評価が甘く，また自分では気づかないこともあるので，友人や先輩，国語に詳しいかつての恩師など，第三者の客観的な意見を聞くと，正確な文章になっているかどうかの判断がつけやすい。

⑤　文章の構成力を高める

正確な文章を書こうとすれば，必ず文章の構成をどうしたらよいかという問題につきあたる。文章の構成法については後述するが，そこに示した基本的な構成パターンをしっかり身につけておくこと。一つのテーマについて，何通りかの構成法で書き，これをいくつものテーマについて繰り返してみる。そうしているうちに，特に意識しなくてもしっかりした構成の文章が書けるようになるはずだ。

⑥　制限内に書く感覚を養う

だれでも時間をかけてじっくり考えれば，それなりの文章が書けるだろう。しかし，実際の試験では字数制限や時間制限がある。練習の際には，ただ漫然と文章を書くのではなくて，字数や時間も実際の試験のように設定したうえで書いてみること。

例えば800字以内という制限なら，その全体量はどれくらいなのかを実際に書いてみる。また，全体の構想に従って字数（行数）を配分すること。時間制限についても同様で，60分ならその時間内にどれだけのことが書けるのかを確認し，構想，執筆，推敲などの時間配分を考えてみる。この具体的な方法は後に述べる。

こうして何度も文章を書いているうちに，さまざまな制限を無駄なく十分に使う感覚が身についてくる。この感覚は，練習を重ね，文章に親しまない限り，身に付かない。逆に言えば実際の試験ではそれが極めて有効な力を発揮するのが明らかなのだ。

Ⅲ.「合格答案」作成上の留意点

(1) テーマ把握上の注意

さて，いよいよ試験が始まったとしよう。論作文試験でまず最初の関門になるのが，テーマを的確に把握できるか否かということ。どんなに立派な文章を書いても，それが課題テーマに合致していない限り，試験結果は絶望的である。不幸なことにそのような例は枚挙にいとまがにないと言われる。ここでは犯しやすいミスを2，3例挙げてみよう。

① 似たテーマと間違える

例えば「私の生きかた」や「私の生きがい」などは，その典型的なもの。前者が生活スタイルや生活信条などが問われているのに対して，後者はどのようなことをし，どのように生きていくことが，自分の最も喜びとするところかが問われている。このようなニュアンスの違いも正確に把握することだ。

② テーマ全体を正確に読まない

特に，課題そのものが長い文章になっている場合，どのような条件を踏まえて何を述べなければならないかを，正確にとらえないまま書き始めてしまうことがある。例えば，下記のようなテーマがあったとする。

「あなたが公務員になったとき，職場の上司や先輩，地域の人々との人間関係において，何を大切にしたいと思いますか。自分の生活体験をもとに書きなさい」

①公務員になったとき，②生活体験をもとに，というのがこのテーマの条件であり，「上司・先輩，地域の人々との人間関係において大切にしたいこと」というのが必答すべきことになる。このような点を一つひとつ把握しておかないと，内容に抜け落ちがあったり，構成上のバランスが崩れたりする原因になる。テーマを示されたらまず2回はゆっくりと読み，与えられているテーマの意味・内容を確認してから何をどう書くかという考察に移ることが必要だ。

③ テーマの真意を正確につかまない

「今，公務員に求められるもの」というテーマと「公務員に求められるもの」というテーマを比べた場合，“今”というたった1字があるか否かで，出題者の求める答えは違ってくることに注意したい。言うまでもなく，後者がいわゆる「公務員の資質」を問うているのに対して，前者は「現況をふまえたうえで，できるだけ具体的に公務員の資質について述べること」が求められているのだ。

以上3点について述べた。こうやって示せば誰でも分かる当たり前のことのようだが，試験本番には受け取る側の状況もまた違ってくるはず。くれぐれも慎重に取り組みたいところだ。

(2) 内容・構成上の注意点

① 素材選びに時間をかけろ

テーマを正確に把握したら，次は結論を導きだすための素材が重要なポイントになる。公務員試験での論作文では，できるだけ実践的・経験的なものが望ましい。現実性のある具体的な素材を見つけだすよう，書き始める前に十分考慮したい。

② 全体の構想を練る

さて，次に考えなくてはならないのが文章の構成である。相手を納得させるためにも，また字数や時間配分の目安をつけるためにも，全体のアウトラインを構想しておくことが必要だ。ただやみくもに書き始めると，文章があらぬ方向に行ってしまったり，広げた風呂敷をたたむのに苦労しかねない。

③文体を決める

文体は終始一貫させなければならない。文体によって論作文の印象もかなり違ってくる。〈です・ます〉体は丁寧な印象を与えるが，使い慣れないと文章がくどくなり，文末のリズムも単調になりやすい。〈である〉体は文章が重々しいが，断定するつもりのない場合でも断定しているかのような印象を与えやすい。

それぞれ一長一短がある。書きなれている人なら，テーマによって文体を使いわけるのが望ましいだろう。しかし，大概は文章のプロではないのだから，自分の最も書きやすい文体を一つ決めておくことが最良の策だ。

(3) 文章作成上の注意点

① ワン・センテンスを簡潔に

一つの文（センテンス）にさまざまな要素を盛り込もうとする人がいるが，内容がわかりにくくなるだけでなく，時には主語・述語の関係が絡まり合い，文章としてすら成立しなくなることもある。このような文章は論旨が不明確になるだけでなく，読み手の心証もそこねてしまう。文章はできるだけ無駄を省き，わかりやすい文章を心掛けること。「一文はできるだけ簡潔に」が鉄則だ。

② 論点を整理する

論作文試験の字数制限は多くても2,000字，少ない場合は600字程度ということもあり，決して多くはない。このように文字数が限られているのだから，文章を簡潔にすると同時に，論点をできるだけ整理し，特に必要のない要素は削ぎ落とすことだ。これはテーマが抽象的な場合や，逆に具体的に多くの条件を設定してる場合は，特に注意したい。

③ 段落を適切に設定する

段落とは，文章全体の中で一つのまとまりをもった部分で，段落の終わりで改行し，書き始めは1字下げるのが決まりである。いくつかの小主題をもつ文章の場合，小主題に従って段落を設けないと，筆者の意図がわかりにくい文章になってしまう。逆に，段落が多すぎる文章もまた意図が伝わりにくく，まとまりのない印象の文章となる場合が多い。段落を設ける基準として，次のような場合があげられる。

① 場所や場面が変わるとき。	④ 思考が次の段階へ発展するとき。
② 対象が変わるとき。	⑤ 一つの部分を特に強調したいとき。
③ 立場や観点が変わるとき。	⑥ 同一段落が長くなりすぎて読みにくくなるとき。

これらを念頭に入れて適宜段落を設定する。

(4) 文章構成後のチェック点

① 主題がはっきりしているか。論作文全体を通して一貫しているか。課題にあったものになっているか。
② まとまった区切りを設けて書いているか。段落は，意味の上でも視覚的にもはっきりと設けてあるか。
③ 意味がはっきりしない言いまわしはないか。人によって違った意味にとられるようなことはないか。
④ 一つの文が長すぎないか。一つの文に多くの内容を詰め込みすぎているところはないか。
⑤ あまりにも簡単にまとめすぎていないか。そのために論作文全体が軽くなっていないか。
⑥ 抽象的ではないか。もっと具体的に表現する方法はないものか。
⑦ 意見や感想を述べる場合，裏づけとなる経験やデータとの関連性は妥当なものか。
⑧ 個人の意見や感想を，「われわれは」「私たちは」などと強引に一般化しているところはないか。
⑨ 表現や文体は統一されているか。
⑩ 文字や送り仮名は統一されているか。

実際の試験では，こんなに細かくチェックしている時間はないだろうが，練習の際には，一つの論作文を書いたら，以上のようなことを必ずチェックしてみるとよいだろう。

Ⅳ.「論作文試験」の実戦感覚

準備と対策の最後の仕上げは，“実戦での感覚”を養うことである。これは“実戦での要領”といってもよい。「要領がいい」という言葉には，「上手に」「巧みに」「手際よく」といった意味と同時に，「うまく表面をとりつくろう」「その場をごまかす」というニュアンスもある。「あいつは要領のいい男だ」という表現などを思い出してみれば分かるだろう。

採用試験における論作文が，論作文試験という競争試験の一つとしてある以上，その意味での“要領”も欠かせないだろう。極端にいってしまえば，こうだ。

「約600字分だけ，たまたまでもすばらしいものが書ければよい」

もちろん，本来はそれでは困るのだが，とにかく合格して採用されることが先決だ。そのために，短時間でその要領をどう身につけるか，実戦ではどう要領を発揮するべきなのか。

(1) 時間と字数の実戦感覚

① 制限時間の感覚

公務員試験の論作文試験の平均制限時間は，90分間である。この90分間に文字はどれくらい書けるか。大学ノートなどに，やや丁寧に漢字まじりの普通の文を書き写すとして，速い人で1分間約60字，つまり90分間なら約5,400字。遅い人で約40字/1分間，つまり90分間なら約3,600字。平均4,500字前後と見ておけばよいだろう。400字詰め原稿用紙にして11枚程度。これだけを考えれば，時間はたっぷりある。しかし，これはあくまでも「書き写す」場合であって，論作文している時間ではない。

構想などが決まったうえで，言葉を選びながら論作文する場合は，速い人で約20字前後/1分間，60分間なら約1,800字前後である。ちなみに，文章のプロたち，例えば作家とか週刊誌の記者とかライターという職業の人たちでも，ほぼこんなものなのだ。構想は別として，1時間に1,800字，400字詰め原稿用紙で4～5枚程度書ければ，だいたい職業人として1人前である。言い換えれば，読者が読むに耐えうる原稿を書くためには，これが限度だということである。

さて，論作文試験に即していえば，もし制限字数1,200字なら，1,200字÷20字で，文章をつづる時間は約60分間ということになる。そうだとすれば，テーマの理解，着想，構想，それに書き終わった後の読み返しなどにあてられる時間は，残り30分間。これは実にシビアな時間である。まず，この時間の感覚を，しっかりと頭に入れておこう。

② 制限字数の感覚

これも一般には，なかなか感覚がつかめないもの。ちなみに，いま，あなたが読んでいるこの本のこのページには，いったい何文字入っているのか，すぐにわかるだろうか。答えは，1行が33字詰めで行数が32行，空白部分もあるから約1,000字である。公務員試験の論作文試験の平均的な制限字数は1,200字となっているから，ほぼ，この本の約1頁強である。

この制限字数を，「長い！」と思うか「短い！」と思うかは，人によって違いはあるはず。俳句は17文字に万感の想いを込めるから，これと比べれば1,000字は実に長い。一方，ニュース番組のアナウンサーが原稿を読む平均速度は，約400字程度/1分間とされているから，1,200字なら3分。アッという間である。つまり，1,200字というのは，そういう感覚の字数なのである。ここでは，論作文試験の1,200字という制限字数の妥当性については置いておく。1,200字というのが，どんな感覚の文字数かということを知っておけばよい。

この感覚は，きわめて重要なことなのである。後でくわしく述べるが，実際にはこの制限字数によって，内容はもとより書き出しや構成なども，かなりの規制を受ける。しかし，それも試験なのだから，長いなら長いなりに，短いなら短いなりに対処する方法を考えなければならない。それが実戦に臨む構えであり，「要領」なのだ。

(2) 時間配分の実戦感覚

90分間かけて，結果として1,200字程度の論作文を仕上げればよいわけだから，次は時間の配分をどうするか。開始のベルが鳴る（ブザーかも知れない）。テーマが示される。いわゆる「課題」である。さて，なにを，どう書くか。この「なにを」が着想であり，「どう書くか」が構想だ。

① まず「着想」に10分間

課題が明示されているのだから，「なにを」は決まっているように思われるかもしれないが，そんなことはない。たとえば「夢」という課題であったとして，昨日みた夢，こわかった夢，なぜか印象に残っている夢，将来の夢，仕事の夢，夢のある人生とは，夢のある社会とは，夢のない現代の若者について……などなど，書くことは多種多様にある。あるいは「夢想流剣法の真髄」といったものだってよいのだ。まず，この「なにを」を10分以内に決める。文章を書く，または論作文するときは，本来はこの「なにを」が重要なのであって，自分の知識や経験，感性を凝縮して，長い時間をかけて決めるのが理想なのだが，なにしろ制限時間があるので，やむをえず5分以内に決める。

② 次は「構想」に10分間

「構想」というのは，話の組み立て方である。着想したものを，どうやって1,200字程度の字数のなかに，うまく展開するかを考える。このときに重要なのは，材料の点検だ。

たとえば着想の段階で，「現代の若者は夢がないといわれるが，実際には夢はもっているのであって，その夢が実現不可能な空想的な夢ではなく，より現実的になっているだけだ。大きな夢に向かって猛進するのも人生だが，小さな夢を一つ一つ育んでいくのも意義ある人生だと思う」というようなことを書こうと決めたとして，ただダラダラと書いていったのでは，印象深い説得力のある論作文にはならない。したがってエピソードだとか，著名人の言葉とか，読んだ本の感想……といった材料が必要なわけだが，これの有無，その配置を点検するわけである。しかも，その材料の質・量によって，話のもっていきかた（論作文の構成法）も違ってくる。これを10分以内に決める。

実際には，着想に10分，構想に10分と明瞭に区別されるわけではなく，「なにを」は瞬間的に決まることがあるし，「なにを」と「どう書くか」を同時に考えることもある。ともあれ，着想と構想をあわせて，なにがなんでも20分以内に決めなければならないのである。

③ 「執筆」時間は60分間

これは前述したとおり。ただ書くだけの物理的時間が約15～20分間かかるのだから，言葉を選び表現を考えながらでは60分間は実際に短かすぎるが，試験なのでやむをえない。

まずテーマを書く。氏名を書く。そして，いよいよ第1行の書き出しにかかる。「夢，私はこの言葉が好きだ。夢をみることは，神さまが人間だけに与えた特権だと思う……」「よく，最近の若者には夢がない，という声を聞く。たしかに，その一面はある。つい先日も，こんなことがあった……」「私の家の近所に，夢想流を継承する剣道の小さな道場がある。白髪で小柄な80歳に近い老人が道場主だ……」などと，着想したことを具体的に文章にしていくわけである。

人によっては，着想が決まると，このようにまず第1行を書き，ここで一息ついて後の構想を立てることもある。つまり，書き出しの文句を書きこむと，後の構想が立てやすくなるというわけである。これも一つの方法である。しかし，これは，よっぽど書きなれていないと危険をともなう。後の構想がまとまらないと何度も書き出しを書き直さなければならないからだ。したがって，論作文試験の場合は，やはり着想→構想→執筆と進んだほうが無難だろう。

④ 「点検」時間は10分間で

論作文を書き終わる。当然，点検をしなければならない。誤字・脱字はもとより，送り仮名や語句の使い方，表現の妥当性も見直さなければならない。この作業を一般には「推敲」と呼ぶ。推敲は，文章を仕上げる上で欠かせない作業である。本来なら，この推敲には十分な時間をかけなければならない。文章は推敲すればするほど練りあがるし，また，文章の上達に欠かせないものである。

しかし，論作文試験においては，この時間が10分間しかない。前述したように，1,200字の文章は，ニュースのアナウンサーが読みあげるスピードで読んでも，読むだけで約3分はかかる。だとすれば，手直しする時間は7分。ほとんどないに等しいわけだ。せいぜい誤字・脱字の点検しかできないだろう。論作文試験の時間配分では，このことをしっかり頭に入れておかなければならない。要するに論作文試験では，きわめて実戦的な「要領の良さ」が必要であり，準備・対策として，これを身につけておかなければならないということなのだ。

実施課題例の分析

令和５年度

▼作文（時間：1時間20分　字数：600字以上1,000字程度）

未来の区役所！あなたはどうつくる？

《執筆の方針》

望ましい「未来の区役所」に向けて，特別区が抱える多くの課題を解決し，限られた行政資源の中で，効率よく区民満足度の高い区政運営をするための取組を述べる。区民の安心・安全という視点を含めて論じる必要がある。

《課題の分析》

特別区では，地方分権の進展や，児童相談所の設置など，多くの課題やニーズが生まれ，区民が区役所に期待する役割も，複雑で高度なものとなっている。これらの課題の解決に向けた取組を進めていくには，区民に最も身近な基礎自治体として，自立性の高い効率的な事務運営が重要である。このような状況を踏まえ，区民の生命や生活を守るための区政運営について，区の職員としてどのように取り組むべきかを論じる。区民の願いに応えられる「豊かな特別区」を実現するために，職員として取り組みたいこと，さらなる発展へ向けた方策について考えてみよう。「安心・安全」「子育て支援」などの柱を挙げるとよいだろう。

義務的経費（人件費，社会保障関係経費，公債費）は任意に節減できない。限られた財源で効果的な区政運営を行うため，有効な使途が期待される。区民参加型の予算を設立し，投票結果上位の事業を検討する試みもあり得る。「みんなでつくる避難所プロジェクト事業」「安心な医療体制づくり」など，具体例を提案するのも一法である。

《作成のポイント》

三段落で構成する。序論では，区民ニーズと区民満足度について持論を述べる。特別区に対して自身が感じている魅力を踏まえて述べるとよい。住み続けたいと思う要素，課題などにも言及する。

本論は，最も多くの字数をあてる部分である。「未来の区役所」に向けて区役所が関わることのできる雇用，教育・福祉，安全対策など，取り組むべき内容を具体的に述べよう。現状を踏まえ，さらなる方策に関する自身のアイデアを含めて述べる。大規模災害対策や感染症対策など，危機管理の視点に触れてもよい。産業や地域コミュニティの盛り上げ，ICT活用による魅力の掘り起こし，地域愛の醸成と情報発信，雇用促進や子育て支援などに言及しても効果的である。費用対効果や，限られた財政の有効活用という視点を含めて述べたい。

結論では，区民満足度向上のため，特別区の魅力づくりのため，誠心誠意努力する旨の強い決意を述べて結びとする。書き始める前に，構想の時間をしっかりとってから着手しよう。

令和４年度

▼作文（時間：1時間20分　字数：600字以上1,000字程度）

5年後になりたい自分とそれに向けて実行していくこと

《執筆の方針》

5年後の社会の状況を想定し，東京都市の姿や特別区の行政の仕事がどうなっているのかを簡潔に述べる。そのうえで，5年後の自分が特別区組織の中核としてどのような仕事をし，どのような役割を果たしているのかを理想の姿として述べる。

《課題の分析》

変化の激しい現代社会において，5年後の社会情勢を予測することは難しい。最新機器の導入やロボットの活用などが進み，公務員の仕事も大きく様変わりしていることが考えられる。しかし，人が暮らしている以上，人々が安心して暮らせるための公務員の仕事は存在していることは間違いない。問題は「5年後になりたい自分」であり，5年後はちょうど働き盛りを迎えている年齢であろう。今までの自分とは異なって物事に対する見方や考え方も変わっており，行政の第一線で職員組織の中核となって働いているに違いない。その姿を実現するためにどのような努力をしていくか，5年後の自分に大きな夢を描いて論述するようにしたい。

《作成のポイント》

まず，変化の激しい現代社会において，5年後の社会情勢を予測することは難しいということを指摘し，公務員の世界においても最新機器の導入やロボットの活用など，公務員の仕事も大きく様変わりしていることが想定されることを述べる。次に，5年後の自分の年齢を示し，物事に対する見方や考え方もこれまでの自分とは異なり，公務員組織の中核職員として重要な役割を任されているであろうことを述べる。そのうえで，そうした職員になるために取組んでいきたいことについて「第一に…」「第二に…」というようにナンバリングをして述べていく。最後は，東京都民が安心して暮らせるような街作りに貢献する職員として，5年後も努力しているということを述べて作文をまとめる。

令和3年度

▼作文（時間：1時間20分　字数：600字以上1,000字程度）

正確に仕事を進めるために必要なことについて

《執筆の方針》

これまでの経験から適切なエピソードを選び，仕事をする上で正確さの重要性を感じたことについて述べる。そのうえで，どのような配慮が必要かをまとめ，今後の仕事を進める上で重視すべきことについて論述する。

《課題の分析》

公務員という業務の特性を踏まえると，正確さを大切にする心構えが肝要と言える。自身の経験から，繰り返しチェックをする習慣，予定表をこまめに確認しながら計画的に仕事を進めるやり方などを例示すると効果的である。自身の緻密さや，計画性，二重チェック・三重チェックにより正確な仕事ぶりを信条としていることなどをアピールできるとよい。何故，正確さが問われるのかについては，不正確な仕事ぶりが人からの信頼を損なう点などに触れて述べよう。合格圏内に入るには，単なる経験談に終わらせず，そこから何を学ぶかという感性が重要である。東京都が求める職員としての資質を踏まえ，都民の期待に応える理想の姿を念頭に置く。

《作成のポイント》

三部構成とし，序論では仕事上の正確さに関わる自身の経験の概要を述べる。そのトピックの選定にあたっては，求められる資質・能力に関わったり，仕事ぶりに反映されたりする内容となる事が望ましい。本論では，その出来事からどのようなことを学んだかについて，具体的に論述する。この時，「正確さ」の重要性認識についてしっかり示したい。また，その学びを今後の仕事にどう役立てていくつもりなのか，説得力ある文章が期待される。一般的に公務員に求められる資質・能力や，都の期待する職員像としては，「高い志と豊かな感性」「自ら課題を見つけ，進んで行動する力」「都民から信頼され，協力して仕事を進める力」などが挙げられる。信頼の中に「正確な仕事ぶり」も含まれることは言うまでもない。結論では，都民満足度向上のため，自己研鑽に全力で取り組むという強い決意を述べよう。制限字数ギリギリを目指して主張したい。

令和２年度

▼作文（時間：1時間20分　字数：600字以上1,000字程度）

私が地域に対してできること

《執筆の方針》

特別区職員として，自身が働く地域に対して何をどのように取り組みたいかについて述べる。

《課題の分析》

東京特別区職員の仕事は，一般の市町村役所の仕事と同様，戸籍や住民基本台帳，印鑑登録などの各種証明書の発行といった窓口業務から税金や保険関連事務，生活保護，児童・高齢者・障がい者福祉，区立小中学校や幼稚園・保育園の管理運営，ごみ処理やリサイクル関連業務，図書館や児童館の管理運営，防災防犯対策，区主催行事の企画運営，選挙管理事務といったように，住民の生活に身近な行政業務が主である。

とりわけ部署によって対応する住民やその相談内容が多岐にわたるため，たとえば未就学児童や保育園に通う子どものための防犯対策に取り組みたいのか，障がい者や要介護者，高齢者のためのバリアフリーやユニバーサルデザインの地域での普及に取り組みたいのか，あるいは地域に居住する在留外国人の生活相談業務に取り組みたいのか，など自身が地域のために取り組みたい目的と対象を明確にすること，その理由または動機を述べることが必要である。これにたとえば一人暮らしの高齢者世帯の多い地域，若い夫婦と子どもの世帯の多い住宅地区，といった地域固有の特徴を加味した取組内容を想定することが可能だろう。あるいは自身の出身地や慣れ親しんだ居住地域であるという利点を生かし，区内の具体的な地域や地区を例に取り上げて，その場所に特化集中したプロジェクトないしはプログラムを立ち上げるといったアイデアを披歴してもよいだろう。

《作成のポイント》

特別区職員として，自身がどういう部署でどのような仕事を通じて，どのように地域に貢献したいのかを具体的に論述することがポイントになる。その際に，特別区職員という立場だからこそ出来る仕事や業務について引用すること（ボランティアでの地域美化活動など一般市民・個人の誰でも可能な地域活動ではなく）が必要である。そのためにも，区職員の一通りの業務内容について事前に詳しく調べておくとともに，自身が職員として取り組みたい，あるいは興味のある業務内容について必要な情報収集を行っておく必要がある。そのうえで取組内容については，どの地域でどういう目的で何をどういうプロセスで取り組むのか，それが地域にどのような役割を果たすのかといった5W1Hの要素を明確にしつつ，具体的に論述することが必要である。

令和元年度

▼作文（1時間20分　字数：600字以上1,000字程度）

これからの公務員に求められる資質について

《執筆の方針》

昨今の社会情勢を踏まえて，今後の社会において求められるべき公務員の資質について論じる。

《課題の分析》

本問については，一つにはグローバル化や情報化の進展にともなう国際社会への対応や，大地震や洪水といった自然災害への対応，少子高齢化にともなう人口減少，労働力不足や福祉介護サービスの肥大化への対応，といった近未来に起こりうる社会事象との関連で，公務員に求められる資質に関して論を展開することが有効である。たとえば国際公用語の運用能力やIT機器スキルの獲得，異文化コミュニケーションや地球環境問題などの国際的課題に関する専門知識の習得，地域における総合的な住民サービスの向上，といった事例がこれに相当する。

もう一つは，昨今，全国的に激増し話題になっている「公務員の不祥事」を踏まえた論述である。事例で多いのは，内部情報や住民の個人情報の外部漏洩，パワハラやセクハラ，飲酒運転などの交通事故，接待や贈収賄といった，地方公務員法第29条の「懲戒処分」に相当する行為が露呈されたケースであり，公務員に対する国民・住民の信頼失墜にもつながる事件である。こうした事例は公務員としての服務の遵守，コンプライアンスの不履行の問題に帰着する。たとえば地方公務員は地方公務員法第31条において「服務の宣誓」が義務付けられており，この宣誓文の内容は，たとえば東京都の場合「私は，ここに，主権が国民に存することを認める日本国憲法を尊重し，且つ，擁護することを固く誓います。私は，地方自治の本旨を体するとともに公務を民主的且つ能率的に運営すべき責務を深く自覚し，全体の奉仕者として，誠実且つ公正に職務を執行することを固く誓います。」となっており，憲法遵守義務，地方自治の本旨，民主的運営，誠実かつ公正な職務執行義務が示されている。

国家公務員についても同様，日本国憲法第15条2項「すべて公務員は，全体の奉仕者であつて，一部の奉仕者ではない。」，さらに国家公務員法第96条第1項「全ての職員は，国民全体の奉仕者として，公共の利益のために勤務し，且つ，職務の遂行にあたっては，全力を挙げてこれに専念しなければならない。」といった法律規定を遵守すべきものとされている。このように現行憲法や法律では，公務員に求められるものとして，公平・公正性及び中立性といった資質を挙げており，これらの資質を実際の職務執行場面において，どのように全うしていくかを具体的に論じる必要性がある。

《作成のポイント》

論述では全体を3部構成にし，序論を公務員として求められる資質について定義すると同時に，昨今の公務員の不祥事に反映される資質問題に言及する。本論では，①公務員の資質としての服務遵守規定やコンプライアンスについて，②今後の社会情勢に対応するための公務員としての資質について，具体例を明示しながら展開する。結論では，これらの求められるべき資質を，実際に自身が東京都職員として勤務現場でどのように反映させることができるか，その抱負や可能性について述べる。

なお，今後の公務員に求められる社会情勢への対応というテーマに関して記述する場合，東京都ならではの社会問題，とりわけ人口構成の変化や人口一極集中の解消，観光振興，幼保施設ならびに児童福祉施設の不足問題などを例に挙げて論述を展開してもかまわない。たとえば東京都の人口構成についていえば，都内の高齢者人口比率は今後25年で1割以上増え，2035年には約3人に1人が65歳以上という時代を迎える。高齢者の中でも，とりわけ単身世帯の増加が2005年から2025年までの20年間で，約1.6倍に増える見込みであり，今後「ひとり暮らしの高齢者」が増える見込みとなっている。他方，子どもの減少は止まらず，2010年から2035年にかけて，都内の年少人口は3割減少する見込みとなっている。こうした具体的なデータを背景に，公務員（東京都職員）としてのあるべき対応策について論述することも，本問のテーマに即した記述の説得力を高めるのに有効といえるだろう。

平成30年度

▼作文（時間：1時間20分　字数：600字以上1,000字程度）

住み続けたいまちづくりについて

《執筆の方針》

ひと口に「住み続けたいまち」といっても，年齢や性別，家族構成などによってそれは様々であることを指摘する。そのうえで，誰にも共通する「安心・安全なまちづくり」を住み続けたいまちの条件として設定し，そうしたまちづくりのために必要なことを整理して述べる。

《課題の分析》

設問のテーマは「住み続けたいまちづくり」という非常に抽象的な課題である。ひと口に「住み続けたい」といってもその内容は様々であり，年齢や性別，家族構成などによって大きく異なる。子供にとっては学校や公園の充実であり，若者には映画や音楽といった文化的環境などが住み続けたい条件となる。主婦にとっては日常の買い物や子育て環境，働く世代には通勤条件などに関心が向く。高齢者には福祉が大きな関心事である。それらの中で，誰にも共通して住み続けたいまちは「安心・安全なまち」であろう。

《作成のポイント》

まず，抽象的な課題である「住み続けたいまち」について，ひと口に「住み続けたい」といってもその内容は様々で，年齢や性別，家族構成などによって大きく異なることを指摘する。次に，誰もが住み続けたい基本的な条件は，安心して暮らせる安全なまちであることを述べ，そうしたまちにしていくことが必要であることを述べる。そのうえで，安心・安全なまちの必要な条件を整理して述べていく。第一に…，第二に…というように，ナンバリングして述べると分かりやすい論述となる。最後は，公務員として「安心・安全なまちづくり」に精いっぱい取り組んでいくことを述べて作文をまとめる。

平成29年度

▼作文・事務（時間：1時間20分　字数：600字以上1,000字程度）

地域住民の結びつきが強いまちについて

《執筆の方針・課題の分析》

地域住民の結びつきとは何か。住民同士の協力の必要性について論じていけば，的確な内容にまとまるわけだが，漠然とした印象のままに書いていくと，抽象的にコミュニティの崩壊とその再生の必要を述べるという，ありきたりの作文のような展開になってしまう。東京都の職員採用試験を目指す以上，福祉サービスの費用負担による区分や大規模災害時における救援や支援に関する知識を絡めた，公助，共助，自助，互助という概念を示しながら述べてみよう。すなわち，以下の4つである。「公助：税による公の負担」，「共助：介護保険や災害などのリスクを共有する仲間どうしの負担」,「自助：自分のことを自分ですることに加え，市場サービスの購入なども含む」,「互助：相互に支え合っているという意味で「共助」と共通点があるが，費用負担が制度的に裏付けられていない自発的なもの」。このような内容を入れながら，同世代の平均的な受験者のレベルを抜け出す工夫をすることで，行政マンとしての適性をアピールしたい。

《作成のポイント》

600字以上1,000字程度という指定がある。簡潔明瞭にまとめることを意識しすぎて，600字程度に無理に収めようとするよりも，1,000字以内ぎりぎりまでスペースを使うつもりで書く方が，分かりやすく，かつ説得力のある答案に仕上がる。一例として，公立の病院や高齢者施設に依存するのではなく，地域の中での高齢者の支援活動の強化を，地域住民の結びつきの強化の事例として挙げてみよう。高齢者の見守りを推進し孤立を防ぐ取り組み，高齢者の居場所作り，買い物の支援などは，東京のような都市部では，ボランティアや住民の自主的な活動である「互助」を期待するのが難しいとされてきた。けれども，様々な住民の活動＝NPO法人などの支援活動が活発化して広がり始め，ユニークな活動も展開されるようになった。今後は，このような住民の新たなつながりを更に広げ，東京においても新しい「互助」の役割を拡大するための財政支援，人材支援の必要性などを挙げてみよう。

▼作文・身体障害者を対象とする選考（時間：1時間30分　字数：400字以上800字程度）

私が志す理想の公務員像について

《執筆の方針・課題の分析》

地方自治体の公務員は，都道府県や市町村全体の奉仕者としての責任を自覚しながら，法令，条例，規則その他の規程を守ること，上司の指示や命令に従い，誠実公正に，かつ，計画的に職務を遂行することを求められている。公務員は，納税者の住所や納税額のデータなど，高度の個人情報を扱うことも多い。このため，職務上の守秘義務やパソコン機器の操作を慎重にすることなどは，民間企業共々厳格である。ここでは，一人の人間としての心構えにとどまらず，地方公務員の一員である東京都の職員になることを志す者としての適性もアピールしたいところである。出題者は，記述の中で，受験者が，採用後に，都民の信頼を得るだけの適性を備えているかどうかを見ようとしていると考えてみよう。

《作成のポイント》

一例として，全体を四段落から五段落程度に分けて，段落構成をしてみよう。一段落目は，東京都の職員としての公務員とはどういう存在かということについて説明する。二～三段落目は，受験者なりの具体的な言葉で，職員に要求される仕事上の能力，そうした能力を磨いていく自らの努力や姿勢を記述したい。一例として，上司や同僚への連絡・報告・相談の重要さを自覚すること，自分が関わった仕事の確認作業を緻密に行うこと，パソコンを通じてやり取りされる情報の重要性の認識などを説明する。四～五段落目では，自分が職務を全うするために，どのような日常生活を送るのかについて説明する。プライベートでも正確な業務知識の習得に努めること，特に，パソコンの操作の知識や法令の知識などを積極的に増やしていくことに意欲を持ち続けていきたいことなどを述べてみよう。

平成28年度

▼作文

地震災害に強いまちづくり

《執筆の方針》

まず，「地震災害に強いまち」についての考えを示す。地震災害における被害をあらかじめ想定し，それらにどう備えるべきかを示す。さらに，そのようなまちづくりに必要な方策についての考えを述べる。被害を最小限にするための社会資本の整備や，訓練等の取り組みなどに触れる必要がある。

《課題の分析》

阪神・淡路大震災，東日本大震災，熊本地震など，各地で相次いだ大規模災害を契機に，災害への備えに対する人々の関心が高まり，防災や減災についてのテーマが，公務員試験の論作文試験において，比較的多く出題されるようになった。今回の出題は，その傾向に添うものである。防災や減災についての視点を提示する力，それらを的確にまとめる力などが問われている。

《作成のポイント》

はじめに，「地震災害に強いまち」とは，どのようなまちであるかを示す。例えば，耐震・免震・制震といった構造上の特性を持った建物や社会資本をできる限り増やすこと，被害を最小限にするための避難経路の確保，被災した人々の身の安全を守るための備えを万全にすることなどが挙げられる。なお，これまでの大規模な震災を踏まえた教訓についても盛り込むことが望ましい。

さらに，それらを実現するための方策についての考えを示す。特に，「行政の視点」「行政と住民などの協力」といった内容を盛り込むことが求められる。例えば，防災マップの作成，減災に役立つ建物への助成，各地域において行政・住民・学校・企業等が一体となった訓練の実施などが考えられる。これらを踏まえ，まちづくりの方向性を明確に示すことになる。

平成27年度

▼作文

区民から信頼される公務員になるために必要なこと

《執筆の方針》

まず，「区民からの信頼」を柱にしながら，理想とする公務員の像を示し，それに近づくために必要なことを具体的に挙げ，展開する。その際，区職員を志す上での心構え，必要な能力とそれを伸ばすための努力などについても盛り込むようにする。また，区民の信頼を得ることがなぜ求められるのか等の内容について，自分自身の抱負も含めて述べるようにする。

《課題の分析》

公務員試験における人物試験や論作文試験において，公務員を志すにあたっての抱負や決意を述べさせる例が度々みられる。今回の出題は，その典型的な例である。自らの将来像について，具体化し，適切に考えを展開し，表現する総合的な力が求められる出題である。

《作成のポイント》

区民の生活を支える上で，あるいは，区政を円滑に運営する上で，公務員である区職員が区民から信頼されることは不可欠なことである。それを踏まえて，まず，区民から信頼される公務員の理想像を示す。例えば，区民からの相談や要望に的確に応ずることができるコミュニケーション能力，行政や法令，制度についての知識や技能などが考えられる。さらに，区民の声に応え，それを区政の運営に生かすには，しっかりと問題を把握し，改善等につなげる姿勢も求められる。

特に重要なのは，自らが区の職員を目指すことを踏まえた抱負や決意を効果的に盛り込むことである。具体的に述べるべきこととしては，区民の身近にいて，頼られる職員となること，知識や技能を伸ばすための努力を不断に続けることなどが挙げられる。

平成26年度

▼作文

活気あるまちのために私ができること

《執筆の方針》

「活気あるまちのために私ができること」というテーマを踏まえて，まちづくりの理想像や自分が考えた方向とともに，自らができることや抱負について展開する。特に，地域の発展のために必要な活気についての考えと，自らが取り組むべきこと，やりたいことなどを総合的な視点から展開する。

《課題の分析》

少子高齢化が進み，グローバル化が進展する中で，まちづくりには新たな視点が必要になり，職員には，まちづくりに貢献する強い意欲が求められるようになった。今回の出題は，そのような背景を踏まえたものである。まちづくりの将来像と自らの関わり方について分かりやすく示し，的確に文章を組み立て，適切に表現する総合的な力が求められる。

《作成のポイント》

まず，「活気あるまち」が求められる背景を踏まえつつ，理想像を示す。「活気あるまち」については，例えば，生活や仕事の拠点として選ばれるまち，経済的な営みが発展するまち，観光などで多くの人々が訪れるまち，子育てをしやすいまち，お年寄りやハンディキャップのある方も含めてみんなが暮らしやすいまちなどが考えられる。

次に，それらを踏まえつつ，自らができることについて総合的に論ずる。具体的には，行政に携わる上で必要な知識や技能を伸ばす努力を続けること，時代の変化を読み取りながら，まちづくりについてのアイデアを出したり，政策やイベントを企画・提案したりすることなどが考えられる。なお，このようなテーマの場合には，自らの抱負などを具体的に盛り込むことを心がけたい。

平成25年度

▼作文

社会に貢献すること

《執筆の方針》

「社会に貢献すること」とはどういうことかを示し，自らの見聞や経験を踏まえて，具体的に展開する。特に，現時点における自らの志望を踏まえながら，区職員・公務員としてどのように働き，社会に役立ちたいかを明確に示しながら，文章を組み立てる。

《課題の分析》

公務員試験の論作文において，抽象的で，比較的短いテーマを提示した上で，それを具体的に展開する形式の出題が度々みられる。今回の出題は，そのような典型的な例である。テーマに沿って内容を具体化し，文章を的確に組み立て，適切に表現する力などが求められる。なお，この場合，区職員・公務員として社会に貢献する使命感や抱負を表現することも求められていると考えられる。

《作成のポイント》

はじめに，「社会に貢献すること」とはどういうことかを具体化する。例えば，多くの人々の役に立つこと，人々を支えることなどが考えられる。ただし，必ずしも，スケールの大きい特別な取り組みをすることだけではなく，家庭，学校，地域，職場などにおける日常的な営みが，社会に貢献することにつながることに留意したい。なお，このような抽象的な内容の場合には，前半部分で，ある程度具体化しながら，内容を絞り込むとよい。

その上で，自分自身の将来についての考えを示す。公務員試験の一環であることに留意し，区職員・公務員を志望する自分自身が，「全体の奉仕者」としての自覚を持ち，精一杯働くことが，社会に貢献することである。このことについて展開し，内容を深めながらまとめることが望ましい。

第4部

面接試験対策

● 面接対策

人物試験　面接対策

POINT

Ⅰ．面接の意義

筆記試験や論作文（論文）試験が，受験者の一般的な教養の知識や理解の程度および表現力やものの考え方・感じ方などを評価するものであるのに対し，面接試験は人物を総合的に評価しようというものだ。

すなわち，面接担当者が直接本人に接触し，さまざまな質問とそれに対する応答の繰り返しのなかから，公務員としての適応能力，あるいは職務遂行能力に関する情報を，できるだけ正確に得ようとするのが面接試験である。豊かな人間性がより求められている現在，特に面接が重視されており，一般企業においても，面接試験は非常に重視されているが，公務員という職業も給与は税金から支払われており，その職務を完全にまっとうできる人間が望まれる。その意味で，より面接試験に重きがおかれるのは当然と言えよう。

Ⅱ．面接試験の目的

では，各都道府県市がこぞって面接試験を行う目的は，いったいどこにあるのだろうか。ごく一般的に言えば，面接試験の目的とは，おおよそ次のようなことである。

① 人物の総合的な評価

試験官が実際に受験者と対面することによって，その人物の容姿や表情，態度をまとめて観察し，総合的な評価をくだすことができる。ただし，ある程度，直観的・第一印象ではある。

② 性格や性向の判別

受験者の表情や動作を観察することにより性格や性向を判断するが，実際には短時間の面接であるので，面接官が社会的・人生的に豊かな経験の持ち主であることが必要とされよう。

③　**動機・意欲等の確認**

公務員を志望した動機や公務員としての意欲を知ることは，論作文試験等によっても可能だが，さらに面接試験により，採用側の事情や期待内容を逆に説明し，それへの反応の観察，また質疑応答によって，試験官はより明確に動機や熱意を知ろうとする。

以上3点が，面接試験の最も基本的な目的であり，試験官はこれにそってさまざまな問題を用意することになる。さらに次の諸点にも，試験官の観察の目が光っていることを忘れてはならない。

④　**質疑応答によって知識・教養の程度を知る**

筆記試験によって，すでに一応の知識・教養は確認しているが，面接試験においてはさらに付加質問を次々と行うことができ，その応答過程と内容から，受験者の知識教養の程度をより正確に判断しようとする。

⑤　**言語能力や頭脳の回転の速さの観察**

言語による応答のなかで，相手方の意志の理解，自分の意志の伝達のスピードと要領の良さなど，受験者の頭脳の回転の速さや言語表現の諸能力を観察する。

⑥　**思想・人生観などを知る**

これも論作文試験等によって知ることは可能だが，面接試験によりさらに詳しく聞いていくことができる。

⑦　**協調性・指導性などの社会的性格を知る**

前述した面接試験の種類のうち，グループ・ディスカッションなどはこれを知るために考え出された。公務員という職業の場合，これらの資質を知ることは面接試験の大きな目的の一つとなる。

Ⅲ．面接試験の問題点

これまで述べてきたように，公務員試験における面接試験の役割は大きいが，問題点もないわけではない。

というのも，面接試験の場合，学校の試験のように“正答”というものがないからである。例えば，ある試験官は受験者の「自己PR＝売り込み」を意欲があると高く評価したとしても，別の試験官はこれを自信過剰と受け取り，公務員に適さないと判断するかもしれない。あるいは模範的な回答をしても，「マニュアル的だ」と受け取られることもある。

もっとも，このような主観の相違によって評価が左右されないように，試験官を複数にしたり評価の基準が定められたりしているわけだが，それでもやはり，面接試験自体には次に述べるような一般的な問題点もあるのである。

①　短時間の面接で受験者の全体像を評価するのは容易でない

面接試験は受験者にとってみれば，その人の生涯を決定するほど重要な場であるのだが，その緊張した短時間の間に日頃の人格と実力のすべてが発揮できるとは限らない。そのため第一印象だけで，その全体像も評価されてしまう危険性がある。

②　評価判断が試験官の主観で左右されやすい

面接試験に現れるものは，そのほとんどが性格・性向などの人格的なもので，これは数値で示されるようなものではない。したがってその評価に客観性を明確に付与することは困難で，試験官の主観によって評価に大変な差が生じることがある。

③　試験官の質問の巧拙などの技術が判定に影響する

試験官の質問が拙劣なため，受験者の正しく明確な反応を得ることができず，そのため評価を誤ることがある。

④　試験官の好悪の感情が判定を左右する場合がある

これも面接が「人間 対 人間」によって行われる以上，多かれ少なかれ避けられないことである。この弊害を避けるため，前述したように試験官を複数にしたり複数回の面接を行ったりなどの工夫がされている。

⑤　試験官の先入観や信念などで判定がゆがむことがある

人は他人に接するとき無意識的な人物評価を行っており，この経験の積み重ねで，人物評価に対してある程度の紋切り型の判断基準を持つようになっている。例えば，「額の広い人は頭がよい」とか「耳たぶが大きい人は人格円満」などというようなことで，試験官が高年齢者であるほどこの種の信念が強固であり，それが無意識的に評価をゆがめる場合も時としてある。

面接試験には，このように多くの問題点と危険性が存在する。それらのほとんどが「対人間」の面接である以上，必然的に起こる本質的なものであれば，万全に解決されることを期待するのは難しい。しかし，だからといって面接試験の役割や重要性が，それで減少することは少しもないのであり，各市の面接担当者はこうした面接試験の役割と問題点の間で，どうしたらより客観的で公平な判定を下すことができるかを考え，さまざまな工夫をしているのである。最近の面接試験の形態が多様化しているのも，こうした採用側の努力の表れといえよう。

Ⅳ．面接の質問内容

ひとくちに面接試験といっても，果たしてどんなことを聞かれるのか，不安な人もいるはずだ。ここでは志望動機から日常生活にかかわることまで，それぞれ気に留めておきたい重要ポイントを交えて，予想される質問内容を一挙に列記しておく。当日になって慌てないように，「こんなことを聞かれたら（大体）こう答えよう」という自分なりの回答を頭の中で整理しておこう。

■志望動機編■

(1)　受験先の概要を把握して自分との接点を明確に

公務員を受験した動機，理由については，就職試験の成否をも決めかねない重要な応答になる。また，どんな面接試験でも，避けて通ることのできない質問事項である。なぜなら志望動機は，就職先にとって最大の関心事のひとつであるからだ。受験者が，どれだけ公務員についての知識や情報をもったうえで受験をしているのかを調べようとする。

(2)　質問に対しては臨機応変の対応を

受験者の立場でいえば，複数の受験をすることは常識である。もちろん「当職員以外に受験した県や一般企業がありますか」と聞く面接官も，それは承知している。したがって，同じ職種，同じ業種で何箇所かかけもちしている場合，正直に答えてもかまわない。しかし，「第一志望は何ですか」というような質問に対して，正直に答えるべきかどうかというと，やはりこれは疑問がある。一般的にはどんな企業や役所でも，ほかを第一志望にあげられれば，やはり愉快には思わない。

(3)　志望の理由は情熱をもって述べる

志望動機を述べるときは，自分がどうして公務員を選んだのか，どこに大きな魅力を感じたのかを，できるだけ具体的に，しかも情熱をもって語ることが重要である。

たとえば，「人の役に立つ仕事がしたい」と言っても，特に公務員でなければならない理由が浮かんでこない。

①　例題Q＆A

Q.　あなたが公務員を志望した理由，または動機を述べてください。

A.　私は子どもの頃，周りの方にとても親切にしていただきました。それ以来，人に親切にして，人のために何かをすることが生きがいとなっておりました。ですから，一般の市民の方のために役立つことができ，奉仕していくことが夢でしたし，私の天職だと強く思い，志望させていただきました。

Q.　もし公務員として採用されなかったら，どのようにするつもりですか。

A.　もし不合格になった場合でも，私は何年かかってでも公務員になりたいという意志をもっています。しかし，一緒に暮らしている家族の意向などもありますので，相談いたしまして一般企業に就職するかもしれません。

②予想される質問内容

○ 公務員について知っていること，または印象などを述べてください。
○ 職業として公務員を選ぶときの基準として，あなたは何を重要視しましたか。
○ いつごろから公務員を受けようと思いましたか。
○ ほかには，どのような業種や会社を受験しているのですか。
○ 教職の資格を取得しているようですが，そちらに進むつもりはないのですか。
○ 志望先を決めるにあたり，どなたかに相談しましたか。
○ もし公務員と他の一般企業に，同時に合格したらどうするつもりですか。

■仕事に対する意識・動機編■

1　採用後の希望はその役所の方針を考慮して

採用後の希望や抱負などは，志望動機さえ明確になっていれば，この種の質問に答えるのは，それほど難しいことではない。ただし，希望職種や希望部署など，採用後の待遇にも直接関係する質問である場合は，注意が必要だろう。また，勤続予定年数などについては，特に男性の場合，定年まで働くというのが一般的である。

2　勤務条件についての質問には柔軟な姿勢を見せる

勤務の条件や内容などは，職種研究の対象であるから，当然，前もって下調べが必要なことはいうまでもない。

「残業で遅くなっても大丈夫ですか」という質問は，女性の受験者によく出される。職業への熱意や意欲を問われているのだから，「残業は一切できません！」という柔軟性のない姿勢は論外だ。通勤方法や時間など，具体的な材料をあげて説明すれば，相手も納得するだろう。

そのほか初任給など，採用後の待遇についての質問には，基本的に規定に従うと答えるべき。新卒の場合，たとえ「給料の希望額は？」と聞かれても，「規定通りいただければ結構です」と答えるのが無難だ。間違っても，他業種との比較を口にするようなことをしてはいけない。

3　自分自身の言葉で職業観を表現する

就職や職業というものを，自分自身の生き方の中にどう位置づけるか，また，自分の生活の中で仕事とはどういう役割を果たすのかを考えてみることが重要だ。つまり，自分の能力を生かしたい，社会に貢献したい，自分の存在価値を社会的に実現してみたい，ある分野で何か自分の力を試してみたい……などを考えれば，おのずと就職するに当たっての心構えや意義は見えてくるはずである。

あとは，それを自分自身の人生観，志望職種や業種などとの関係を考えて組み立ててみれば，明確な答えが浮かび上がってくるだろう。

①例題Q＆A

Q.　公務員の採用が決まった場合の抱負を述べてください。
A.　まず配属された部署の仕事に精通するよう努め，自分を一人前の公務員として，そして社会人として鍛えていきたいと思います。また，公務員の全体像を把握し，仕事の流れを一日も早くつかみたいと考えています。

Q.　公務員に採用されたら，定年まで勤めたいと思いますか。
A.　もちろんそのつもりです。公務員という職業は，私自身が一生の仕事として選んだものです。特別の事情が起こらない限り，中途退職したり，転職することは考えられません。

②予想される質問内容

○ 公務員になったら，どのような仕事をしたいと思いますか。
○ 残業や休日出勤を命じられたようなとき，どのように対応しますか。
○ 公務員の仕事というのは苛酷なところもありますが，耐えていけますか。
○ 転勤については大丈夫ですか。
○ 公務員の初任給は○○円ですが，これで生活していけますか。
○ 学生生活と職場の生活との違いについては，どのように考えていますか。
○ 職場で仕事をしていく場合，どのような心構えが必要だと思いますか。
○ 公務員という言葉から，あなたはどういうものを連想しますか。
○ あなたにとって，就職とはどのような意味をもつものですか。

■自己紹介・自己PR編■

1　長所や短所をバランスよくとりあげて自己分析を

人間には，それぞれ長所や短所が表裏一体としてあるものだから，性格についての質問には，率直に答えればよい。短所については素直に認め，長所については謙虚さを失わずに語るというのが基本だが，職種によっては決定的にマイナスととられる性格というのがあるから，その点だけは十分に配慮して応答しなければならない。

「物事に熱しやすく冷めやすい」といえば短所だが，「好奇心旺盛」といえば長所だ。こうした質問に対する有効な応答は，恩師や級友などによる評価，交友関係から見た自己分析など具体的な例を交えて話すようにすれば，より説得力が増すであろう。

2　履歴書の内容を覚えておき，よどみなく答える

履歴書などにどんなことを書いて提出したかを，きちんと覚えておく。重要な応募書類は，コピーを取って，手元に控えを保管しておくと安心だ。

3　志望職決定の際，両親の意向を問われることも

面接の席で両親の同意をとりつけているかどうか問われることもある。家族関係がうまくいっているかどうかの判断材料にもなるので，親の考えも伝えながら，明確に答える必要がある。この際，あまり家族への依存心が強いと思われるような発言は控えよう。

①例題Q＆A

Q. あなたのセールスポイントをあげて，自己PRをしてください。
A. 性格は陽気で，バイタリティーと体力には自信があります。高校時代は山岳部に属し，休日ごとに山歩きをしていました。3年間鍛えた体力と精神力をフルに生かして，ばりばり仕事をしたいと思います。

Q. あなたは人と話すのが好きですか，それとも苦手なほうですか。
A. はい，大好きです。高校ではサッカー部のマネージャーをやっておりましたし，大学に入ってからも，同好会でしたがサッカー部の渉外担当をつとめました。試合のスケジュールなど，外部の人と接する機会も多かったため，初対面の人とでもあまり緊張しないで話せるようになりました。

②予想される質問内容

○ あなたは自分をどういう性格だと思っていますか。

○ あなたの性格で，長所と短所を挙げてみてください。

○ あなたは，友人の間でリーダーシップをとるほうですか。

○ あなたは他の人と協調して行動することができますか。

○ たとえば，仕事上のことで上司と意見が対立したようなとき，どう対処しますか。

○ あなたは何か資格をもっていますか。また，それを取得したのはどうしてですか。

○ これまでに何か大きな病気をしたり，入院した経験がありますか。
○ あなたが公務員を志望したことについて，ご両親はどうおっしゃっていますか。

■日常生活・人生観編■

1　趣味はその楽しさや面白さを分かりやすく語ろう

余暇をどのように楽しんでいるかは，その人の人柄を知るための大きな手がかりになる。趣味は“人間の魅力”を形作るのに重要な要素となっているという側面があり，面接官は，受験者の趣味や娯楽などを通して，その人物の人柄を知ろうとする。

2　健全な生活習慣を実践している様子を伝える

休日や余暇の使い方は，本来は勤労者の自由な裁量に任されているもの。とはいっても，健全な生活習慣なしに，創造的で建設的な職場の生活は営めないと，採用側は考えている。日常の生活をどのように律しているか，この点から，受験者の社会人・公務員としての自覚と適性を見極めようというものである。

3　生活信条やモットーなどは自分自身の言葉で

生活信条とかモットーといったものは，個人的なテーマであるため，答えは千差万別である。受験者それぞれによって応答が異なるから，面接官も興味を抱いて，話が次々に発展するケースも多い。それだけに，嘘や見栄は禁物で，話を続けるうちに，矛盾や身についていない考えはすぐ見破られてしまう。自分の信念をしっかり持って，臨機応変に進めていく修練が必要となる。

①例題Q＆A

Q. スポーツは好きですか。また，どんな種目が好きですか。
A. はい。手軽に誰にでもできるというのが魅力ではじめたランニングですが，毎朝家の近くを走っています。体力増強という面もありますが，ランニングを終わってシャワーを浴びると，今日も一日が始まるという感じがして，生活のけじめをつけるのにも大変よいものです。目標は秋に行われる●●マラソンに出ることです。

Q. 日常の健康管理に，どのようなことを心がけていますか。
A. 私の場合，とにかく規則的な生活をするよう心がけています。それとあまり車を使わず，できるだけ歩くようにしていることなどです。

②予想される質問内容

- ○ あなたはどのような趣味をもっているか，話してみてください。
- ○ あなたはギャンブルについて，どのように考えていますか。
- ○ お酒は飲みますか。飲むとしたらどの程度飲めますか。
- ○ ふだんの生活は朝型ですか，それとも夜型ですか。
- ○ あなたの生き方に影響を及ぼした人，尊敬する人などがいたら話してください。
- ○ あなたにとっての生きがいは何か，述べてみてください。
- ○ 現代の若者について，同世代としてあなたはどう思いますか。

■一般常識・時事問題編■

1　新聞には必ず目を通し，重要な記事は他紙と併読

一般常識・時事問題については筆記試験の分野に属するが，面接でこうしたテーマがもち出されることも珍しくない。受験者がどれだけ社会問題に関

心をもっているか，一般常識をもっているか，また物事の見方・考え方に偏りがないかなどを判定しようというものである。知識や教養だけではなく，一問一答の応答を通じて，その人の性格や適応能力まで判断されることになると考えておくほうがよいだろう。

2　社会に目を向け，健全な批判精神を示す

思想の傾向や政治・経済などについて細かい質問をされることが稀にあるが，それは誰でも少しは緊張するのはやむをえない。

考えてみれば思想の自由は憲法にも保証された権利であるし，支持政党や選挙の際の投票基準についても，本来，他人からどうこう言われる筋合いのものではない。そんなことは採用する側も認識していることであり，政治思想そのものを採用・不採用の主材料にすることはない。むしろ関心をもっているのは，受験者が，社会的現実にどの程度目を向け，どのように判断しているかということなのだ。

①例題Q＆A

Q.　今日の朝刊で，特に印象に残っている記事について述べてください。

A.　△△市の市長のリコールが成立した記事が印象に残っています。違法な専決処分を繰り返した事に対しての批判などが原因でリコールされたわけですが，市民運動の大きな力を感じさせられました。

Q.　これからの高齢化社会に向けて，あなたの意見を述べてください。

A.　やはり行政の立場から高齢者サービスのネットワークを推進し，老人が安心して暮らせるような社会を作っていくのが基本だと思います。それと，誰もがやがて迎える老年期に向けて，心の準備をしていくような生活態度が必要だと思います。

②予想される質問内容

○ あなたがいつも読んでいる新聞や雑誌を言ってください。
○ あなたは，政治や経済についてどのくらい関心をもっていますか。
○ 最近テレビで話題の××事件の犯人逮捕についてどう思いますか。
○ △△事件の被告人が勝訴の判決を得ましたがこれについてどう思いますか。

③面接の方法

(1) 一問一答法

面接官の質問が具体的で，受験者が応答しやすい最も一般的な方法である。例えば，「学生時代にクラブ活動をやりましたか」「何をやっていましたか」「クラブ活動は何を指導できますか」というように，それぞれの質問に対し受験者が端的に応答できる形式である。この方法では，質問の応答も具体的なため評価がしやすく，短時間に多くの情報を得ることができる。

(2) 供述法

受験者の考え方，理解力，表現力などを見る方法で，面接官の質問は総括的である。例えば，「愛読書のどういう点が好きなのですか」「○○事件の問題点はどこにあると思いますか」といったように，一問一答ではなく，受験者が自分の考えを論じなければならない。面接官は，質問に対し，受験者がどのような角度から応答し，どの点を重視するか，いかに要領よく自分の考えを披露できるかなどを観察・評価している。

(3) 非指示的方法

受験者に自由に発言させ，面接官は話題を引き出した論旨の不明瞭な点を明らかにするなどの場合に限って，最小限度の質問をするだけという方法で。

(4) 圧迫面接法

意識的に受験者の神経を圧迫して精神状態を緊張させ，それに対する受験者の応答や全体的な反応を観察する方法である。例えば「そんな安易な考えで，職務が務まると思っているんですか？」などと，受験者の応答をあまり考慮せずに，語調を強めて論議を仕掛けたり，枝葉末節を捉えて揚げ足取りをする，受験者の弱点を大げさに捉えた言葉を頻発する，質問責めにするといった具合で，受験者にとっては好ましくない面接法といえる。そのような不快な緊張状況が続く環境の中での受験者の自制心や忍耐力，判断力の変化などを観察するのが，この面接法の目的だ。

V．面接Q＆A

★社会人になるにあたって大切なことは？★

〈良い例①〉

責任を持って物事にあたることだと考えます。学生時代は多少の失敗をしても，許してくれました。しかし，社会人となったら，この学生気分の甘えを完全にぬぐい去らなければいけないと思います。

〈良い例②〉

気分次第な行動を慎み，常に，安定した精神状態を維持することだと考えています。気持ちのムラは仕事のミスにつながってしまいます。そのために社会人になったら，精神と肉体の健康の安定を維持して，仕事をしたいのです。

〈悪い例①〉

社会人としての自覚を持ち，社会人として恥ずかしくない人間になることだと思います。

〈悪い例②〉

よりよい社会を作るために，政治，経済の動向に気を配り，国家的見地に立って物事を見るようにすることが大切だと思います。

●コメント

この質問に対しては，社会人としての自覚を持つんだという点を強調すべきである。〈良い例〉では，学生時代を反省し，社会へ出ていくのだという意欲が感じられる。

一方〈悪い例①〉では，あまりにも漠然としていて，具体性に欠けている。また〈悪い例②〉のような，背のびした回答は避ける方が無難だ。

★簡単な自己PRをして下さい。★

〈良い例①〉

体力には自信があります。学生時代，山岳部に所属していました。登頂した山が増えるにつれて，私の体力も向上してきました。それに度胸というようなものがついてきたようです。

〈良い例②〉

私のセールスポイントは，頑張り屋ということです。高校時代では部活動のキャプテンをやっていましたので，まとめ役としてチームを引っ張り，県大会出場を果たしました。

〈悪い例①〉

セールスポイントは，3点あります。性格が明るいこと，体が丈夫なこと，スポーツが好きなことです。

〈悪い例②〉

自己PRですか……エピソードは……ちょっと突然すぎて，それに一言では……。

〈悪い例③〉

私は自分に絶対の自信があり，なんでもやりこなせると信じています。これまでも，たいていのことは人に負けませんでした。公務員になりましたら，どんな仕事でもこなせる自信があります。

●コメント

自己PRのコツは，具体的なエピソード，体験をおりまぜて，誇張しすぎず説得力を持たせることである。

〈悪い例①〉は具体性がなく迫力に欠ける。②はなんとも歯ぎれが悪く，とっさの場合の判断力のなさを印象づける。③は抽象的すぎるし，自信過剰で嫌味さえ感じられる。

★健康状態はいかがですか？★

〈良い例①〉
健康なほうです。以前は冬になるとよくカゼをひきましたが，4年くらい前にジョギングを始めてから，風邪をひかなくなりました。

〈良い例②〉
いたって健康です。中学生のときからテニスで体をきたえているせいか，寝こむような病気にかかったことはありません。

〈悪い例①〉
寝こむほどの病気はしません。ただ，少々貧血気味で，たまに気分が悪くなることがありますが，あまり心配はしていません。勤務には十分耐えられる健康状態だと思います。

〈悪い例②〉
まあ，健康なほうです。ときどき頭痛がすることがありますが，睡眠不足や疲れのせいでしょう。社会人として規則正しい生活をするようになれば，たぶん治ると思います。

●コメント

多少，健康に不安があっても，とりたててそのことを言わないほうがいい。〈悪い例②〉のように健康維持の心がけを欠いているような発言は避けるべきだ。まず健康状態は良好であると述べ，日頃の健康管理について付け加える。スポーツばかりではなく，早寝早起き，十分な睡眠，精神衛生などに触れるのも悪くない。

★どんなスポーツをしていますか？★

〈良い例①〉
毎日しているスポーツはありませんが，週末によく卓球をします。他のスポーツに比べると，どうも地味なスポーツに見られがちなのですが，皆さんが思うよりかなり激しいスポーツで，全身の運動になります。

〈良い例②〉

私はあまり運動が得意なほうではありませんので，小さいころから自主的にスポーツをしたことがありませんでした。でも，去年テレビでジャズダンスを見ているうちにあれならば私にもできそうだという気がして，ここ半年余り週１回のペースで習っています。

〈悪い例①〉

スポーツはどちらかといえば見る方が好きです。よくテレビでプロ野球中継を見ます。

●コメント

スポーツをしている人は，健康・行動力・協調性・明朗さなどに富んでいるというのが一般の（試験官の）イメージだ。〈悪い例①〉のように見る方が好きだというのは個人の趣向なので構わないが，それで終わってしまうのは好ましくない。

★クラブ・サークル活動の経験はありますか？★

〈良い例①〉

剣道をやっていました。剣道を通じて，自分との戦いに勝つことを学び，また心身ともに鍛えられました。それから横のつながりだけでなく先輩，後輩との縦のつながりができたことも収穫の一つでした。

〈良い例②〉

バスケット部に入っておりました。私は，中学生のときからバスケットをやっていましたから，もう６年やったことになります。高校までは正選手で，大きな試合にも出ていました。授業終了後，２時間の練習があります。また，休暇時期には，合宿練習がありまして，これには，OBも参加し，かなりハードです。

〈悪い例①〉

私は社会心理研究会という同好会に所属していました。マスコミからの情報が，大衆心理にどのような影響をおよぼしているのかを研究していました。大学に入ったら，サークル活動をしようと思っていました。それが，いろいろな部にあたったのですが，迷ってなかなか決まらなかったのです。そんなとき，友人がこの同好会に入ったので，それでは私も，ということで入りました。

〈悪い例②〉

何もしていませんでした。どうしてもやりたいものもなかったし，通学に2時間半ほどかかり，クラブ活動をしていると帰宅が遅くなってしまいますので，結局クラブには入りませんでした。

●コメント

クラブ・サークル活動の所属の有無は，協調性とか本人の特技を知るためのものであり，どこの採用試験でも必ず質問される。クラブ活動の内容，本人の役割分担，そこから何を学んだかがポイントとなる。具体的な経験を加えて話すのがよい。ただ，「サークル活動で●●を学んだ」という話は試験官にはやや食傷気味でもあるので，内容の練り方は十分に行いたい。

〈悪い例①〉は入部した動機がはっきりしていない。〈悪い例②〉では，クラブ活動をやっていなかった場合，必ず別のセールスポイントを用意しておきたい。例えば，ボランティア活動をしていたとか，体力なら自信がある，などだ。それに「何も夢中になることがなかった」では人間としての積極性に欠けてしまう。

★新聞は読んでいますか？★

〈良い例①〉

毎日，読んでおります。朝日新聞をとっていますが，朝刊では“天声人語”や“ひと”そして政治・経済・国際欄を念入りに読みます。夕刊では，“窓”を必ず読むようにしています。

〈良い例②〉

読売新聞を読んでいます。高校のころから，政治，経済面を必ず読むよう，自分に義務づけています。最初は味気なく，つまらないと思ったのですが，このごろは興味深く読んでいます。

〈悪い例①〉

定期購読している新聞はありません。ニュースはほとんどテレビやインターネットで見られますので。たまに駅の売店などでスポーツ新聞や夕刊紙などを買って読んでいます。主にどこを読むかというと，これらの新聞の芸能・レジャー情報などです。

〈悪い例②〉

毎日新聞を読んでいますが，特にどこを読むということはなく，全体に目を通します。毎日新聞は，私が決めたわけではなく，実家の両親が購読していたので，私も習慣としてそれを読んでいます。

●コメント

この質問は，あなたの社会的関心度をみるためのものである。毎日，目を通すかどうかで日々の生活規律やパターンを知ろうとするねらいもある。具体的には，夕刊紙ではなく朝日，読売，毎日などの全国紙を挙げるのが無難であり，読むページも，政治・経済面を中心とするのが望ましい。

〈良い例①〉は，購読している新聞，記事の題名などが具体的であり，真剣に読んでいるという真実味がある。直近の記憶に残った記事について感想を述べるとなお印象は良くなるだろう。〈悪い例①〉は，「たまに読んでいる」ということで×。それに読む記事の内容からも社会的関心の低さが感じられる。〈悪い例②〉は〈良い例①〉にくらべ，具体的な記事が挙げられておらず，かなりラフな読み方をしていると思われても仕方がない。

●書籍内容の訂正等について

弊社では教員採用試験対策シリーズ（参考書，過去問，全国まるごと過去問題集），公務員採用試験対策シリーズ，公立幼稚園・保育士試験対策シリーズ，会社別就職試験対策シリーズについて，正誤表をホームページ（https://www.kyodo-s.jp）に掲載いたします。内容に訂正等，疑問点がございましたら，まずホームページをご確認ください。もし，正誤表に掲載されていない訂正等，疑問点がございましたら，下記項目をご記入の上，以下の送付先までお送りいただくようお願いいたします。

① **書籍名，都道府県・市町村名，区分，年度** （例：公務員採用試験対策シリーズ　北海道のＡ区分　2025 年度版） ② **ページ数**（書籍に記載されているページ数をご記入ください。） ③ **訂正等，疑問点**（内容は具体的にご記入ください。） （例：問題文では“ア～オの中から選べ”とあるが，選択肢はエまでしかない）

〔ご注意〕

○ 電話での質問や相談等につきましては，受付けておりません。ご注意ください。

○ 正誤表の更新は適宜行います。

○ いただいた疑問点につきましては，当社編集制作部で検討の上，正誤表への反映を決定させていただきます（個別回答は，原則行いませんのであしからずご了承ください）。

●情報提供のお願い

公務員試験研究会では，これから公務員試験を受験される方々に，より正確な問題を，より多くご提供できるよう情報の収集を行っております。つきましては，公務員試験に関する次の項目の情報を，以下の送付先までお送りいただけますと幸いでございます。お送りいただきました方には謝礼を差し上げます。

（情報量があまりに少ない場合は，謝礼をご用意できかねる場合があります。）

◆あなたの受験された教養試験，面接試験，論作文試験の実施方法や試験内容

◆公務員試験の受験体験記

送付先	○電子メール：edit@kyodo-s.jp ○FAX：03-3233-1233（協同出版株式会社　編集制作部 行） ○郵送：〒101-0054　東京都千代田区神田錦町2-5 協同出版株式会社　編集制作部 行 ○HP：https://kyodo-s.jp/provision（右記のQRコードからもアクセスできます）	

※謝礼をお送りする関係から，いずれの方法でお送りいただく際にも，「お名前」「ご住所」は，必ず明記いただきますよう，よろしくお願い申し上げます。

23特別区のⅢ類
(過去問題集)

編　者　公務員試験研究会
発　行　令和 6 年 4 月 25 日
発行者　小貫輝雄
発行所　協同出版株式会社
〒101－0054
東京都千代田区神田錦町2－5
電話　03－3295－1341
振替　東京00190－4－94061

落丁・乱丁はお取り替えいたします
Printed in Japan